地铁结构安全保护典型事故案例分析

罗凤霞　史海欧　陈玉清　刘庭金　编著

华南理工大学出版社
SOUTH CHINA UNIVERSITY OF TECHNOLOGY PRESS
·广州·

图书在版编目（CIP）数据

地铁结构安全保护典型事故案例分析／罗凤霞等编著. —广州：华南理工大学出版社，2015.3
ISBN 978－7－5623－4534－3

Ⅰ.①地… Ⅱ.①罗… Ⅲ.①地下铁道－铁路工程－工程结构－结构安全度－案例 Ⅳ.①U231

中国版本图书馆 CIP 数据核字（2015）第 015844 号

地铁结构安全保护典型事故案例分析
罗凤霞 史海欧 陈玉清 刘庭金 编著

出 版 人：韩中伟
出版发行：华南理工大学出版社
（广州五山华南理工大学 17 号楼，邮编 510640）
http://www.scutpress.com.cn E-mail:scutc13@scut.edu.cn
营销部电话：020－87113487 87111048（传真）
策划编辑：赖淑华
责任编辑：庄 彦
印 刷 者：广州星河印刷有限公司
开 本：787mm×960mm 1/16 **印张**：10.75 **字数**：215 千
版 次：2015 年 3 月第 1 版 2015 年 3 月第 1 次印刷
定 价：49.00 元

编委会

编著单位：广州市地下铁道总公司

编　　著：罗凤霞　史海欧　陈玉清　刘庭金

编　　委：兰　闯　冯国健　胡国新　刘应山　夏志球

前言

近年来，全国许多城市已进入轨道交通时代。城市轨道交通具有运量大、快速、准时、安全、资源节约、环境友好等优点，是解决城市交通问题、人口与土地资源问题的有效途径，是提升城市价值的重要举措。城市轨道交通的大规模建设和开通运营，深刻地影响着城市的发展和空间形态，极大地提升了城市轨道交通沿线土地资源的利用价值，促进了沿线土地资源及地下空间的开发利用。但是，城市轨道交通沿线高强度高密度的物业开发，也给城市轨道交通结构安全带来了隐患。

地铁主要为地下工程，一般呈线网状分布，空间封闭，加上地铁系统庞大、复杂，车辆穿梭频繁、快速，进出站台人员众多、拥挤，通风和疏散受限制。与地面交通工程相比，乘客的地下快速疏散和地下救援较为困难，潜在的事故风险大。一旦出现安全应急情况，将影响地铁的正常运营，严重影响广大市民的正常出行。

地铁结构安全是保障地铁运营安全的重要前提。然而，现阶段由于与地铁结构安全保护的相关法规、规定尚不完善，各城市地铁保护的经验又参差不齐，这也使得外部施工作业诱发地铁结构发生事故的情况时有发生，地铁结构安全保护的形势越来越严峻，严重地影响和制约了地铁的建设和安全运营。

结合多年来从事地铁结构安全保护的工作实践，通过整理部分地铁病害事故原因分析及病害治理等案例资料，并通过大量查阅相关资料，从中遴选出部分地铁结构安全保护典型事故案例进行分析，以期为今后有效地进行安全保护提供参考和借鉴。

本书的案例主要为地铁结构安全保护事故工程，部分案例的相关资料未曾公开发表过，且部分案例由于未参与病害事故的后续处理工作，故收集到的资料较为有限，主要依据地铁管理、设计、监理、监测、第三方安全评估等单位提供的相关素材编著而成，在此，对提供资料的相关人员深表感谢！

在本书编著过程中，得到了周书扬、夏文宇、邹家南、蔡仁贤、唐欣薇、李根的鼎力协助，在此致以诚挚的感谢！

编著者

2015年1月

目录

目录

第1章 绪 论

1.1 地铁设施保护的重要性和迫切性

近年来，随着城市化进程的加快，越来越多的城市开始修建地铁，鉴于地铁具有运量大、速度快、安全、准点、保护环境、节约能源和用地等优点，它也逐渐成为人们出行的首选。地铁的大规模开通运营有效地解决了城市交通问题、人口与土地资源等问题，也促使城市交通体系由传统的地面交通模式向地面、地下立体式交通模式进行转变。

截至2013年12月31日的统计结果显示，我国内地有北京、上海、广州、深圳、南京、天津、重庆、大连、沈阳、长春、成都、武汉、西安、佛山、苏州、杭州、昆明、哈尔滨、郑州等19个城市拥有了城市轨道交通，运营线路总里程达2539 km。仅2013年一年，全国就新增运营城市2个（哈尔滨和郑州），新增的运营线路有15条，总里程达395 km，如表1－1所示。

地铁的大规模建设和开通运营，深刻地影响着城市的发展和空间形态，极大地提升了地铁沿线土地资源的利用价值，促进了其土地资源及地下空间的开发利用。以广州为例，作为国家中心城市、中国的南大门，广州目前已开通一至六号线、八号线、APM线、广佛线共9条线路，总里程达260.5 km。根据广州市轨道交通建设规划，广州市政府力争到2016年再新建成开通284 km线路，届时累计开通里程将超过500 km。图1－1为广州地铁运营线网。为了集中体现中国第三大城市的国际都市形象，将珠江新城CBD打造成为区域性总部经济和金融中心的核心区域。广州市政府对珠江新城进行了大规模的地下空间开发，地块下方已修建广州地铁5号线，并建立了珠江新城核心区市政交通项目旅客自动输送系统（APM线）。图1－2为广州珠江新城地下空间开发效果图。

表 1－1　2013 年底中国内地城市轨道交通运营线路统计　　单位：km

序号	城市及最早通车年份	线路名称	运营里程	总里程
1	北京 1969	1 号线	31	465.4
		2 号线	23	
		4 号线	28.18	
		5 号线	27.6	
		6 号线	30.4	
		8 号线	27.6	
		9 号线	16.5	
		10 号线	57.1	
		13 号线	40.9	
		14 号线	12.4	
		15 号线	33	
		机场线	28	
		八通线	19	
		亦庄线	24	
		大兴线	21.76	
		昌平线	21	
		房山线	24	
2	上海 1995	1 号线	36.9	465.4
		2 号线	60.3	
		3 号线	40.2	
		4 号线	33.8	
		5 号线	16.6	
		6 号线	32.7	
		7 号线	43.9	
		8 号线	37	
		9 号线	49.8	
		10 号线	35.2	
		11 号线	71.5	
		12 号线	19	
		13 号线	9.4	
		16 号线	52	
		磁悬浮	29.9	
		张江有轨电车	9	
3	广州 1999	1 号线	18.5	245.5
		2 号线	31.75	
		3 号线	67.3	
		4 号线	46.7	
		5 号线	31.9	
		6 号线	24.5	
		8 号线	14.97	
		广佛线首通段	5.93	
		珠江新城 APM	3.96	
4	天津 2003	1 号线	26.2	138.8
		2 号线	22.7	
		3 号线	29.7	
		9 号线	52.25	
		滨海有轨电车	7.9	
5	深圳 2004	罗宝线（1 号线）	40.8	178.6
		蛇口线（2 号线）	35.75	
		龙岗线（3 号线）	41.7	
		龙华线（4 号线）	20.34	
		环中线（5 号线）	40	
6	南京 2005	1 号线	44.54	81.6
		2 号线	37.01	
7	重庆 2005	1 号线	37	169.9
		2 号线	19.2	
		3 号线	56.1	
		6 号线	57.6	
8	长春 2002	3 号线	31.96	48.3
		4 号线	16.33	
9	武汉 2004	1 号线	28.9	73.1
		2 号线	27.73	
		4 号线	16.5	
10	大连 2002	3 号线	63.45	86.9
		有轨电车 201	10.8	
		有轨电车 202	12.6	
11	沈阳 2010	1 号线	27.926	114.6
		2 号线	27.143	
		有轨电车 1 号线	12	
		有轨电车 2 号线	15.1	
		有轨电车 3 号线	11.3	
		有轨电车 5 号线	21.1	
12	成都 2010	1 号线	18.5	115.2
		2 号线	29.7	
		成灌线	67	
13	佛山 2010	1 号线	14.8	14.8
14	西安 2011	1 号线	25.4	45.9
		2 号线	20.5	
15	苏州 2012	1 号线	25.2	51.3
		2 号线	26.1	
16	杭州 2012	1 号线	48	48
17	昆明	6 号线	18	40.1
		1、2 号线	22.14	
18	哈尔滨 2013	1 号线	17.5	17.5
19	郑州 2013	1 号线	26.2	26.2
合计	运营城市 19 个（新增 2 个），运营里程 2539 km（新增线路 15 条共 395 km）			

图 1－1　广州地铁运营线网

图 1－2　广州珠江新城地下空间开发效果图

然而，地铁沿线高强度、高密度的物业开发，给地铁的安全带来了隐患。邻近地铁的诸如基坑开挖、工程勘探及桩基础施工等外部作业可能会诱发地铁结构的内力发生改变并产生一定的位移，对地铁结构的安全产生不利影响。一旦地铁结构受外部作业影响发生安全应急情况时，务必会影响到地铁的日常运营，给广大市民的日常出行带来阻碍。情况严重时，甚至会产生重大的安全事故，导致群死群伤，造成严重的社会负面影响及重大的经济损失。

地铁设施的结构安全是保障地铁正常运营的重要前提，因此，如何有效地预防和控制沿线物业开发等外部活动给地铁结构带来的安全隐患，在地铁飞速发展的今天，就显得尤为重要和迫切。

1.2 地铁设施保护的相关法规、规定

为保护地铁设施的结构和运营安全，中华人民共和国建设部自 2005 年 8 月 1 日起颁布施行了《城市轨道交通运营管理办法》，中华人民共和国住房和城乡建设部自 2014 年 3 月 1 日起颁布施行了 CJJ/T202—2013《城市轨道交通结构安全保护技术规范》。

开通运营轨道交通的各大城市也相继颁布了关于地铁设施保护的相关法规、规定等。如北京市人民政府自 2009 年 6 月 16 日起颁布施行了最新修订的《北京市城市轨道交通安全运营管理办法》，上海市人民政府自 2014 年 1 月 1 日起施行了最新修订的《上海市轨道交通管理条例》，广州市人民政府自 2008 年 1 月 1 日起也颁布施行了《广州市城市轨道交通管理条例》。表 1 – 2 为 2002—2014 年颁布的关于地铁设施保护的法规、规定汇总表，这些法规、规定的施行，一定程度上为地铁设施的安全保护工作奠定了重要的法律依据。

表 1 – 2　2002—2014 年颁布施行的关于地铁设施保护的法规、规定汇总表

适用区域	法规名称	颁布施行/最新修正年份
全国	城市轨道交通运营管理办法	2005
	城市轨道交通结构安全保护技术规范	2014
北京市	北京市城市轨道交通安全运营管理办法	2004/2009
	北京市轨道交通运营突发事件应急预案	2007
上海市	上海市轨道交通管理条例	2002/2014
	上海市轨道交通安全保护区暂行管理规定	2002/2006
	上海市轨道交通运营安全管理办法	2010
广州市	广州市城市轨道交通管理条例	2008

由于地铁具有建设造价昂贵、施工技术相对薄弱以及运营复杂且保护难度大等特点，在一定程度上阻碍了它的推广和发展。在内地，除首都北京地铁的历史较为久远以外，其他城市开通运营的时间都在20年以内。如上海地铁自1995年开通运营第一条线，距今仅有19年，而广州作为中国第三大城市，开通运营地铁的时间也只有15年。通过表1－1可以看出，在目前已开通运营地铁的城市里面，大部分城市的运营时间都不超过10年。这导致许多城市对于建设和保护地铁设施缺乏必要的技术力量和经验，给现阶段健全地铁设施保护的立法工作带来难度。表1－2关于地铁设施保护法规、规定的汇总表也说明了这一点。目前，除了北京、上海、广州等几个开通运营地铁时间较长的城市结合自身多年来在地铁保护方面的教训和经验，制定了较为详细的关于地铁设施保护的法规、规定外，大部分城市仍未有专门的关于地铁设施保护的法规正式出台，这也使得很多城市地铁保护的工作无法有效地推进，并陷入缺乏系统性法规、规定支撑的困境。

1.3 地铁结构保护的基本知识

为了针对地铁设施开展安全有效的保护，首先要明确需保护的地铁设施对象，其次要分析地铁控制保护区内的典型外部作业影响的类型及特点，最后根据相关流程开展具体的保护。

1.3.1 地铁设施

地铁设施包括城市轨道交通的路基、轨道、隧道、高架道路、车站、通风亭、车辆段及控制中心、站场、车辆、机电设备、供电系统、通信信号系统及其附属设施等。但考虑到邻近地铁设施外部作业时，地铁的隧道及车站结构等为直接受害主体，更易受到外部作业的不利影响，因此，本书研究的对象主要是地铁隧道和车站结构。其中，地铁隧道结构按照施工工法可分为盾构法隧道、矿山法隧道、明挖箱型隧道，地铁车站结构又可详分为地铁车站主体结构和地铁出入口、通风亭等附属结构。

盾构隧道是指采用盾构机掘进、预制钢筋混凝土管片拼装而成的隧道。以广州为例，大部分区间隧道采用盾构法修建。盾构隧道外径为6.0m，内径为5.4m，由6块预制钢筋混凝土管片通过螺栓连接而成，均采用错缝拼装。图1－3为错缝、通缝拼装的地铁盾构隧道三维效果图。受隧道断面形状、大小以及线路的工程地质条件等影响，广州地铁的部分区间隧道采用了矿山法修建。矿山法隧道一般采用复合式支护结构，常采用马蹄形断面形状。图1－4为典型的地铁隧道结构形式。

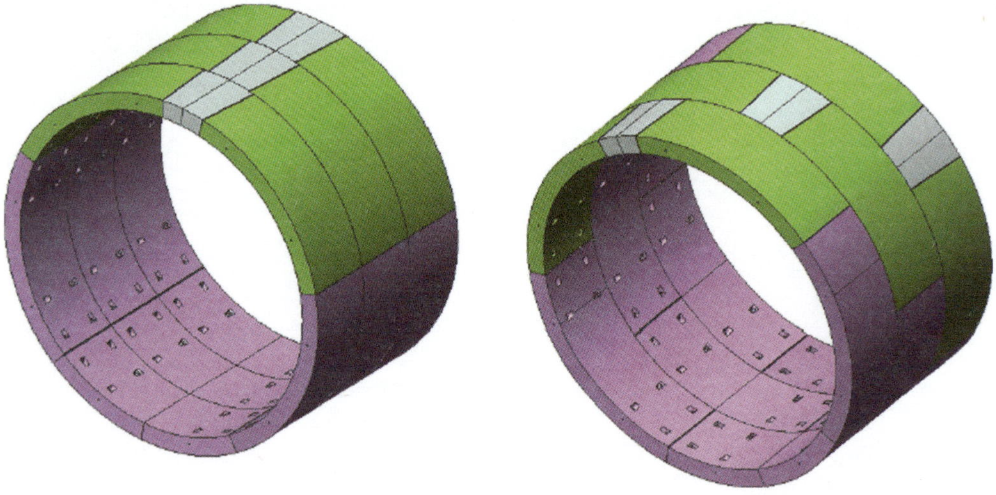

(a) 通缝拼装　　(b) 错缝拼装

图 1－3　错缝、通缝拼装的地铁盾构隧道三维效果图

(a) 盾构隧道现场照片　　(b) 矿山法隧道现场照片

图 1－4　典型的地铁隧道结构形式

广州地铁地下车站的结构形式新颖多样，主要修建方法为明挖现浇钢筋混凝土框架结构，也有部分地下车站采用暗挖法修建。其中最常见的地下车站为两层两跨钢筋混凝土结构形式。图 1－5 为单层明挖现浇、暗挖地铁车站结构的三维效果图。图 1－6 为某换乘地铁车站的三维效果图。

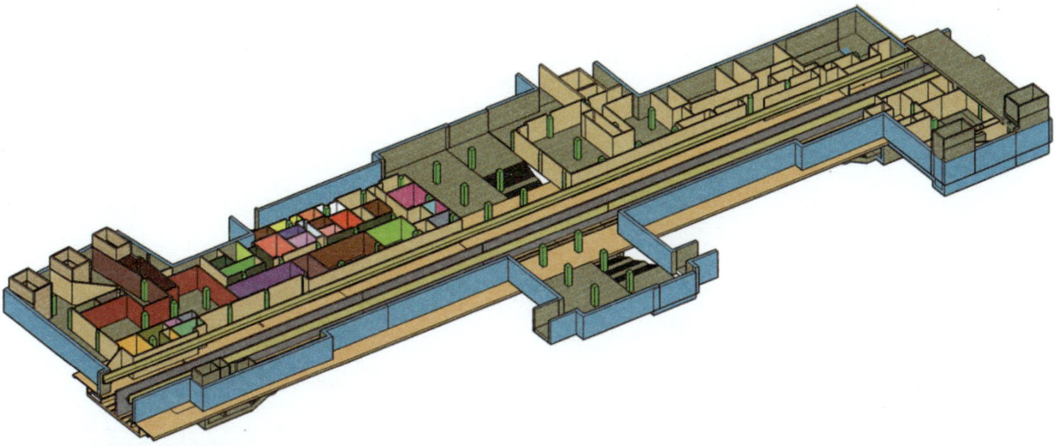

（a）单层明挖现浇地铁车站结构

（b）暗挖地铁车站结构

图 1－5　地铁车站的三维效果图

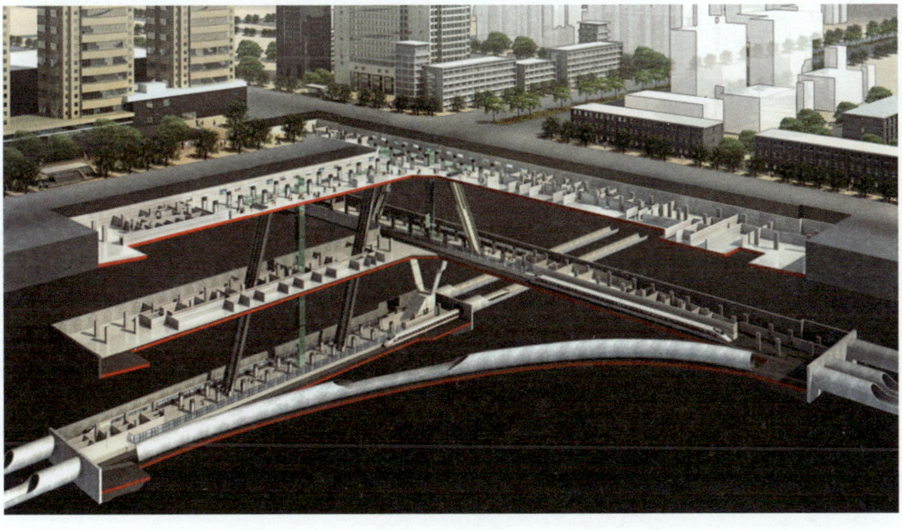

图 1－6　某换乘地铁车站的三维效果图

1.3.2 控制保护区

为保护城市轨道交通设施安全，重点就是管制可能对其产生影响的外部作业，需在其周边设置一定范围的控制保护区，CJJ/T202—2013《城市轨道交通结构安全保护技术规范》中规定具体范围包括：

（1）地下车站与隧道结构外边线外侧 50 m 内，地下车站与隧道结构控制保护区效果图如图 1－7 所示；

（2）地面和高架车站以及线路轨道结构外边线外侧 30 m 内，高架结构控制保护区示意图如图 1－8 所示；

（3）出入口、通风亭、车辆段、控制中心等建筑物结构外边线外侧 10 m 内；

（4）过江隧道结构外边线外侧 100 m 内。

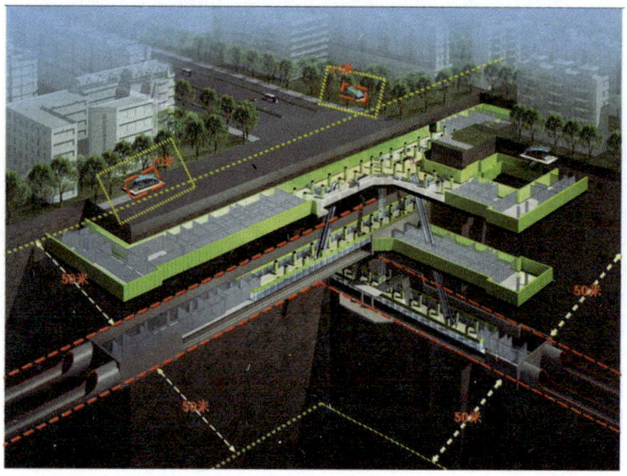

图 1－7 地下车站与隧道结构控制保护区效果图

图 1－8 高架结构控制保护区示意图

1.3.3 典型外部作业

控制保护区内的外部作业有多种不同的行为，如图 1－9 所示，各城市条例和管理办法中主要是针对有可能对城市轨道交通结构和运营安全产生不利影响的典型工程活动做出要求，建设部令 2005 年第 140 号中明确规定在控制保护区内进行下列作业应当制定安全保护方案：

（1）新建、扩建、改建或者拆除建筑物、构筑物；

（2）敷设管线、挖掘、爆破、地基加固、打井；

（3）在过江隧道段挖沙、疏浚河道；

（4）其他大面积增加或减少载荷的活动。

（a）基坑开挖

（b）钻探工程

（c）桩基施工

（d）河道疏浚

图1－9 部分典型的外部作业

《广州市城市轨道交通管理条例》在上述规定的基础上进一步明确典型的外部作业，包括：

（1）建造、拆卸建筑物；

（2）取土、地面堆载、基坑开挖、爆破、桩基础施工、顶进、灌浆、锚杆作业；

（3）修建塘堰、开挖河道水渠、采石挖沙、打井取水；

（4）敷设管线或者设置跨线等架空作业；

（5）在过江隧道段疏浚河道；

（6）工程勘探作业、地下管线作业；

（7）其他可能危及城市轨道交通设施的作业。

1.4 地铁结构保护典型事故案例

随着城市化进程的进一步加快，导致地铁结构周边的外部作业不可避免地日趋频繁。然而，现阶段由于地铁结构保护的相关法规、规定尚不完善，各城市关于地铁结构保护的经验又参差不齐，这也使得外部作业诱发地铁结构发生事故的情况时有发生，地铁结构保护的形势越来越严峻，严重地影响和制约了地铁的建设和安全运营。

笔者结合多年来从事地铁结构安全保护的工作实践，通过整理部分参加处理过的地铁病害事故原因分析及病害治理等工程案例资料，并通过大量查阅相关的文献资料，从中遴选出部分地铁结构保护典型事故案例进行汇编分析，以期为今后安全有效地进行地铁结构保护提供参考和借鉴。

第2章 某深基坑坍塌事故及重新开挖对邻近地铁隧道影响案例

2005年7月21日中午12时，某深基坑南端约100 m长挡土墙发生倒塌，造成一段6 m长的水泥路面下陷，同时造成位于工地旁的砖木结构平房倒塌，附近的某宾馆以及居民楼结构受到严重损害。鉴于该基坑与地铁隧道的水平距离只有5.7 m～6.6 m，基坑坍塌后地铁经营单位立即停止了邻近地铁的正常运营，停运总时长达23小时58分钟。事故发生后，为降低对周围建（构）筑物的不利影响，第一时间采取了回填素混凝土反压应急抢险措施，随后将深基坑回填至地面进行绿化处理。在闲置若干年后，在原有位置重新进行了基坑开挖。通过选用合理的基坑支护结构设计方案，采取有效的地铁隧道安全保护措施，并进行严格的施工组织管理，该深基坑工程最终取得了成功，未对邻近地铁隧道的结构安全和地铁列车运营安全造成不利影响。

2.1 坍塌前深基坑工程的基本情况

2.1.1 工程概况

该项目基坑工程周长约330 m，基坑东侧有地铁矿山法区间隧道平行穿过，其边线长约70 m，紧邻地铁隧道，距隧道结构边线净距为5.7 m～6.6 m，处于地铁控制保护区内。邻近的隧道结构底深约20 m，与基坑坑底标高接近。基坑南侧距七层宾馆（采用锤击灌注桩基础）和七层住宅楼（采用锤击灌注桩基础）约16 m，西侧距河涌4 m～6 m，北侧紧邻暗渠箱型结构。基坑的周边环境较为复杂，其安全等级为一级。图2－1、图2－2分别为基坑及周边环境平面图及基坑与地铁隧道关系的三维效果图。

2.1.2 工程地质和水文地质

项目场地平坦，属河漫滩型地貌单元。场地内已揭露基岩为白垩系三水组泥质粉砂岩，局部裂隙较发育，岩体相对较完整，中、微风化岩层呈互层状分布。

根据钻探资料，该基坑土层从上至下依次为：素填土、杂填土、淤泥质黏土、强风化泥质粉砂岩、中风化泥质粉砂岩、微风化泥质粉砂岩，在这些基本地质情况下偶尔会有少量的孤石和粉质黏土。其中基坑南侧（后来坍塌侧）以及东侧（靠近地铁二号线隧道侧）

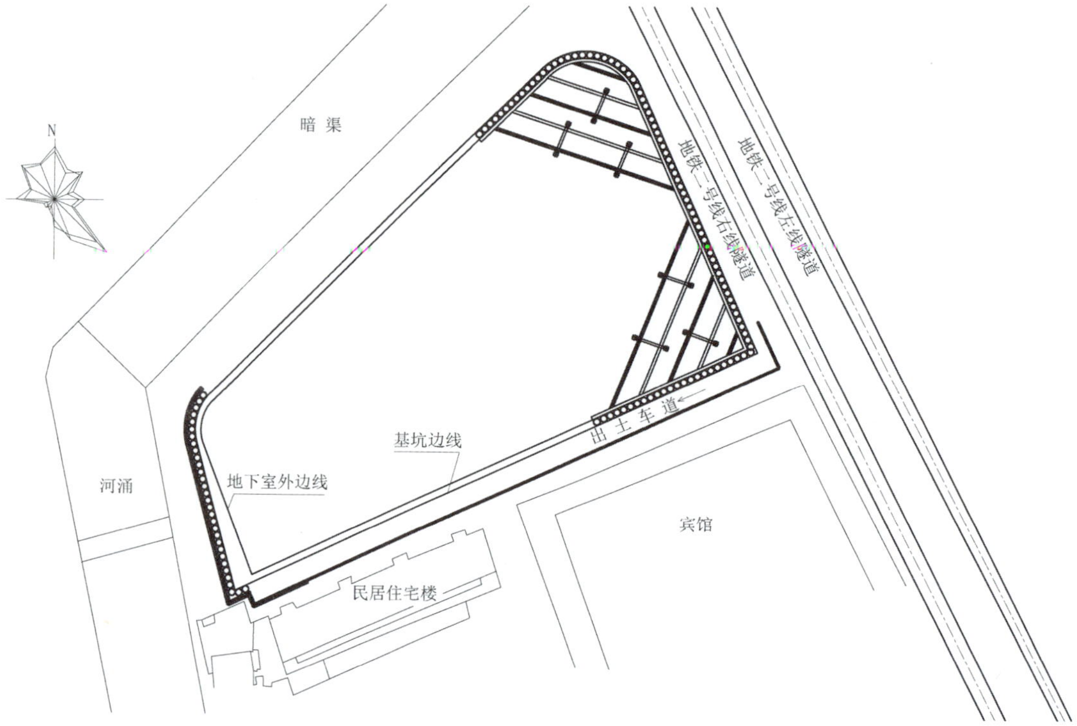

图 2－1　基坑及周边环境平面图

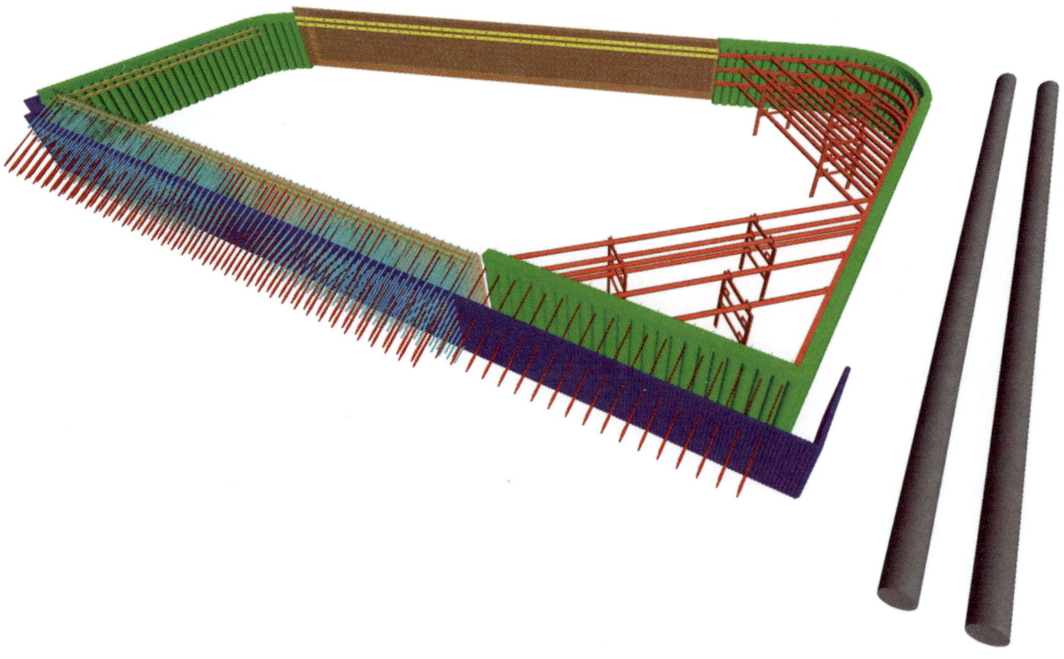

图 2－2　基坑与地铁隧道关系的三维效果图

的工程地质剖面如图 2－3、图 2－4 所示。

场地内的杂填土，以松散为主，密实度较差，孔隙率高，渗透性较好，为主要的含水层；淤泥及强风化岩层，渗透性较差，为弱含水层或近似相对隔水层。中微风化基岩，岩体相对较完整。在勘察期间实测钻孔地下水位为 2.20 m～3.05 m，地下水具有一定的承压性质。

场地毗邻河涌，涌底与地面高差约 4 m，涨潮时河涌水位距地面约 2 m。场地内地下水位受潮涨潮落影响，涨潮时，珠江水补给地下水；落潮时，地下水向珠江排泄。

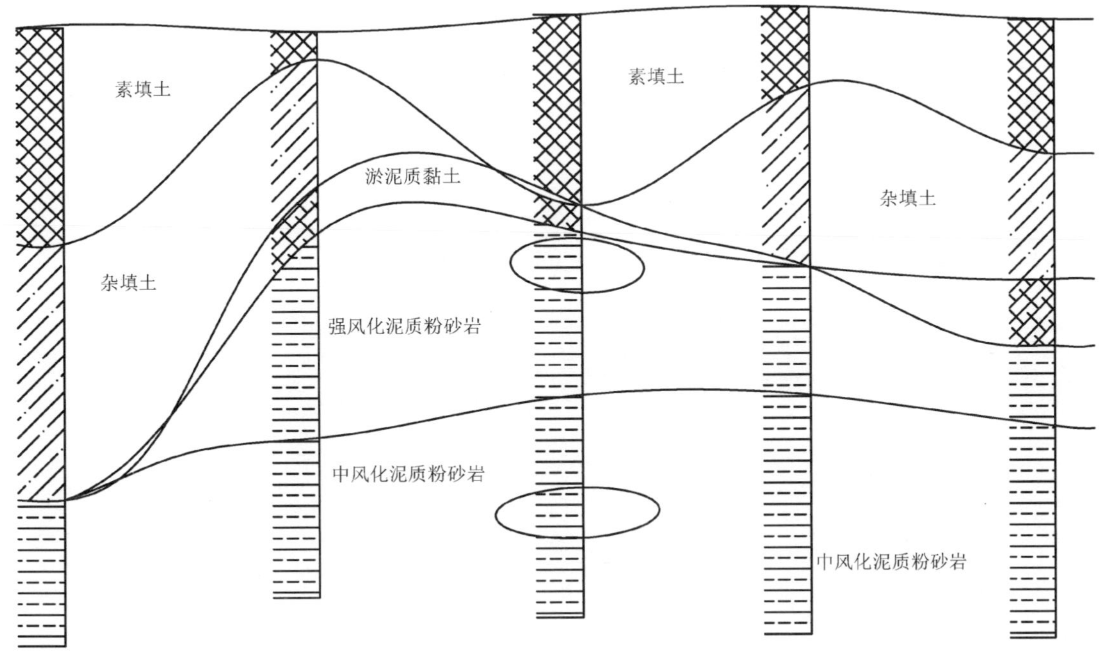

图 2－3　基坑南侧的工程地质剖面

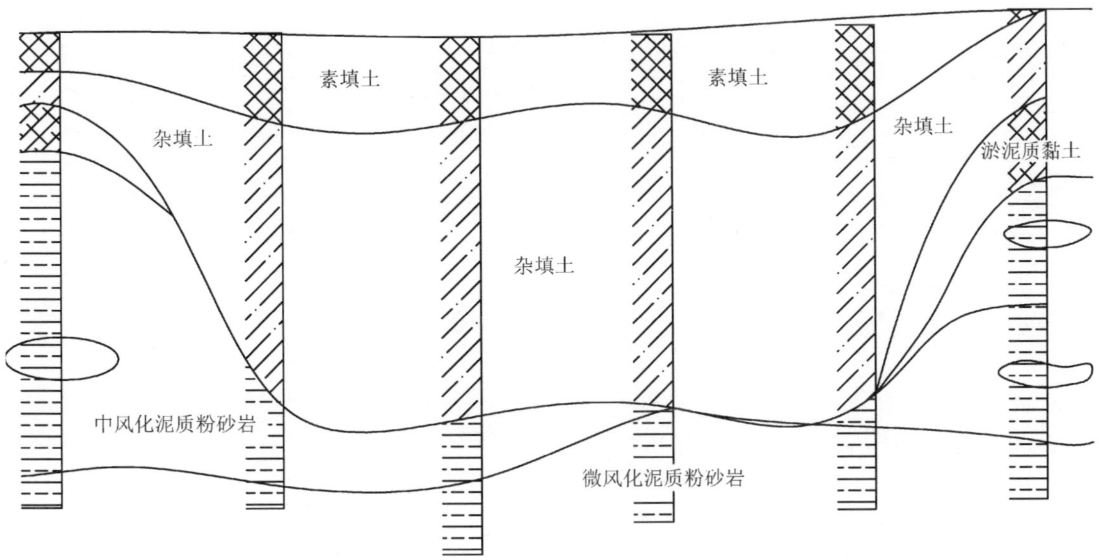

图 2－4　基坑东侧的工程地质剖面

2.1.3 深基坑支护设计

基坑支护设计经过多次调整，初始基坑设计深度为16 m。基坑自2002年11月开始施工，到2003年6月开挖至 -16.0 m后停工。2004年11月，基坑设计深度增加至19.8 m，加上坑底周边地基梁开挖，基坑开挖深度达到20.3 m。

基坑支护则根据不同的周边环境采用了不同的支护结构形式，具体情况为：东侧（紧邻地铁侧）采用 ϕ1200@1500 的人工挖孔桩加三道钢管角撑，三道角撑的标高分别为 -5.8 m、 -11.4 m和 -16.0 m，其中第一、第二道采用5根钢管角撑，第三道采用3根钢管角撑；南侧（靠近宾馆和住宅楼）采用加强型土钉墙加二道预应力锚索，其中第一道、第二道锚索的标高分别为 -3.9 m、 -5.9 m；西侧（紧邻河涌）采用“吊脚”人工挖孔桩（桩长为10 m，未嵌固入岩）加两道预应力锚索，其中第一道、第二道锚索的标高分别为 -4.0 m、 -8.0 m；北侧采用加强型土钉墙加一道预应力锚索，其中锚索标高为 -4.8 m。基坑支护平面如图2 -5所示。

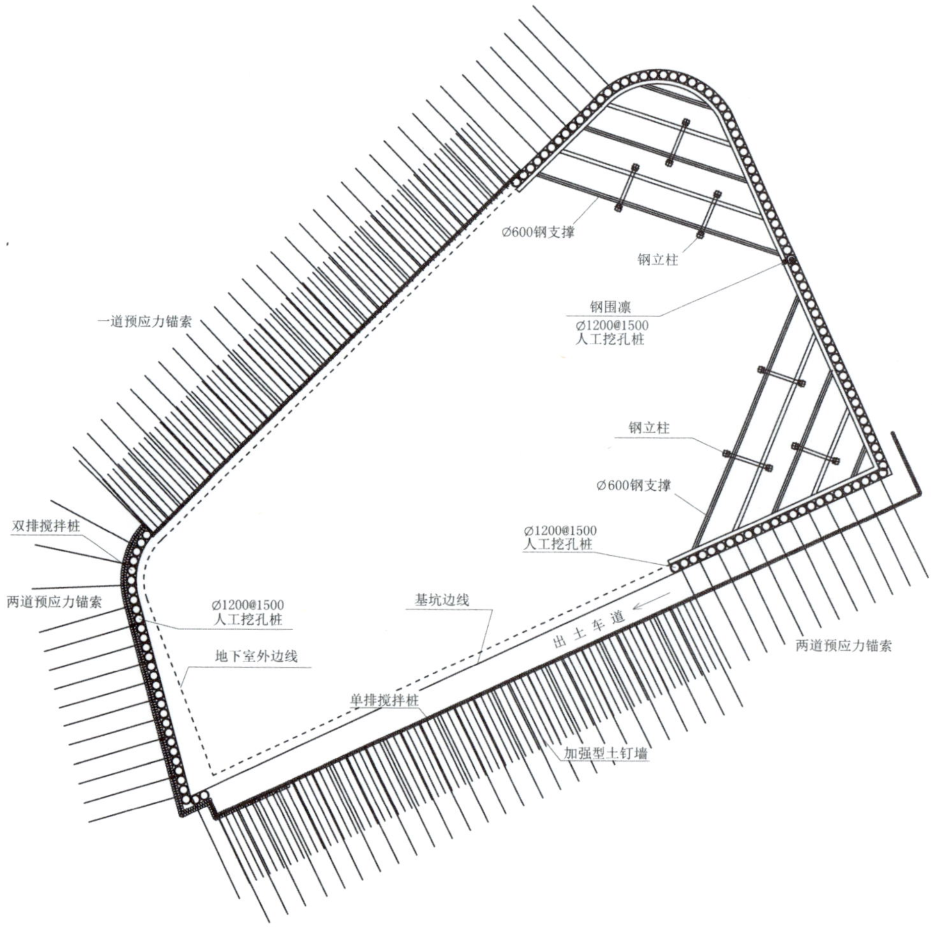

图2 -5 坍塌前的基坑支护平面

2.2 深基坑坍塌过程、事故处理及原因分析

2.2.1 深基坑坍塌事故过程

2005 年 7 月 21 日中午 12 时，某基坑南端约 100 m 长挡土墙发生倒塌，造成一段 6 m 长的水泥路面下陷，同时造成位于工地旁的砖木结构平房倒塌，附近的宾馆以及居民楼结构受到严重损害。事故发生后，警方第一时间封锁附近双向路面，并派出 40 多名消防员以及其他警种人员 330 多名参与营救。

7 月 22 日凌晨 1 时 45 分，宾馆北楼南侧发生倒塌，并引起大火。消防支局于凌晨 2 时 30 分派出 5 辆指挥车以及 25 辆消防车前往救灾，凌晨 5 时 48 分，大火被扑灭。7 月 24 日凌晨 4 时，宾馆再次发生小面积坍塌。7 月 25 日下午 3 时，以防宾馆再次倒塌，搜救工作暂停。7 月 26 日凌晨 4 时 57 分，最后一名遇难者尸体被挖出。

事故中共导致 3 人死亡、4 人受伤及宾馆部分坍塌并起火，附近合计共 160 户居民被撤走。这次事故令地铁在 2005 年 7 月 21 日下午 2 时 40 分起停止运营，停运时间为 23 小时 58 分钟。事故同时还导致宾馆部分倒塌、其余部分所有商户全部停业、人员迁走；邻近宿舍楼 590 名居民紧急搬迁到临近酒店居住。

图 2 -6 为 7 月 21 日至 7 月 25 日期间基坑坍塌事故的现场照片。

(a) (b)

图 2 -6 基坑坍塌事故现场

2.2.2 事故抢险及后续处理

事故发生后，相关部门相继赶赴现场开展抢险工作，并依法成立了事故调查组对事故展开调查。同时，结合现场情况及时采取了基坑回填、地铁停运检查以及爆破拆除宾馆北楼等安全应急控制措施，以确保人民群众的生命财产安全，并将事故造成的危害降到最小

程度。

1. 基坑回填处理

为防止基坑南侧坍塌范围的进一步扩大，控制基坑东侧变形继续发展，避免危及邻近地铁隧道的结构安全和运营安全，对基坑东侧范围和基坑南边住宅楼区段的边坡范围采取了回填素混凝土反压措施进行应急抢险处理。在事故应急抢险处理后，对深基坑进行了彻底回填处理和后续绿化处理，如图 2－7 所示。

（a）事故当天回填素混凝土反压抢险　　（b）整个基坑回填绿化处理

图 2－7　基坑回填应急抢险及后续回填绿化处理现场

2. 地铁安全应急措施

事故发生后，地铁经营单位立即启动了地铁安全应急预案。（1）为确保地铁运营安全，避免造成人员伤亡，在事故险情完全排除前，主动于 7 月 21 日下午 2 时 40 分停止了事故区段的双向地铁运营；（2）在停运后立即对相关区间开展现状调查和确认，并在此基础上组织相关专家论证评估了区间隧道的结构安全和运营安全；（3）立即对事故区段地铁隧道结构开展自动监测工作，及时监控地铁隧道结构的安全状态；（4）对基坑东侧采取回填混凝土反压措施，以主动保护邻近地铁隧道结构安全；（5）对基坑南侧采取回填混凝土反压措施，以稳定坡体，防止基坑坍塌险情的进一步发生。

最终经过各方的努力，7 月 22 日下午 2 时 38 分，已停运 23 小时 58 分钟的地铁线路恢复了运营，区段限速 15km。恢复运营后，地铁公安分局派出足够警力对 2 号线进行 24 小时监控，加强对各站点的巡逻执勤，以确保地铁 2 号线的运营安全。

3. 爆破拆除危楼

基坑坍塌事故造成宾馆北楼部分倒塌，未倒塌部分楼顶向北倾斜 28 cm；一栋居民楼因事故影响导致地基悬空，并出现墙体倾斜以及断裂，有两根基柱断裂，东北角水平下沉 6 cm。

事后经过专家们的论证，市政府最终决定爆破拆除宾馆北楼，居民楼虽然受损严重，但经过加固后可供继续使用。2005 年 7 月 27 日，宾馆爆破指挥部成立。8 月 3 日，爆破安装工程动工，最终爆破于 8 月 8 日下午 3 时 01 分顺利完成，共使用 18 kg 炸药，用时 2s，传递至地铁隧道的爆破震速小于 2cm/s。拆撑爆破未对宾馆未倒塌部分以及附近居民楼结构造成不利影响。图 2－8 为宾馆爆破后的现场照片。

图 2－8　宾馆爆破后现场

2.2.3　事故原因分析

经广州市建设科学技术委员会（简称建科委）办公室组织专家在现场考察和对设计、施工、监测的调查，对导致该基坑坍塌的主要原因分析如下：

1. 该基坑原设计深度只有 16.2 m，而实际开挖深度为 20.3 m，超挖 4.1 m，造成原支护桩成为吊脚桩，尽管后来设计有所变更，但由于已施工的支护桩和锚索等构件无法调整，成为隐患。

2. 从地质勘察资料和实际开挖揭露，南边地层向坑里倾斜，并存在软弱透水夹层，随着开挖深度增大，导致深部滑动。基坑南侧土钉墙和二道预应力锚索支护结构设计剖面及地层中存在软弱夹层，如图 2－9 所示。

3. 该基坑施工时间长达 2 年 9 个月，其暴露时间大大超过临时支护晒期为一年的时间，导致开挖地层的软化渗透水和已施工构件的锈蚀及锚索预应力损失，强度降低，甚至失效。

4. 事故发生前两天在南边坑顶因施工地下室而造成东段严重超载达 140 t，成为基坑滑坡坍塌的导火线。

5. 从施工纪要和现场监测结果分析，在基坑滑坡前已有明显预兆，但没有引起应有的重视，更没有采取有针对性的处理措施，也是导致事故原因之一。

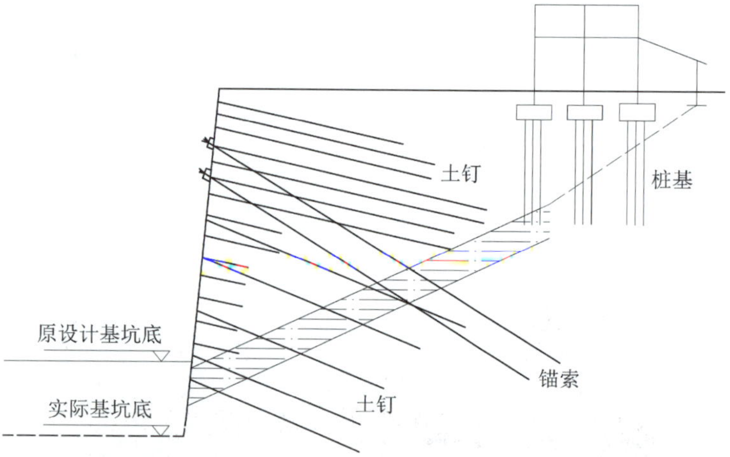

图 2－9　基坑南侧土与支护剖面及地层示意图

2.3　地块重新开发的深基坑工程情况

2.3.1　工程概况

重新开发的项目拟建超高层商务办公楼，建筑层数地上为 46 层，高度为 170.50 m，地下结构为 5 层，总建筑面积 105 800 m^2，地下面积 33 624 m^2，总用地面积 18 816 m^2。基坑东西向最大长度约 111 m，南北向最大宽度约 71 m，基坑开挖深度 20.5 m，基坑设计安全等级为一级。

基坑北侧为涌渠箱涵结构，箱涵宽 22 m，深 6m～7 m，距离基坑边约 6 m；箱涵北侧为一栋 7 层建筑，距离基坑边约 34 m。基坑南侧有三栋建筑：7 层高的宾馆招待所（原建筑物已于 2005 年基坑事故倒塌后爆破拆除，现存为原址重建）、3 层高的饮食文化中心和 6 层高的宿舍，距离坑边最近点约为 18 m。基坑西面为河涌，涌宽 22 m，涌深约 6 m，护岸为毛石砌筑，距离基坑边 6 m～7 m；河涌以西为数栋 8 层高建筑物，距离坑边约42 m。图 2－10 为项目基坑总平面布置。

总体而言，重新开发的项目深基坑工程主要是对旧址回填基坑的重新开挖，与常规基坑工程相比，基坑内的工程地质情况与坑外相比存在较大的差别，土压力荷载模式与常规基坑存在较大差别。由图 2－10 可知，由于重新开挖的基坑范围要比原坍塌基坑范围略大，因此，基坑外侧的工程地质情况与原基坑基本类似。而基坑内的工程地质条件则较为复杂，既有南侧坍塌滑入基坑内的地层，也有应急抢险回填的素混凝土和后续回填的杂填土，还有基坑坍塌前已施作的地下结构等。根据勘察报告提供的地质柱状图和基坑后期开挖的实地观察，坑内的土层分布错乱，特别是垮塌范围附近的地层更是如此，远离垮塌范围的地层基本以杂填土和中粗砂为主，东侧范围下方主要为素混凝土。基坑重新开挖阶段的现场情况及基坑内具有代表性的钻孔柱状图分别如图 2－11、图 2－12 所示。由地质钻

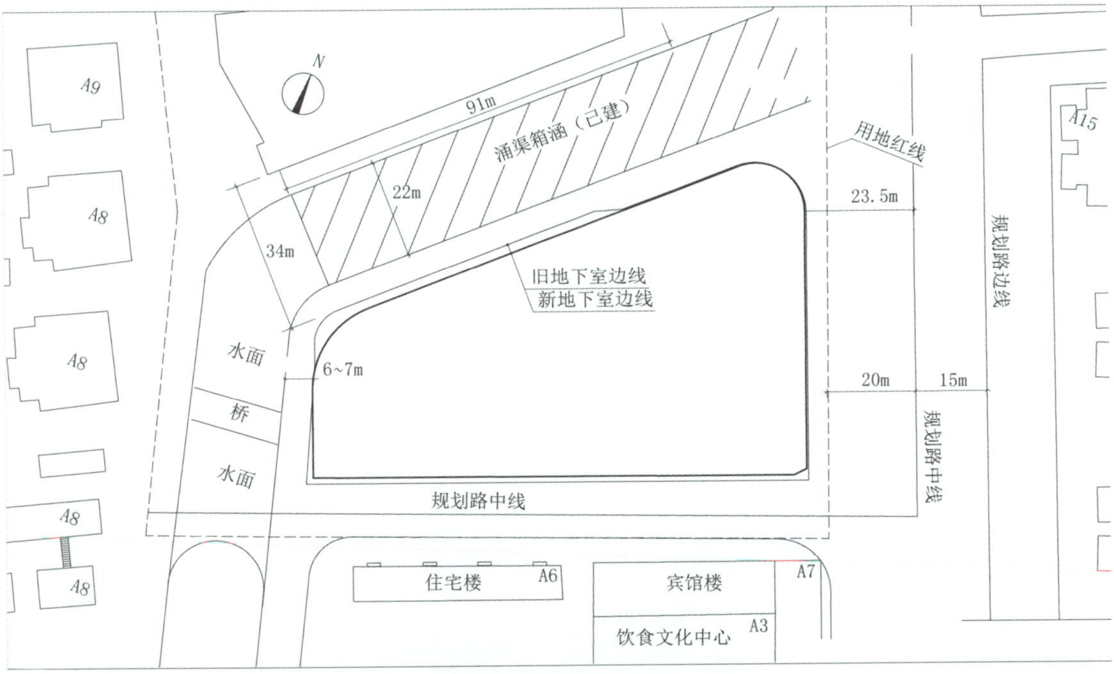

图 2-10 项目基坑总平面布置

孔资料和基坑开挖阶段现场照片可知，基坑内回填材料主要包括：素填土、杂填土、中粗砂、破碎岩及混凝土等。基坑内、外侧地层的显著差异，导致基坑支护结构的受力和变形与常规基坑不同，给基坑支护结构设计和受力及变形计算分析带来困难。

图 2-11 重新开挖阶段基坑内侧地层情况

时代成因	地层编号	层底高程（m）	层底深度（m）	分层厚度（m）	岩土名称及其特征	取样	稳定水位（m）水位日期
Q_4^{ml}	①$_1$	4.59	5.00	5.00	素填土：杂色，松散，主要由粉质黏土组成，含碎石等。	1 4.50~4.70	(1) 5.79 20091218
	①$_2$	-10.21	19.80	14.80	杂填土：主要由水泥混凝土、水泥渣，砖头等建筑垃圾组成，其中 5.0m~12.5m 为水泥混凝土，岩芯连续完整，12.5~19.8m 呈碎石状，含中风化碎块	Y1 19.80~20.00	
K	③$_2$	-11.71	21.30	1.50	中风化泥质粉砂岩：褐红色，中厚层状，泥质胶结，岩芯呈碎块状，岩质软，暴晒易裂		
	③$_3$	-16.31	26.10	4.80	微风化泥质粉砂岩：褐红色，中厚层状，岩芯呈柱状和短柱状，岩质稍硬，节长 5cm~45cm RQD=77%		

图 2－12　基坑内侧典型地质钻孔柱状图

2.3.2　深基坑支护设计

鉴于该项目基坑工程的特殊性（2005 年 7 月 21 日曾发生基坑坍塌事故，坍塌后基坑内回填土至地面），且基坑东面临近地铁区间隧道结构，西面和北面紧邻河涌，在基坑东侧及 20m 地铁保护范围内采用 ϕ1400@1600 的人工挖孔灌注桩＋三道混凝土支撑的支护形式，基坑其余侧均采用 ϕ1400@1600 的冲孔桩＋三道混凝土支撑的支护形式，并针对基坑南侧坍塌范围采取三道预应力锚索加强措施，桩体外侧采用高压旋喷桩施作止水帷幕。图 2－13、图 2－14 为新基坑支护结构平面及效果图，图 2－15、图 2－16 分别为基坑东侧支护结构与地铁区间隧道的剖面关系图、基坑南侧（原坍塌侧）支护结构剖面图。

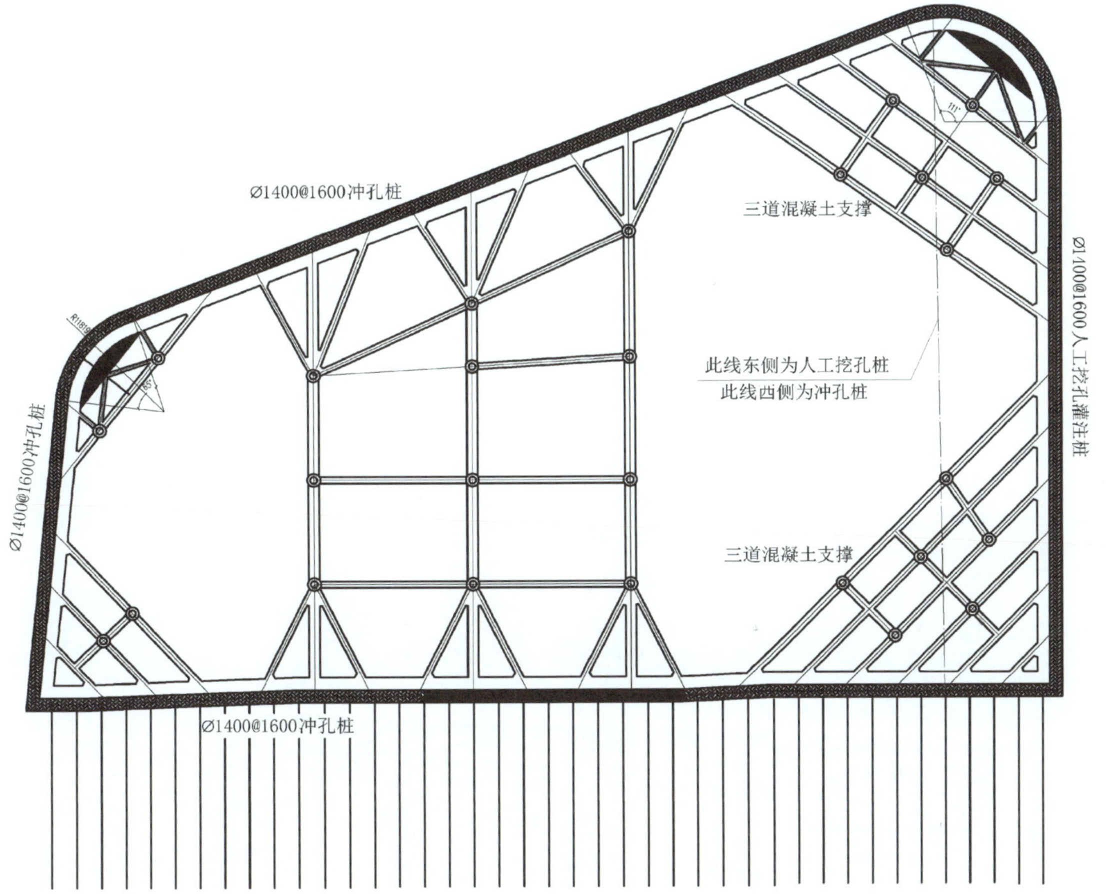

图2-13 新基坑支护平面图

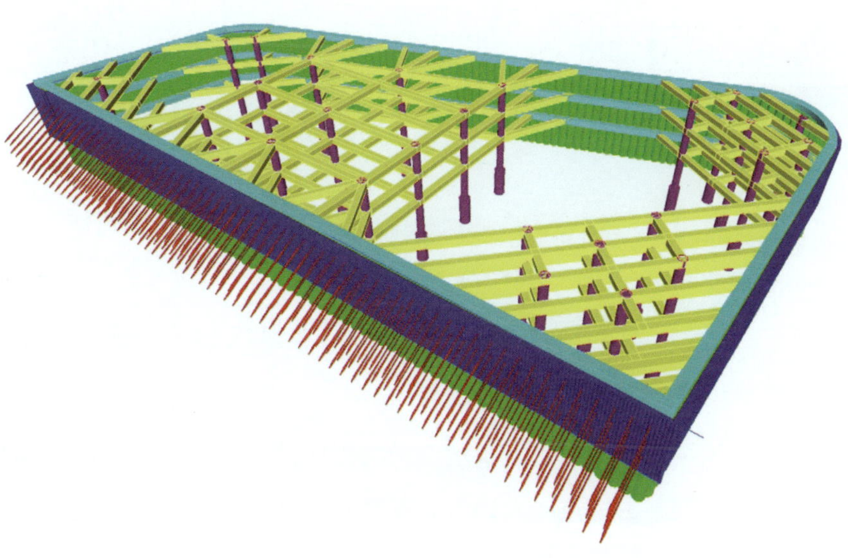

图2-14 新基坑支护三维效果图

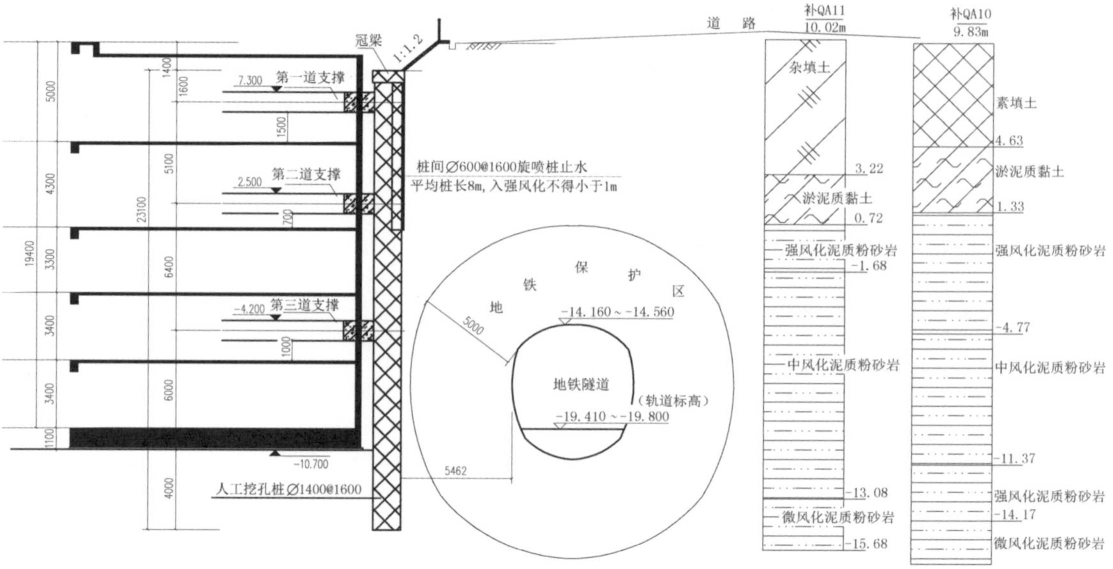

图 2－15　基坑东侧支护结构与地铁区间隧道的剖面关系图

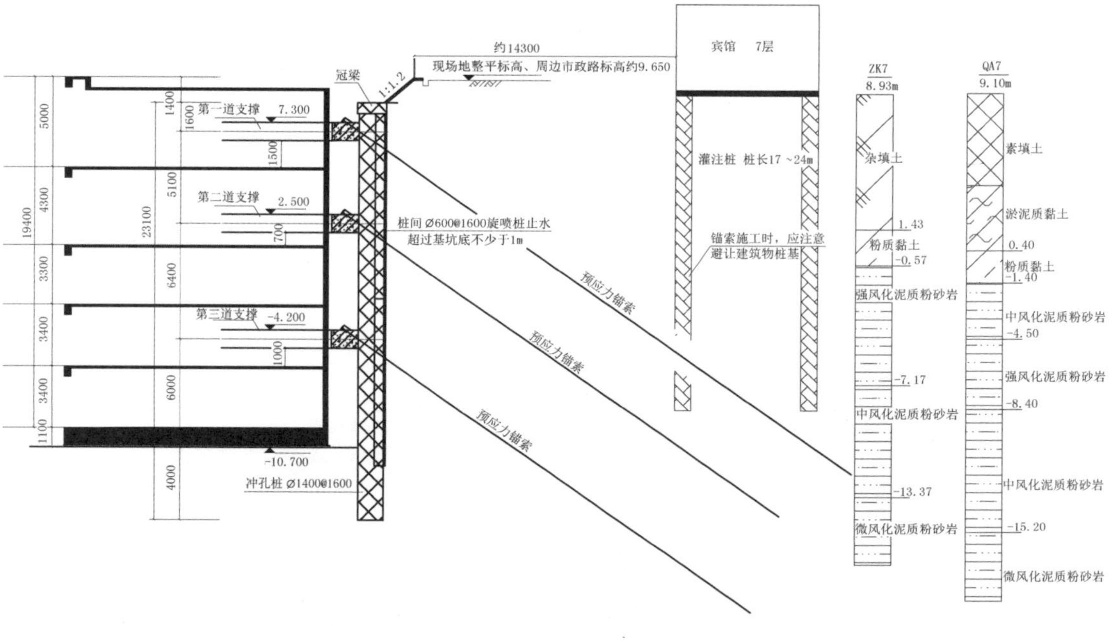

图 2－16　基坑南侧支护结构剖面图

2.3.3　深基坑桩顶位移预测及实测数据分析

鉴于该基坑工程地层的特殊性以及基坑支护结构体系的复杂性，结合深基坑工程支护结构设计特点和基坑工程施工特点，应用三维有限元手段进行了基坑动态施工过程的三维数值模拟分析，从而较正确地反映基坑工程的真实情况，重点研究分析了不同典型工况下东、南、西、北侧基坑支护结构的水平侧向位移以及在不同典型工况下内支撑及支护结构的受力发展规律，为优化和确保基坑支护结构设计及施工安全提供参考，同时也为保护紧邻地铁区间隧道的结构和运营安全提供依据。

在基坑重新开挖施工过程中，监测单位对基坑开展了相关监测工作。截至 2011 年 6 月，基坑工程已经开挖至底，图 2 – 17 为新基坑施工过程的现场照片。图 2 – 18、图 2 – 19 分别为基坑东西侧、南北侧支护桩顶的最大水平位移随基坑开挖深度发展过程曲线。

图 2 – 17　新基坑施工现场照片

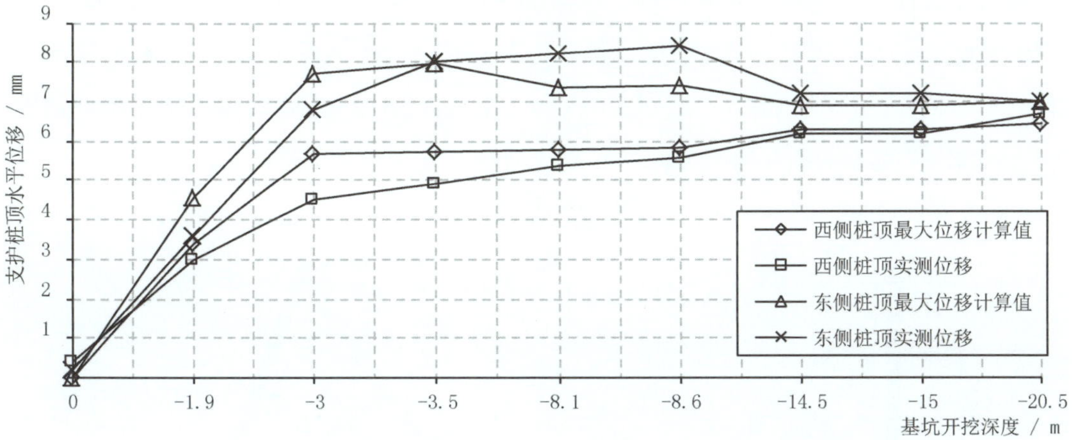

图 2 – 18　基坑东西侧桩顶最大水平位移随基坑开挖深度发展过程曲线

从图 2 – 18、图 2 – 19 可知，三维数值模拟分析预测结果与基坑桩顶最大水平侧向位移的实测数据较为一致。在基坑开挖至 – 3.0 m 之前，支护桩顶的水平位移增长较快，基本呈直线增长；从 – 3.0 m 开挖至 – 8.6 m 阶段，支护桩顶的水平位移有较小的变化；从 – 8.6 m 开挖至基底，支护桩顶的水平位移基本保持不变。其中基坑西侧桩顶向坑内的最大位移为 6.2 mm，北侧最大为 7.0 mm，东侧最大为 8.4 mm，南侧最大为 7.9 mm。

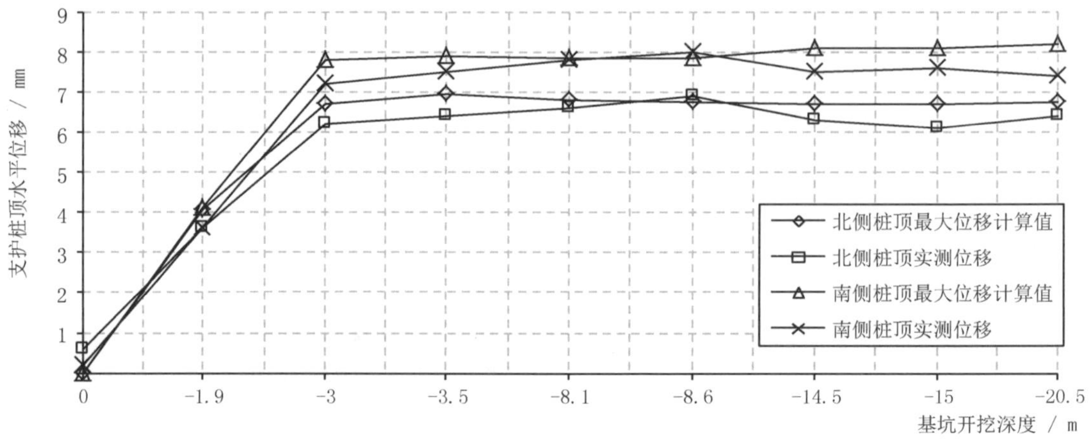

图 2－19　基坑南北侧桩顶最大水平位移随基坑开挖深度发展过程曲线

2.4　深基坑施工对邻近地铁隧道的影响分析

2.4.1　地铁隧道概况

该基坑东侧紧邻地铁区间隧道左线，隧道为复合式支护结构类型，基坑范围对应的地铁区间隧道里程大致从 Z/YDK10＋250 至 Z/YDK10＋350。基坑与紧邻地铁隧道支护结构类型的平面对应关系如图 2－20 所示，其中 Z/YDK10＋250 至 Z/YDK10＋315 的隧道支护类型分别为 Z012 型和 Z015 型，Z/YDK10＋315 至 Z/YDK10＋350 的隧道支护类型分别为 Z013 型和 Z017 型。地铁左线的 Z012 和 Z013 型隧道支护结构如图 2－21 所示，地铁右线的 Z015 和 Z017 型隧道支护结构如图 2－22 所示。

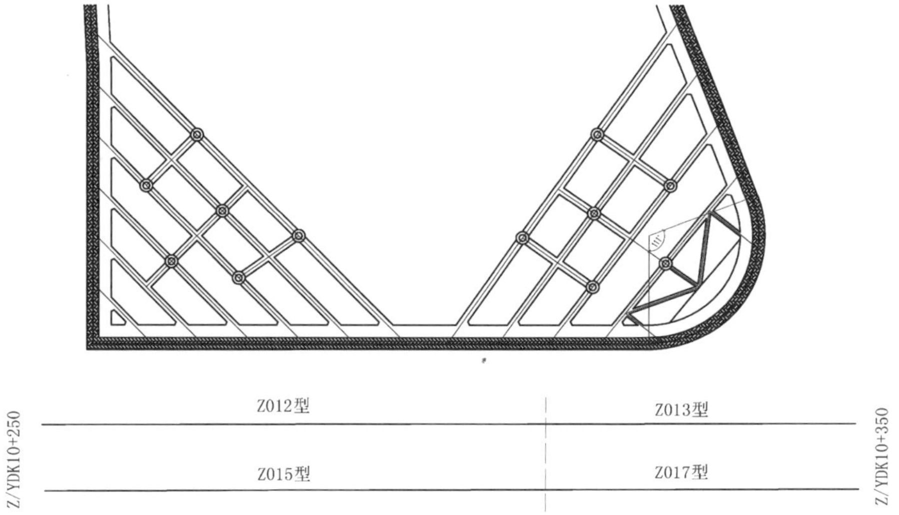

图 2－20　基坑与紧邻地铁隧道支护结构类型的平面对应关系

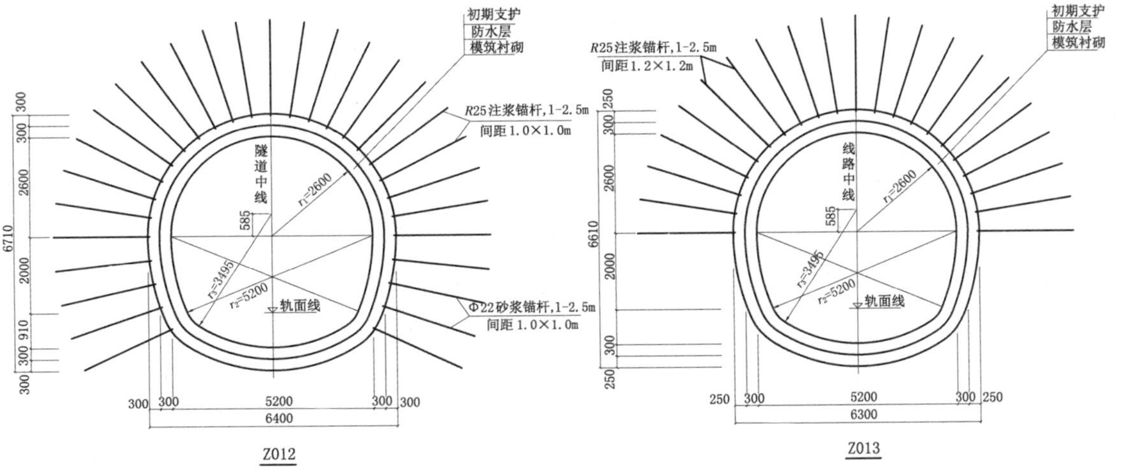

图 2－21 地铁左线 Z012 和 Z013 型隧道支护结构

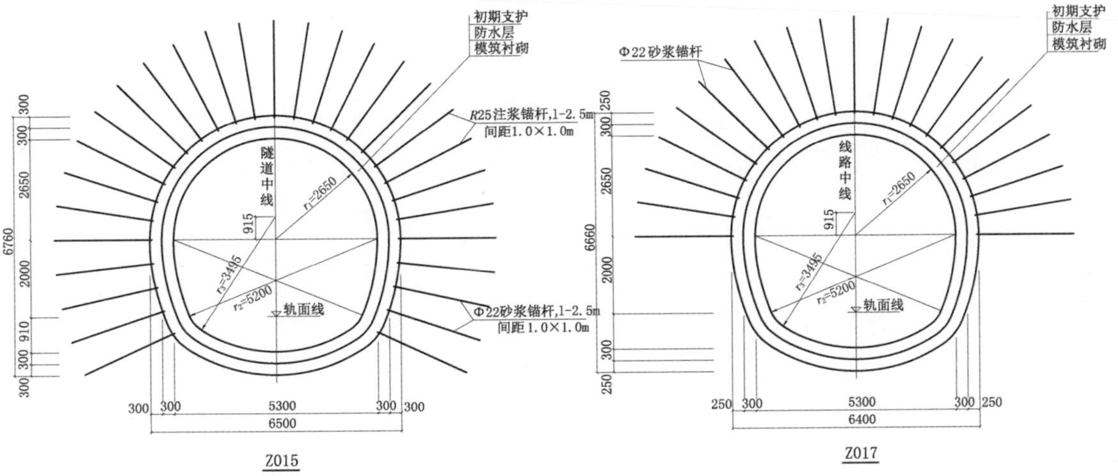

图 2－22 地铁右线 Z015 和 Z017 型隧道支护结构

2.4.2 深基坑应急抢险及回填对邻近地铁隧道的影响分析

基坑坍塌事故发生后，为确保紧邻地铁区间隧道的结构安全和运营安全，对邻近基坑的左线地铁区间隧道开展了自动三维位移监测工作，以实时掌握地铁隧道的位移发展情况。

地铁隧道的自动监测工作从 2005 年 7 月 26 日开始，一直延续至 2005 年 8 月 27 日基坑基本回填至地面为止。由于基坑坍塌事故应急抢险阶段主要为 2005 年 7 月 21 日至 7 月 25 日，爆破拆除危楼时间为 2005 年 8 月 8 日，故地铁隧道自动监测数据未能有效反映出基坑坍塌应急抢险阶段地铁隧道的位移发展情况，但基本能反映出爆破拆除危楼以及坍塌基坑后续回填土至地面阶段地铁隧道的位移发展情况。

图 2－23 为基坑坍塌事故发生后紧邻地铁左线区间隧道的监测平面示意图。图 2－24 为截止到 2005 年 8 月 27 日地铁左线区间隧道累积位移曲线。图 2－25 为总位移较大的 8

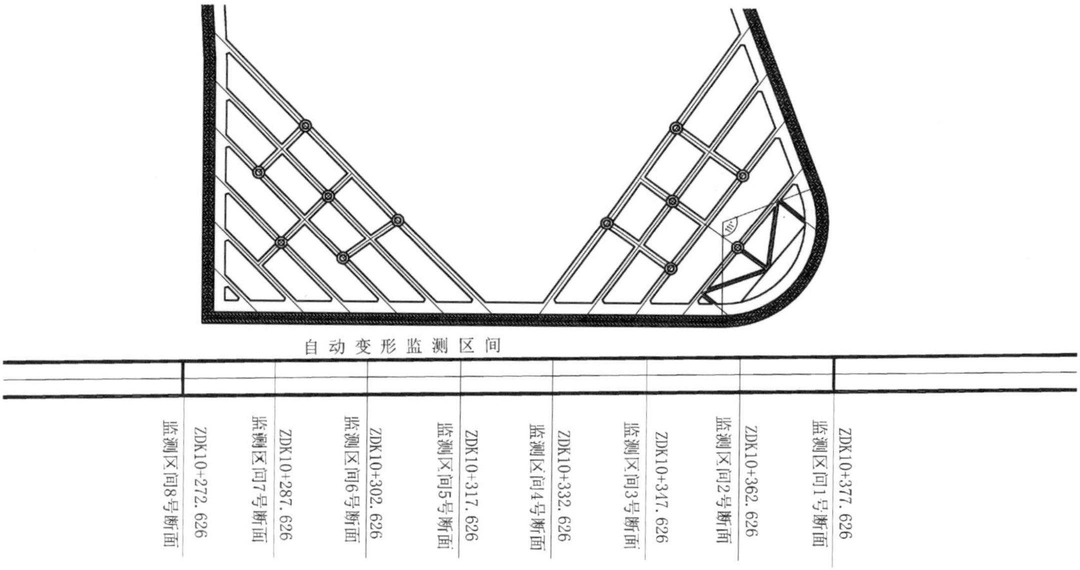

图2-23　紧邻地铁左线隧道监测平面示意图

号监测断面部位自7月26日至8月27日的水平侧向位移和沉降随时间发展曲线。

以上地铁隧道位移监测数据表明，基坑后续回填至地面阶段对地铁隧道位移的影响较小，其中地铁隧道的最大水平位移约为0.4 mm，最大沉降约为1.0 mm。

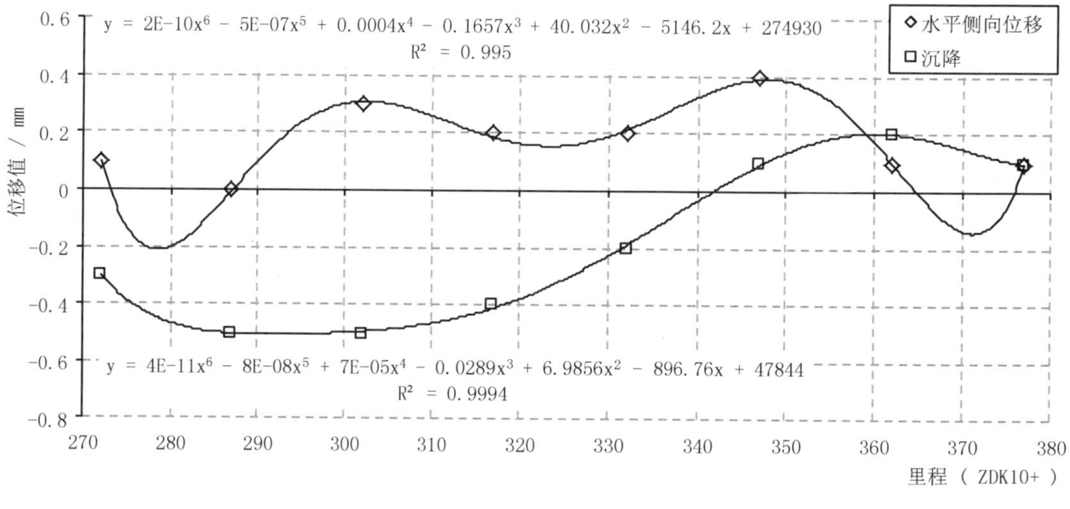

注：水平侧向位移："+"代表远离基坑，"-"代表靠近基坑；沉降位移："+"代表沉降，"-"代表隆起。

图2-24　地铁左线区间隧道累积位移曲线

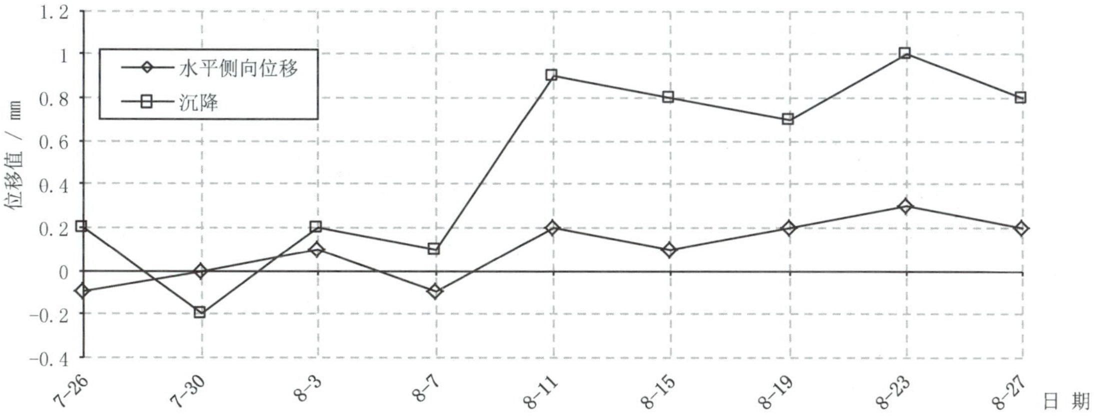

注：水平侧向位移："+"代表远离基坑，"-"代表靠近基坑；沉降位移："+"代表沉降，"-"代表隆起。

图 2-25　8 号监测断面部位累积位移随时间发展曲线

2.4.3 深基坑重新开挖对邻近地铁隧道的影响分析

1. 深基坑重新开挖对地铁隧道影响的预测分析

在深基坑重新开挖之前，针对深基坑施工对邻近地铁隧道的影响进行了安全评估，采用三维数值模拟分析手段，预测分析了深基坑施工对紧邻地铁区间隧道的位移影响，深基坑施工诱发邻近地铁隧道位移影响分析的三维动态施工模拟的主要流程为：①场地初始应力分析；②修建地铁区间隧道；③施作桩墙结构；④基坑依次开挖至 -2 m、-9 m、-16 m、-21 m 并施作各层的支护结构；⑤施工各层地下室底板并依次拆除第三道、第二道支撑。

预测结果表明，基坑施工全过程地铁隧道的最大位移为 6.7 mm，因此认为深基坑施工不危及地铁区间隧道的结构安全和地铁的正常运营。深基坑施工过程地铁隧道最大位移云图如图 2-26 所示，详细的预测统计结果见表 2-1。

表 2-1　深基坑施工过程地铁隧道最大位移预测结果　　单位：mm

计算工况	地铁隧道的最大位移		
	水平侧向位移	竖向位移	总位移
基坑开挖至 -2m	-1.1	0.2	1.1
基坑开挖至 -9m	-4.1	0.7	4.2
基坑开挖至 -16m	-6.1	0.9	6.2
基坑开挖至 -21m	-6.7	0.9	6.7
拆第三道撑并回填	-6.7	0.9	6.7
拆第二道撑并回填	-6.7	0.9	6.7

注："+"表示隧道结构竖向隆起；"-"表示隧道朝基坑内侧发生水平侧向位移。

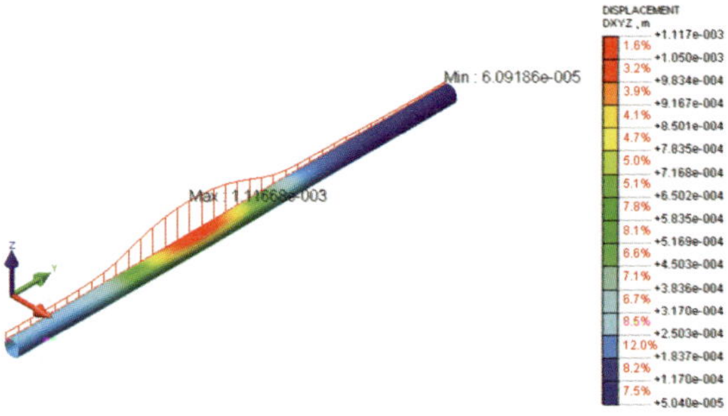

（a）基坑开挖至 -2 m

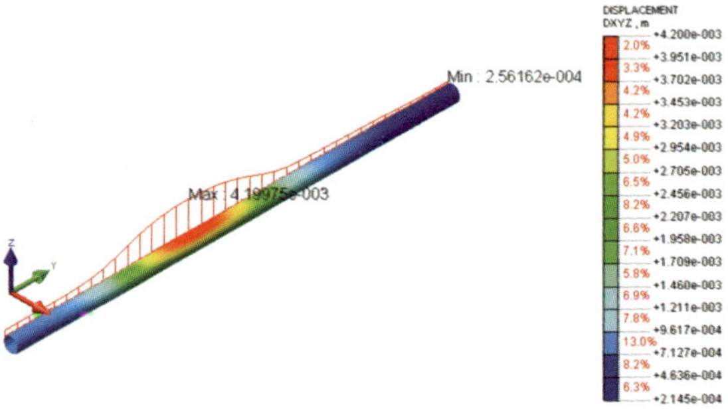

（b）基坑开挖至 -9 m

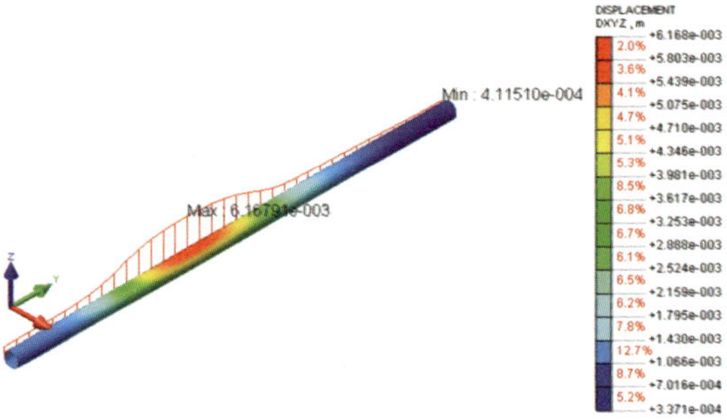

（c）基坑开挖至 -16 m

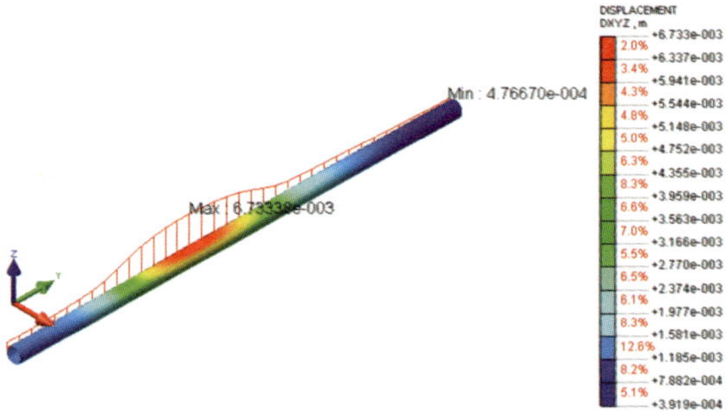

（d）基坑开挖至 -21 m

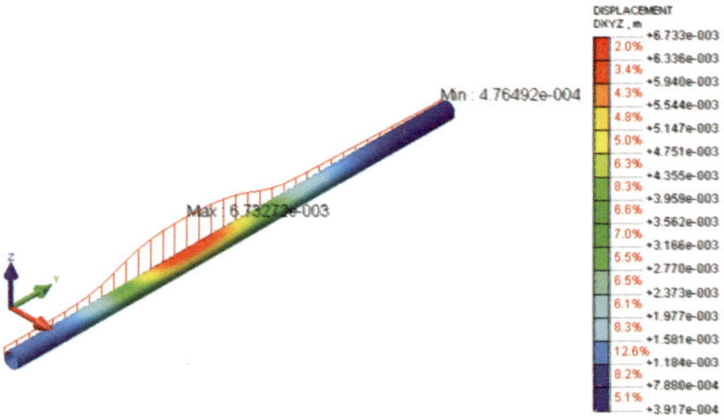

（e）拆第三道支撑

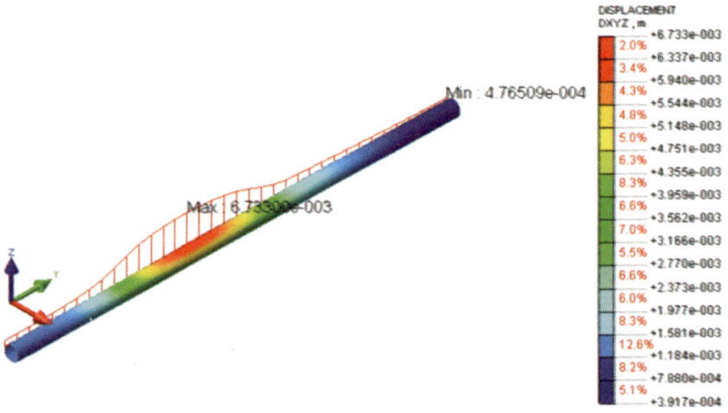

（f）拆第二道支撑

图 2-26　深基坑施工过程地铁区间最大位移云图

2. 地铁隧道位移实测数据分析

根据项目特点及地铁安全保护要求，针对邻近地铁区间隧道开展了位移自动监测工作，以及时监控地铁隧道位移发展情况，确保地铁隧道的结构安全和地铁的正常运营。

地铁区间隧道的监测平面布置如图 2-27。针对已开通运营的地铁隧道，地铁经营单位开展了长期的常规监测工作，主要为地铁隧道的沉降。图 2-28 为自深基坑重新开挖起至基坑工程施工完毕期间邻近地铁左线区间隧道的沉降后移曲线。监测数据表明，重新开挖的深基坑施工对邻近地铁区间隧道的沉降影响较小，为 2.5mm。

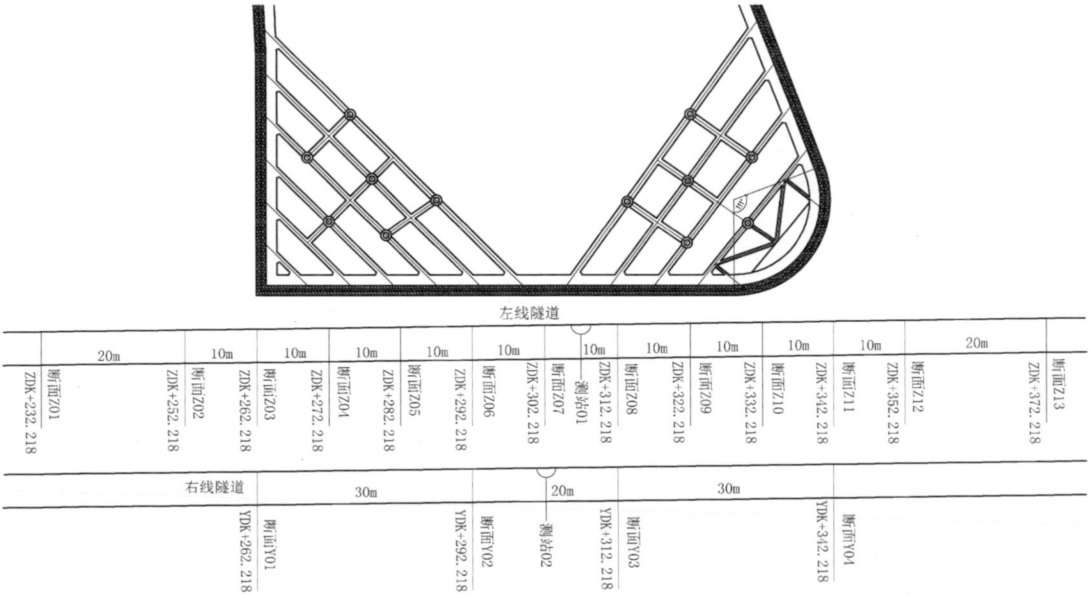

图 2－27　深基坑重新开挖地铁隧道监测平面布置

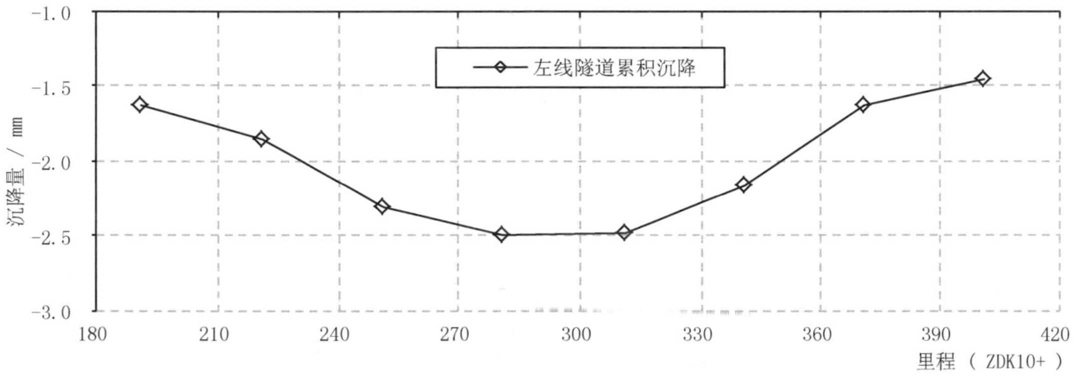

图 2－28　左线地铁区间隧道累积沉降曲线（常规监测数据）

2.5　地铁保护采取的主要措施

地铁经营单位针对坍塌前的基坑支护结构设计方案和地铁设施安全保护专项方案技术审查时，鉴于基坑东面与地铁隧道之间的相互关系，已经明确要求外部作业单位加强基坑东侧的支护结构设计，以便对邻近地铁隧道提供强有力的侧向约束，从而有效地避免了一起危及城市轨道交通设施安全的重大事故。

针对重新开发的基坑支护结构设计方案，地铁经营单位综合深基坑曾经坍塌过的特殊性、岩土工程地质条件、深基坑工程支护结构设计特点、深基坑工程施工特点以及紧邻地铁区间隧道复合式支护结构特点分析，结合第三方评估单位所开展的地铁结构安全评估结论及建议，为确保紧邻地铁区间隧道的结构安全和地铁的正常运营，提出了如下的要求：

（1）施工图设计中必须针对地铁结构的安全制定专项保护措施，及地铁结构变形过大时的应急预案，保证运营安全。

（2）在距离地铁隧道结构边线 20 m 范围之内，不得采用冲孔、爆破方法施工；在距离地铁隧道结构 20 m 范围以外，如需进行爆破作业时，产生的振动波速在地铁结构外侧不得大于 2 cm/s。

（3）应针对该项目基坑施工曾经发生坍塌后被填平的实际情况，在确保该工程实施可行性的同时，采取有效的措施避免工程施工期间对地铁结构和运营安全产生不利的影响。为防止人工挖孔桩施工塌孔影响地层稳定，避免扰动基坑与隧道间土体，须对桩周地层进行加固和止水处理，建议东侧基坑外侧采用一排袖阀管加固土体，但须控制注浆压力；原基坑东南角坍塌严重，应注意破除旧桩等施工所产生的不利影响，建议邻近地铁侧基坑局部采用逆作法施工或预留反压土方案。

（4）基坑支护、开挖及地下结构施工全过程必须委托有资质和地铁监测业绩的第三方监测单位对地铁进行结构变形自动监测，且加强地铁侧的基坑监测，遵循先监测后施工的原则。

（5）支护桩施工前、地下结构完工后须进行地铁区间隧道结构内观、裂缝等项目的初始及工后普查、记录、确认。

（6）细化人工挖孔桩咬合节点处理，确保基坑止水质量；邻近地铁侧须增加地下水位测点，监测并控制地下水位的变化；不得大量抽取地下水，以保护地铁隧道周围地层结构稳定。

（7）为有效控制地铁区间隧道的结构变形，须细化拆换支撑工况的要求及施工流程，建议基坑东侧与侧墙间采用素混凝土回填。

（8）由于基坑存在各种性质不一的回填材料和残留结构，破桩、开挖施工应采取有效措施避免冲击、振动对地铁区间隧道结构产生的不利影响，拟定可行的施工方案及保护措施，建议施工前先现场试验。

（9）人工挖孔桩应采取间隔跳挖施工；基坑施工应遵循分区、分块、分层、对称、限时原则；严格按设计标高开挖，严禁超挖；基坑开挖、主体结构、回筑等地下工程必须连续施工。

2.6 地铁保护的经验及事故教训

深基坑发生严重坍塌，但未对地铁结构安全产生重大影响，在地铁保护方面取得的经验主要为：

（1）地铁经营单位在设计方案的地铁设施保护技术审查阶段，考虑了深基坑的工程特点、场地工程地质条件以及地铁隧道与深基坑的位置关系等因素，要求基坑退让了1.5 m，加大了深基坑与地铁区间隧道距离。同时还要求建设方相关单位加强了邻近地铁隧道的深基坑东侧的支护结构设计，这些措施都从根源上杜绝了地铁隧道结构重大安全事故的发生。

（2）在事故发生后，为了防止次生病害的发生，地铁经营单位主动停运了相关地铁线路。同时，还组织了相关专家针对深基坑坍塌对地铁隧道产生的不利影响进行了论证和评估，在确保地铁隧道结构的安全后，才重新开通运营该地铁路段，保证了广大市民的人身和财产安全。

坍塌回填后重新开挖的深基坑工程施工未对地铁结构安全产生影响，在地铁保护方面的成功经验主要为：

（1）地铁经营单位针对重新开挖的基坑支护结构设计方案及地铁设施保护专项方案重点加强了技术审查，明确提出了地铁安全保护的系列控制措施，从源头上控制和规避了基坑施工对邻近地铁隧道的不利影响，并且在基坑施工全过程开展了地铁监护工作，规避了现场可能发生的违规作业，确保了地铁保护措施的有效实施。

（2）施工单位在深基坑施工过程中严格落实了地铁经营单位提出的安全保护措施建议，并主动采取了对地铁隧道影响较小的施工方法，如采用绳锯无损切割技术拆除基坑混凝土内支撑结构，避免了爆破拆除混凝土支撑可能引起的振动影响等。

（3）业主单位高度关注项目实施过程对地铁隧道的不利影响，强化了现场的施工管理及控制工作。此外，还主动在深基坑工程施工前、后针对地铁隧道结构现状等进行了调查分析和确认工作，并在基坑施工全过程针对地铁隧道位移发展情况开展了自动监测工作，实时掌握了地铁区间隧道的安全状态。

尽管基坑坍塌对地铁结构产生的影响较小，没从根本上危及地铁的结构和运营安全，但还是造成地铁该区段的线路停运了将近1天的时间。由此，可以总结出来的主要教训有：

（1）位于地铁结构控制保护区内的外部作业，如本案例中的基坑开挖，应当充分重视自身的支护结构安全，并采取合理、有效的设计方案以及施工措施，唯有如此，才能从根本上确保紧邻地铁结构的安全不受其影响。

（2）位于控制保护区内的基坑开挖作业应严格按照向地铁经营单位报批并通过的方案进行施工，严格执行地铁经营单位提出的审查意见，从而确保工程的安全。同时，当基坑支护结构设计方案发生变更时（本案例中擅自加大了基坑挖深），业主应重新将最新方案报送地铁经营单位进行技术审查工作。

（3）基坑施工全过程应开展地铁隧道位移自动监测工作，从而可实时监控地铁结构的安全。

第3章 某桩锚支护深基坑施工诱发地铁盾构隧道病害事故案例

受邻近桩锚支护深基坑工程施工影响，已铺轨完成的某地铁区间盾构隧道出现了管片破损、管片开裂、隧道渗漏水、边沟开裂等严重病害。事故发生后，地铁公司等单位立即采取了基坑内回填土反压、隧道内架设临时钢支撑等安全应急抢险措施，并在隧道位移稳定后对病害严重区段的隧道进行了结构加固处理，确保了地铁隧道的结构安全和地铁的开通运营。

3.1 工程概况

3.1.1 深基坑基本情况

某工程拟建建筑由两栋32层及45层主楼和整体4层地下商场及车库组成，预计基础埋置深度达16 m～21 m。场地占地面积约26105.79 m^2，对应基坑开挖面积23958 m^2，基坑支护周长约639 m。图3－1、图3－2分别为某桩锚支护深基坑与邻近地铁盾构隧道关系平面图及三维效果图。邻近地铁隧道侧的基坑支护长度约为152 m，基坑支护桩外边线与地铁隧道的最小水平距离约34.5 m，邻近隧道侧的基坑支护主要为坡顶放坡＋旋挖灌注

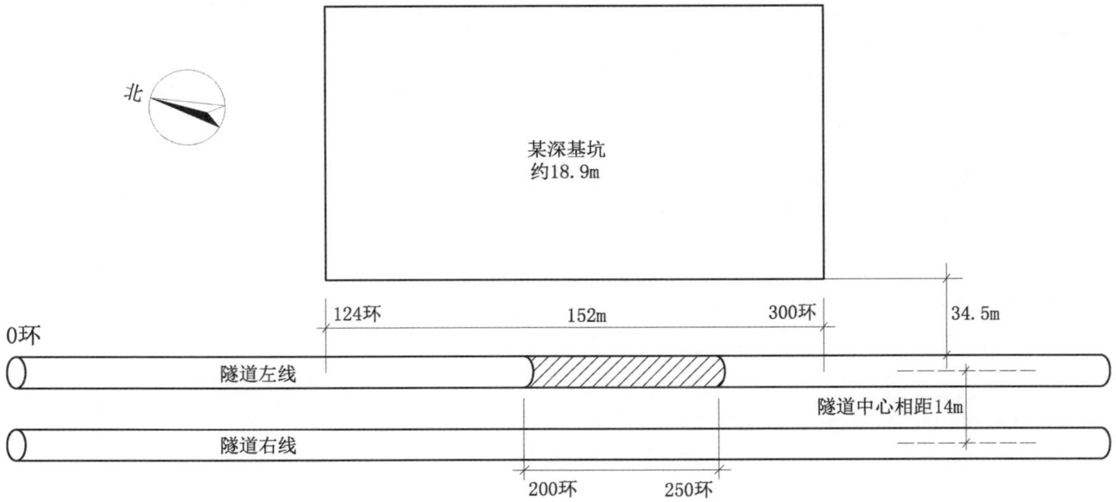

图3－1 地铁盾构隧道与深基坑关系平面图

桩 + 五道预应力锚索，如图 3 - 3 所示。深基坑原设计开挖深度为 13.7 m ~ 20.9 m，基坑实际开挖深度比原设计深度超挖 1.0 m，并且没有为此施加基坑支护补强措施，基坑实际开挖深度比相应区段的地铁隧道结构底面深 1.0 m ~ 1.7 m。

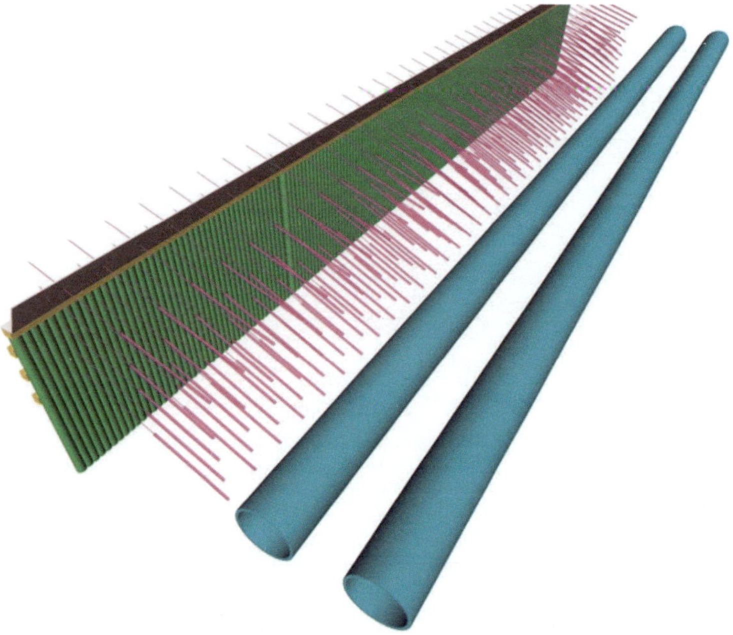

图 3 - 2　地铁盾构隧道与深基坑三维效果图

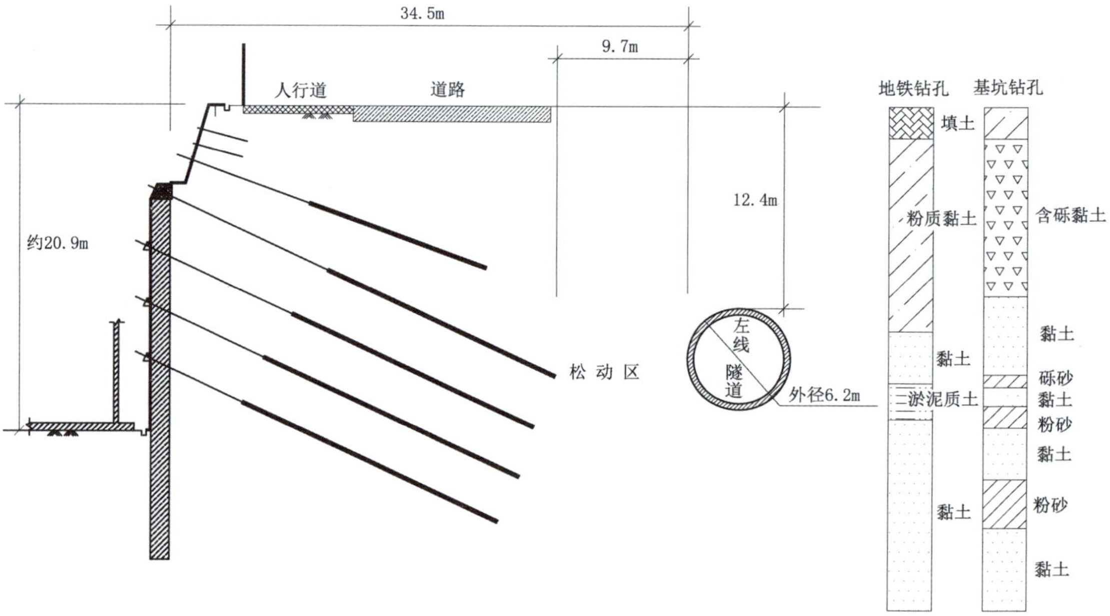

图 3 - 3　地铁隧道与基坑桩锚支护结构关系剖面图

深基坑工程于2011年11月开始施作基坑支护桩和土方开挖，2012年7月开挖至基底。在深基坑已开挖至基底，部分地下室底板已浇筑时，基坑北侧发生了边坡塌方，邻近隧道的基坑外侧出现了路面开裂，邻近的盾构隧道出现了管片破损等病害现象。图3－4为隧道病害发现期间的深基坑施工现场照片。

（a）2012年7月29日基坑概况　　（b）2012年8月22日基坑北侧坍塌

图3－4　隧道病害发现期间深基坑施工现场

3.1.2　盾构隧道基本情况

该地铁区间隧道盾构于2011年1月始发，同年7月10日双线盾构贯通，其中0～300环于2011年3月拼装完成，于2012年3月10日完成轨道铺设。截至2012年8月19日，地铁左线区间200～250环的盾构隧道已出现了管片破损、开裂、隧道渗漏水、边沟开裂、隧道水平直径变形偏大等病害。隧道病害发生阶段，地铁区间隧道尚未开通运营。

地铁区间盾构隧道外径6.2 m，内径5.5 m，管片厚度0.35 m，宽度1.2 m。设计采用“1＋2＋3”的管片分块方式，并按“A＋B＋A”模式进行错缝拼装。管片间采用性能等级为5.8级或6.8级的M30螺栓进行连接，每纵缝布置2个螺栓，共12个环向螺栓，环缝纵向螺栓16个。

图3－5为左线隧道病害区段对应的工程地质剖面，病害隧道周边地层主要为可塑粉质黏土、可塑黏土、软塑淤泥质土，隧道结构下方主要为软塑淤泥质土和深厚的可塑黏土，其中淤泥质土的平均标贯击数为6.4，可塑粉质黏土为12.9，可塑黏土为12.0。深基坑对应范围的地铁盾构隧道埋深约为12.4 m。

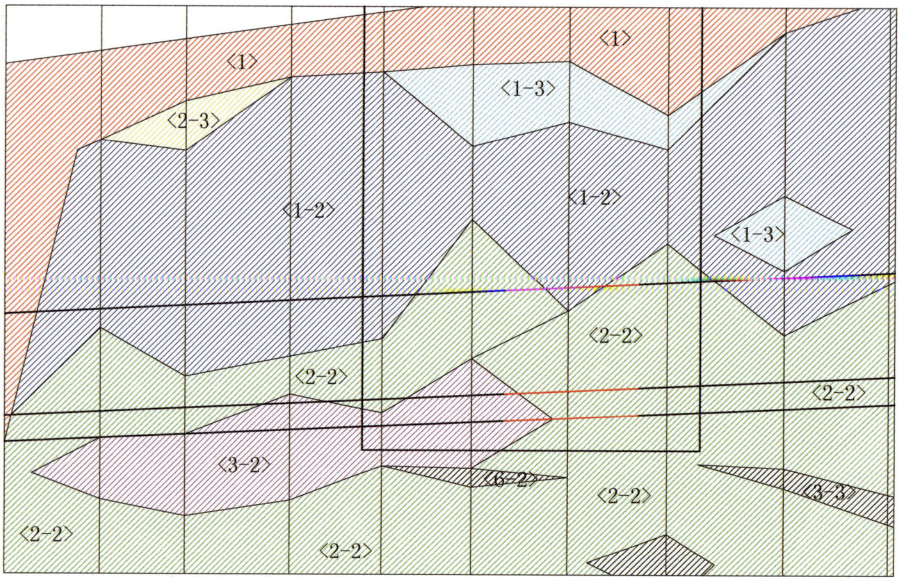

〈1〉填土；〈1－2〉可塑粉质黏土；〈1－3〉粉质黏土；〈2－2〉可塑黏土；〈3－2〉软塑淤泥质土；〈3－3〉淤泥质土；〈6－2〉强风化层

图3－5　左线隧道病害区段对应的工程地质剖面

3.2　盾构隧道主要病害情况

2012年7月24日调查发现，地铁区间盾构隧道出现了病害现象。随后，相关单位对该区间隧道进行监测、检测和病害调查分析。在此，根据相关资料汇总了地铁隧道的主要病害情况。

1. 管片破损

左线隧道出现了管片破损，表现为连接螺栓附近区域局部开裂、管片角部破损，管片破损严重部位出现了局部掉块现象，如图3－6所示。

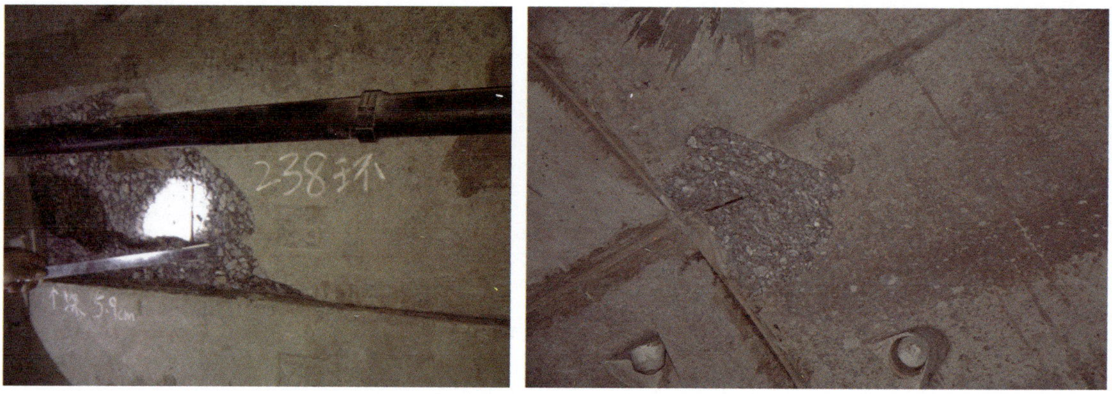

图3－6　典型管片破损现场照片

2. 管片开裂

图 3－7 为典型管片开裂的现场照片。根据检测报告，绘制了管片裂缝分布及裂缝宽度展布图，如图 3－8 所示。根据 GB50010—2010《混凝土结构设计规范》，对 B 型配筋管片而言，裂缝宽度 $W \geqslant 0.46$ mm 的管片受力钢筋已进入屈服状态，裂缝宽度 0.38 mm $\leqslant W < 0.46$ mm 的管片受力钢筋已超过钢筋的强度设计值；对 C 型配筋管片而言，裂缝宽度 $W \geqslant 0.41$ mm 的管片受力钢筋已进入屈服状态，裂缝宽度 0.33 mm $\leqslant W < 0.41$ mm 的管片受力钢筋已超过钢筋的强度设计值。

图 3－7　典型管片开裂的现场照片

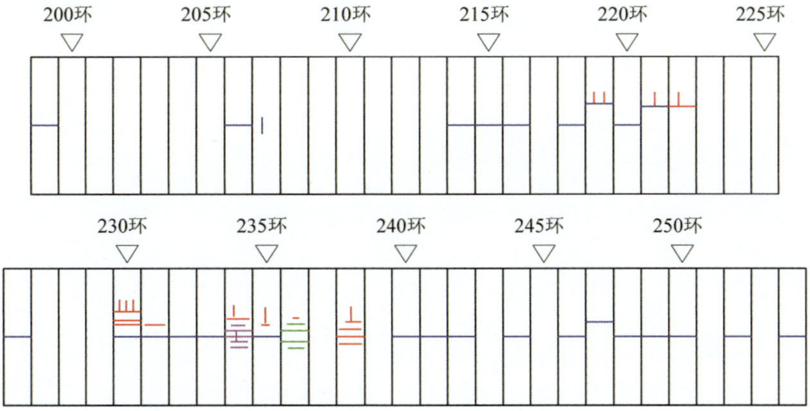

注：裂缝宽度 < 0.33mm，洋红表示；0.33mm ≤ 裂缝宽度 < 0.41mm，绿色表示；0.41mm ≤ 裂缝宽度 < 0.69mm，青色表示；裂缝宽度 ≥ 0.69mm，红色表示；拱顶裂缝宽度由于未提供，蓝色表示。

图 3－8　左线隧道管片开裂情况

3. 隧道渗漏水

左线隧道的渗漏水现象较为普遍，如图 3－9 所示。

图 3－9　典型隧道渗漏水的现场照片

4. 边沟开裂

盾构左线隧道的边沟出现了开裂现象，如图 3－10 所示。

图 3－10　典型边沟开裂的现场照片

5. 隧道水平直径变形偏大

地铁盾构左线隧道水平直径变形量偏大，截至 2012 年 8 月 21 日，隧道水平直径变形最大值为 66.3 mm，出现在 215 环。地铁区间 200 ～ 250 环隧道水平直径变形量的统计结果如图 3－11 所示。根据 GB 50446—2008《盾构法隧道施工与验收规范》规定，成型地铁盾构隧道的验收标准为 ±0.6%D（D 为隧道的外直径），即 37.2 mm，近似换算成水平直径变形量为 18.6 mm。从图 3－11 可知，地铁区间 200 ～ 250 环隧道水平直径变形已大大超过了成型地铁盾构隧道的验收标准。

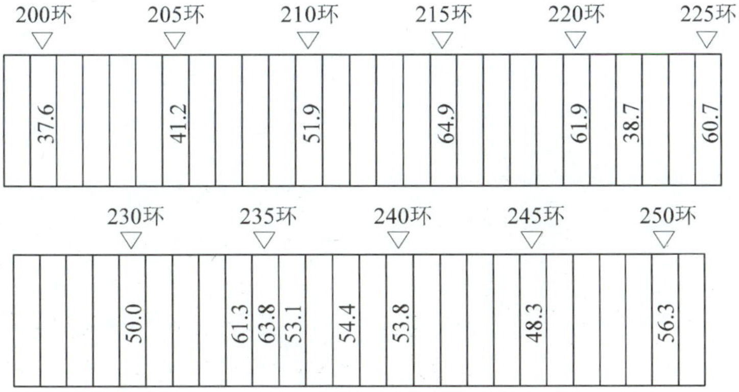

注：各环中的数值表示该隧道水平直径的变形量（mm）

图 3－11　左线隧道水平直径变形量统计情况

3.3　事故应急抢险处理措施

事故发生后，为控制盾构隧道病害继续发展，相关单位立即采取了相应的安全应急抢险处理措施，主要表现为以下几个方面。

1. 隧道内钢结构临时加固

为控制隧道结构继续变形，防止隧道病害继续恶化，在隧道内采取了钢结构进行临时加固应急处理。如图 3－12 所示。

图 3－12　隧道内钢结构临时加固现场照片

2. 基坑内侧堆土反压

为控制隧道结构继续变形，防止隧道病害继续恶化，在靠近隧道侧的基坑内侧采取了堆土反压应急处理措施，如图 3－13 所示。隧道水平变形监测数据分析结果和三维有限元模拟分析结果表明：采取的基坑内侧堆土反压应急措施，有利于控制地铁隧道的继续位移，有利于抑制地铁隧道病害的继续发展。

图 3－13　基坑内侧堆土反压现场照片

3. 封堵地表裂缝

为防止地表水和雨水通过地表裂缝渗入基坑外侧土体和隧道周边土体，控制隧道结构继续变形，防止隧道病害继续恶化，对基坑外侧地面及隧道上方地面的地表裂缝进行了封堵，如图 3－14 所示。

图 3－14　封堵地表裂缝现场照片

4. 盾构隧道壁后注浆

为改善隧道周边地层约束，控制隧道结构继续变形，防止隧道病害继续恶化，对盾构隧道壁后采取了注浆处理措施。

5. 加强相关监测工作

隧道病害出现后，加强了隧道结构变形、隧道裂缝检测、隧道上方地面沉降和基坑工程等的相关监测工作，以及时监控隧道病害的发展情况，如图 3－15 所示。

图 3－15　加强隧道结构变形、裂缝检测的现场照片

3.4 事故原因分析

事故发生后，通过开展隧道周边施工情况调查、深基坑施工影响三维模拟计算、地铁隧道位移监测数据分析等，探讨了诱发地铁盾构隧道病害的主要原因。

3.4.1 周边施工情况调查

纵观地铁区间隧道贯通后周边场地的主要施工历程，经调查发现主要为某深基坑工程施工。且在施工过程基坑北侧、东侧发生了边坡塌方，在邻近地铁隧道的基坑外侧出现了路面开裂等现象。该基坑施工诱发的周边环境问题如图 3－16 所示。

（a）基坑北侧塌方

（b）基坑东侧塌方

（c）隧道上方路面开裂

（d）邻近隧道侧基坑支护桩顶地面开裂

图 3－16　深基坑施工诱发的周边环境问题

地铁隧道周边地层主要为可塑黏土层及淤泥质土层，隧道周边卸载及地层松动将对地铁隧道造成不利影响，诱发地铁隧道结构位移。由于邻近隧道侧基坑采用了桩＋五道预应力锚索支护结构，深基坑开挖卸载以及锚索锚固段的存在，导致地铁隧道侧方土压力卸载及隧道侧方地层约束降低，诱发地铁隧道发生竖向沉降，并朝基坑侧发生水平侧向位移，如图 3－17 所示。

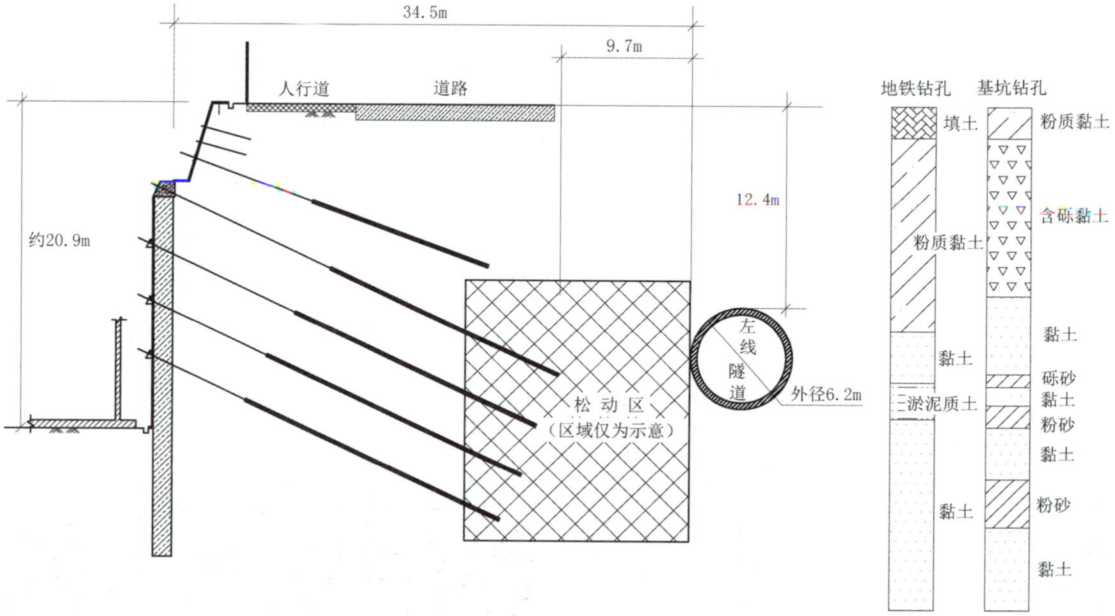

图 3－17　基坑桩锚支护受力分析示意图

3.4.2　深基坑施工影响的三维模拟分析

应用三维有限元软件建立三维精细模型，采用地层结构法，根据地铁区间隧道和深基坑桩锚支护结构设计及深基坑施工特点，初步模拟计算了基坑施工对邻近地铁隧道的位移影响。

计算模型中的地层主要根据地铁隧道和基坑附近的工程地质资料进行适当简化，地层自上往下依次为填土、粉质黏土、黏土、淤泥质土、黏土、粉砂、粉质黏土、泥炭质土。各地层的计算参数取值主要依据工程经验和工程地质勘察报告综合分析确定，隧道结构以及深基坑支护结构的力学计算参数经综合考虑相关因素后确定。

深基坑施工诱发邻近地铁隧道位移影响分析的三维动态施工模拟的主要流程为：①场地初始应力分析；②修建地铁区间隧道；③施作灌注桩结构；④基坑放坡开挖；⑤依次施作基坑支护结构并开挖土体至基底。

表 3－1 为地铁隧道的水平位移、竖向沉降及总位移汇总。

表 3－1 深基坑诱发地铁隧道最大位移的模拟结果 单位：mm

计算工况 \ 位移	地铁隧道位移增量			地面沉降
	DXY	DZ	DXYZ	DZ
基坑开挖至基底	74.4	－25.5	78.0	－33.4
基坑内侧堆土反压	－2.8	3.5	3.9	/
预应力锚索应力松弛	－1.3	0.1	1.3	/

注：“－”表示地铁隧道背向基坑侧发生水平侧向位移，地铁隧道发生竖向沉降；“＋”表示地铁隧道朝基坑侧发生水平侧向位移，地铁隧道发生竖向隆起。

三维模拟计算结果表明，由于邻近隧道侧基坑采用了桩＋五道预应力锚索支护结构，深基坑开挖卸载以及锚索锚固段的存在，导致地铁隧道侧方土压力卸载及隧道侧方地层约束降低，导致地铁隧道发生竖向沉降，并朝基坑侧发生水平侧向位移；基坑内侧采取堆土反压安全应急措施，将有利于控制地铁隧道的继续位移；预应力锚索应力松弛，将诱发地铁隧道发生一定程度的位移。

鉴于地铁隧道与基坑工程的钻孔资料以及相关岩土力学计算参数取值相差较大，且三维模拟模型中的基坑支护结构与实际情况可能存在较大的出入，因此，三维模拟计算值仅供定性分析参考，不作为定量分析的依据。

3.4.3 隧道实测数据分析

与隧道相关的主要监测内容为：隧道施工期间及贯通后的地表沉降、贯通后的隧道位移、左线隧道右轨道位移。主要为 2012 年 3 月 10 日铺轨完成至 2012 年 8 月 30 日期间的监测数据。

1. 左线隧道右轨道位移分析

（1）竖向位移分析

如图 3－18 所示，2012 年 3 月 10 日铺轨完成至 2012 年 7 月 27 日（红色曲线）及

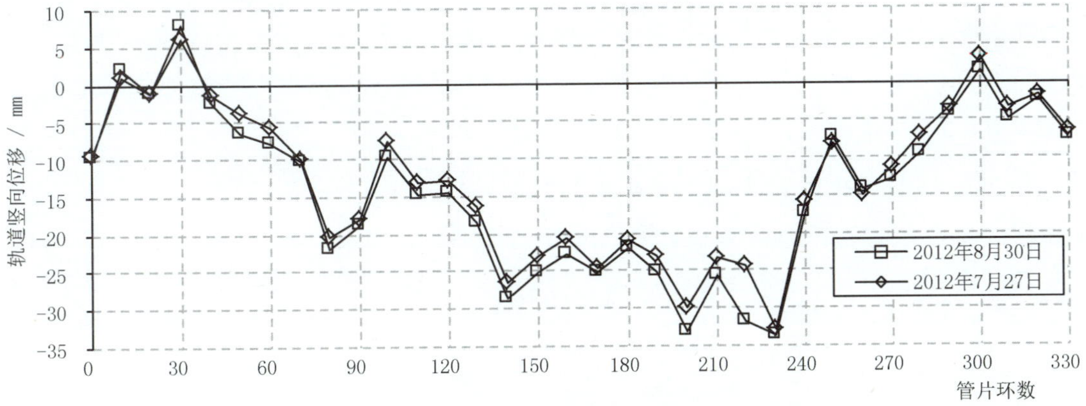

图 3－18 左线隧道右轨道各测点的竖向位移曲线

2012 年 3 月 10 日铺轨完成至 2012 年 8 月 30 日（黑色曲线）期间左线隧道 0 ～300 环各测点沿隧道纵向的竖向位移曲线。

从图 3－18 可知，左线隧道自 2012 年 3 月 10 日铺轨完成至 2012 年 8 月 30 日期间，右轨道发生了较大的沉降，轨道的最大沉降约为 33 mm，其中 150 ～240 环所对应的轨道的沉降较大，呈勺形分布。根据 2012 年 7 月 27 日至 2012 年 8 月 30 日近 1 个月的监测数据变化情况，认为左线隧道轨道各测点的沉降仍有缓慢发展趋势。

（2）水平位移分析

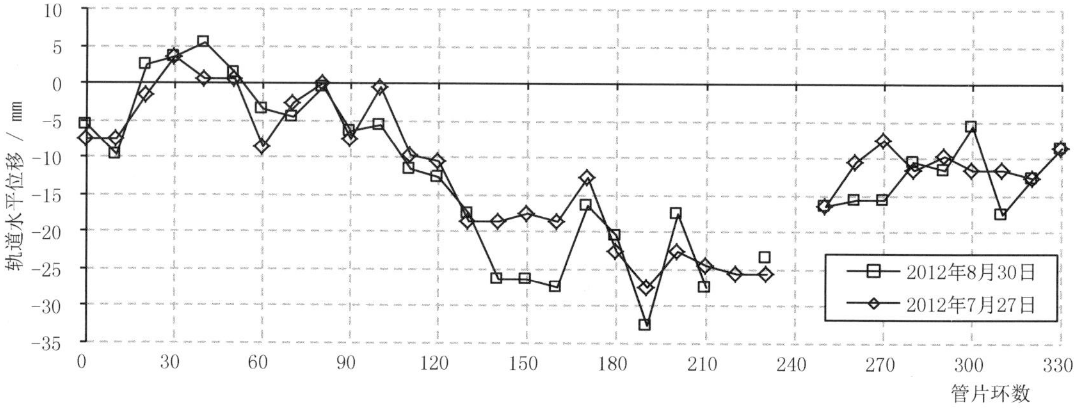

图 3－19　左线隧道右轨道各测点的水平位移曲线

从图 3－19 可知，自 2012 年 3 月 10 日铺轨完成至 2012 年 8 月 30 日期间，轨道发生了较大的水平位移，最大水平位移约为 34 mm，轨道的水平位移呈凹形分布。根据 2012 年 7 月 27 日至 2012 年 8 月 30 日期间近 1 个月的监测数据变化情况，认为左线隧道轨道各测点的水平位移仍未稳定。

2. 隧道水平收敛分析

从图 3－20 可看到拱顶测点 1 个，左、右侧测点各 3 个，隧道的水平收敛测线区分为上部、中上部和中下部。

从图 3－21 ～图 3－23 及表 3－2 可知：自 2012 年 7 月 27 日至 9 月 17 日期间 200 ～250 环水平收敛最大值为 9. 8 mm，发生在第 245 环的上部测线，方向为往隧道外边；自隧道建成至 2012 年 9 月 17 日期间 200 ～250 环水平收敛最大值为 66. 3 mm，发生在第 215 环的中部测线，

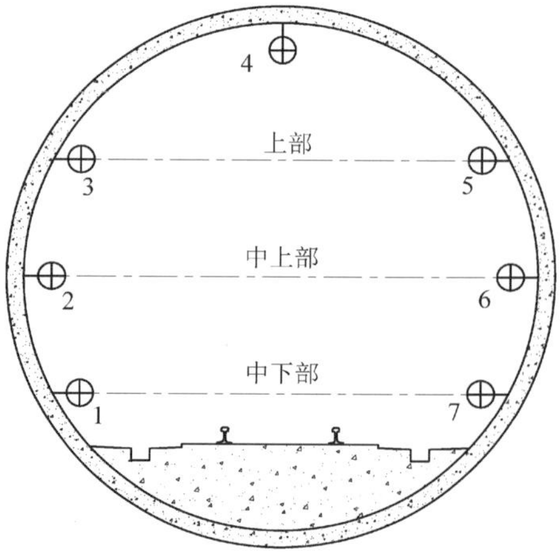

图 3－20　左线隧道各测点布置及水平收敛测线

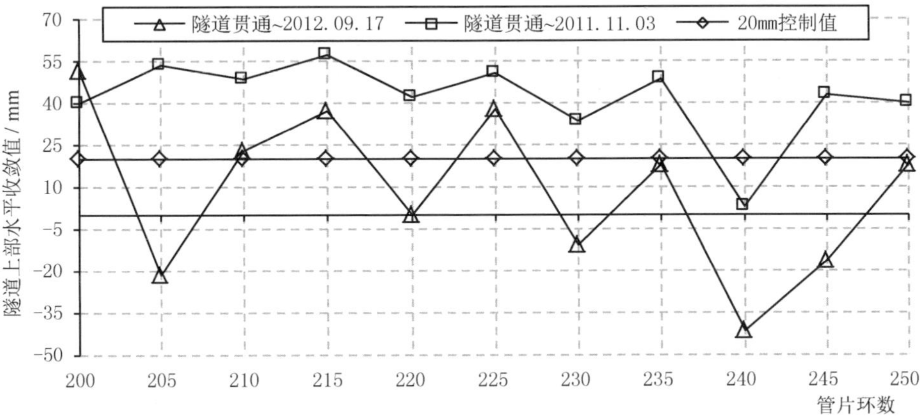

图 3－21　隧道建成至 2012 年 9 月 17 日隧道上部 200～250 环的水平收敛值

方向为往隧道外边；自 2011 年 11 月 3 日至 2012 年 9 月 17 日期间 200～250 环水平收敛最大值为 59.4 mm，发生在第 245 环的上部测线，方向为往隧道里边；左线隧道 200～250 环的上部、中上部及中下部的水平收敛值从 2011 年 11 月 3 日至 2012 年 9 月 17 日期间变化较大，明显与侧方深基坑开挖的相关性较大。

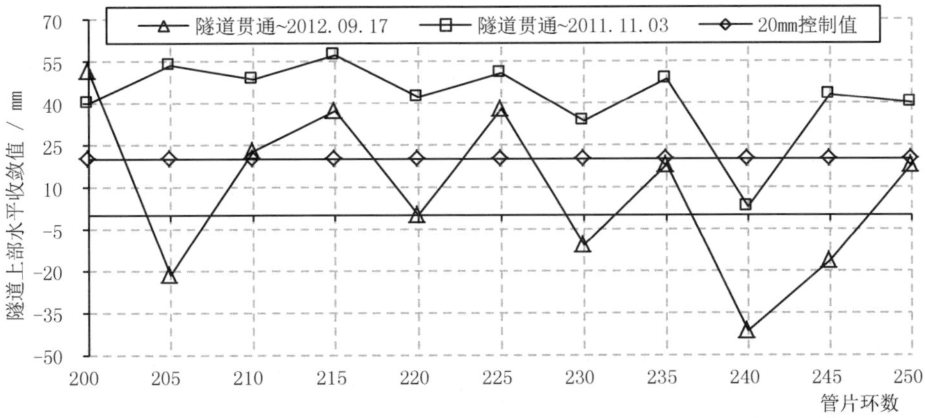

图 3－22　隧道建成至 2012 年 9 月 17 日隧道中上部 200～250 环的水平收敛值

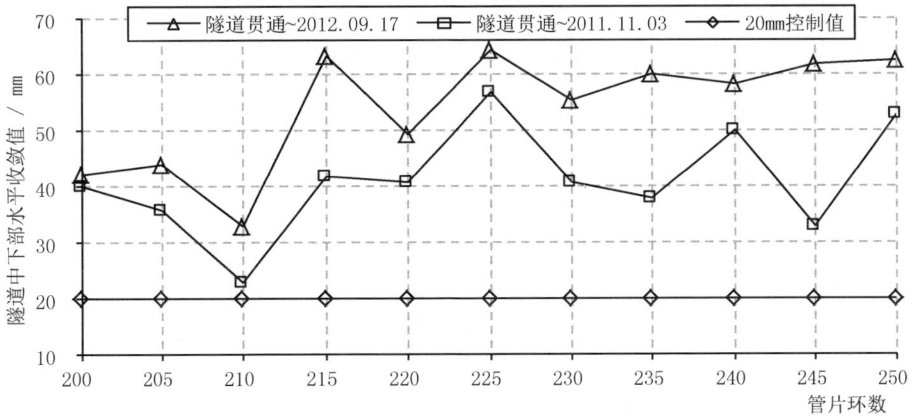

图 3－23　隧道建成至 2012 年 9 月 17 日隧道中下部 200～250 环的水平收敛值

表3－2 左线隧道200～250环在不同时期内的水平收敛值

环数 \ 位置	2012年7月27日至2012年9月17日			隧道建成至2012年9月17日			2011年11月3日至2012年9月17日		
	上部	中上部	中下部	上部	中上部	中下部	上部	中上部	中下部
200	－1.0	－2.8	－5.6	11.7	36.9	23.0	－28.3	－3.1	－11.0
205	3.0	－2.4	－4.9	25.6	42.5	28.4	－28.4	6.5	0.4
210	－0.6	2.1	－0.2	22.6	25.8	28.3	－26.4	12.8	4.3
215	－5.8	－1.4	－0.4	36.7	66.3	52.3	－20.3	24.3	8.3
220	－5.2	0.6	－0.2	1.9	50.7	47.7	40.0	9.7	16.7
225	4.8	－1.3	2.1	24.6	61.8	49.9	16.7	4.8	25.9
230	－7.4	－5.3	－4.8	－21.5	47.2	28.7	55.5	6.2	14.7
235	－1.6	－3.5	－0.6	21.4	61.8	47.5	－27.6	23.8	4.5
240	－1.9	7.2	7.4	－41.4	59.4	48.1	－44.4	9.4	13.1
245	9.8	6.3	7.1	－16.4	52.9	40.6	59.4	19.9	13.6
250	4.1	0.9	－5.9	19.7	55.4	50.5	－20.34	2.4	3.5

注：“＋”表示隧道相对往外部变形，“－”表示隧道相对往里变形。

3.4.4 隧道上方地表沉降分析

根据监测报告，盾构贯通（2011年7月）约4个月后盾构隧道上方土体已恢复自然状态，即盾构隧道处于稳定状态，期间各监测点的沉降速率均不大于－0.05mm/d。如图3－24、表3－3所示。

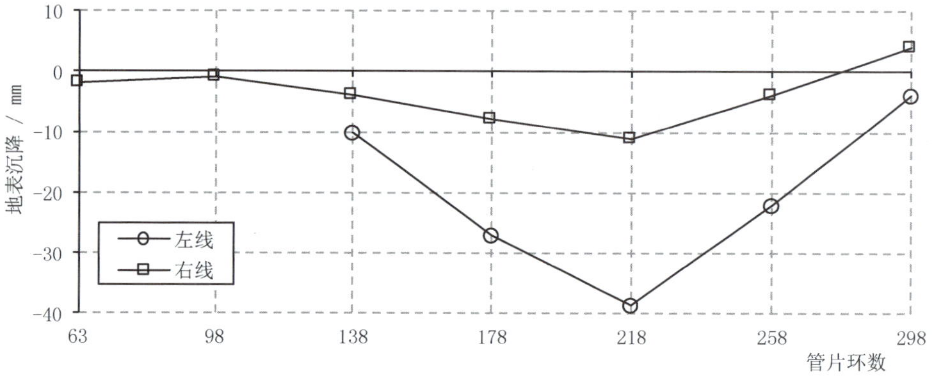

图3－24 2012年6月27日至7月24日期间左、右线隧道上方地表沉降曲线

表3－3 不同监测阶段隧道上方地表沉降汇总

测点沉降 / 监测阶段	本期沉降最大点	本期沉降（mm）	沉降速率（mm/d）	累计沉降最大点	累计沉降（mm）
采初值至2011.4.8	DB48－4	－70.8	－1.86	DB48－4	－70.8
2011.4.8至2011.7.26	DB64－7	－8.6	－0.08	DB48－4	－76.1
2011.7.26至2012.6.27	DB48－4	－16.4	－0.05	DB48－4	－92.5
2012.6.27至2012.7.24	DB48－7	－38.3	－1.42	DB48－7	－123.0

2012年6月27日至2012年7月24日，位于隧道138环至258环上方测点出现异常沉降，测点沉降有两个明显特征：一是左线沉降明显大于右线，其中右线最大沉降点DB48－4阶段沉降－10.6 mm（阶段沉降速率为－0.39 mm/d），累计沉降达103.1 mm；左线最大沉降点DB48－7阶段沉降达38.3 mm（沉降速率为－1.42 mm/d），累计沉降达123.0 mm，累计沉降量超过右线。二是沿隧道纵向分析各测点沉降，左、右线的沉降呈现累计变形，最大沉降均出现在218环隧道上方，沿南北两端逐渐收敛。

隧道病害及相关监测数据分析表明，隧道病害严重区段、左线隧道右轨道的竖向沉降和水平侧向位移、隧道上方地表沉降范围均与邻近基坑开挖范围及开挖时间存在明显的相关性。

3.5 盾构隧道结构安全计算分析

为探讨诱发地铁盾构隧道病害的主要影响因素，评估地铁隧道的结构安全现状，选用修正惯用法和梁－弹簧三维有限元模型，对盾构隧道的结构受力和变形影响因素以及隧道结构安全系数进行了系列计算分析。

3.5.1 计算方法

应用荷载结构法进行盾构隧道结构计算时，采用的主要计算方法有：修正惯用法、梁－弹簧计算模型和梁－接头计算模型，如图3－25～图3－27所示。

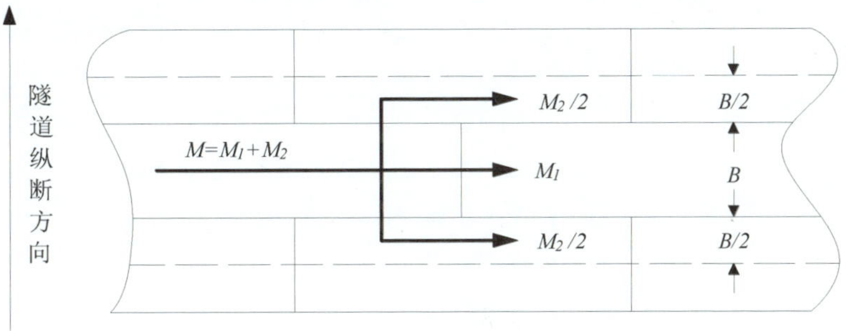

图3－25 修正惯用法

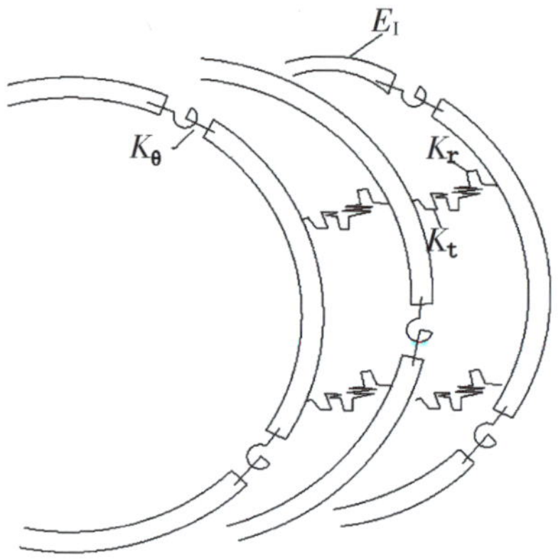

图 3－26 梁－弹簧计算模型

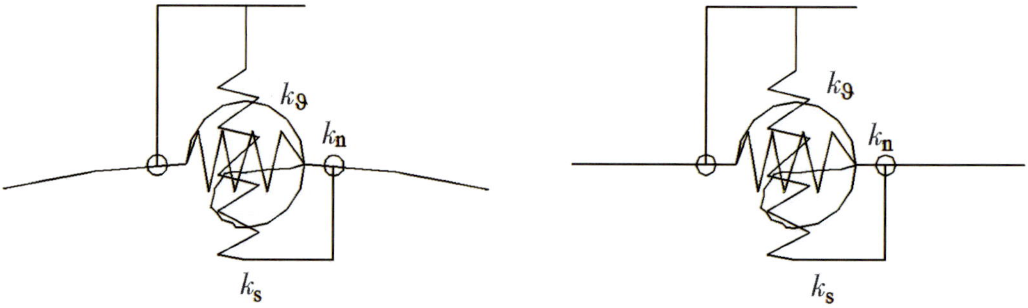

（a）直梁－接头模型　　（b）曲梁－接头模型

图 3－27 梁－接头计算模型

3.5.2 隧道变形影响因素分析

采用荷载结构法，选用梁－弹簧 A－B－C 错缝拼装计算模型，计算了不同典型工况下管片环的变形，分析了诱发管片环变形的主要影响因素，为探讨隧道变形偏大的原因和隧道病害治理提供依据。由表 3－4 可知：

表 3－4 典型计算工况下管片环的变形值

典型工况 \ 计算结果		管片环的最大变形（mm）
正常地层抗力	正常加载、螺栓刚度不折减	9.6
	侧向土压力折减 6/10、有外水压力、螺栓刚度不折减	11.1
	侧向土压力折减 3/10、有外水压力、螺栓刚度不折减	12.2
	无侧向土压力、有外水压力、螺栓刚度不折减	13.3
	正常加载、螺栓刚度折减 1/10	25.9
	正常加载、螺栓刚度不折减，管片开裂深度 100 mm	12.9
	正常加载、螺栓刚度不折减，管片开裂深度 200 mm	45.8

续表 3－4

典型工况 \ 计算结果		管片环的最大变形（mm）
地层抗力折减 1/10	正常加载、螺栓刚度不折减	52.5
	正常加载、螺栓刚度不折减，管片开裂深度 100 mm	57.9
	正常加载、螺栓刚度不折减，管片开裂深度 200 mm	129.7
	正常加载、螺栓刚度折减 1/10	69.8

（1）正常地层抗力情况下，管片环的变形计算值较小。无论隧道结构处于怎样的水土压力状态（极端情况：无侧向土压力、有外水压力），还是螺栓进入屈服状态（连接弹簧刚度折减）、管片刚度折减（管片开裂深度），管片环的最大变形均小于目前的最大实测值，由此可初步推断隧道结构周边地层已进入松散状态。

（2）当地层抗力折减 1/10 后，管片环的最大变形计算值与不折减相比显著增大。由此可见，地层抗力折减 1/10、正常加载、螺栓刚度不折减、管片开裂深度 100mm 情况下的管片环的最大变形已经十分接近最大实测值，而地层抗力折减 1/10、正常加载、螺栓刚度折减 1/10 情况下，管片环的最大变形量略大于最大实测值。因此推断隧道结构周边地层已进入松散状态，管片的部分连接螺栓已进入屈服状态。

综上所述，盾构隧道结构周边地层已进入松散状态，管片的部分连接螺栓已进入屈服状态。

3.5.3 隧道结构受力影响因素分析

1. 隧道结构受力分析

采用修正惯用法，针对隧道侧向土压力减小、隧道周边土层抗力系数折减、隧道上方覆土荷载变化等典型工况下管片环的结构受力进行了计算分析。由表 3－5 可知：

（1）在正常情况下，侧向土压力不折减时，管片环弯矩为 91 kN·m；随着侧向土压力不断折减，管片环弯矩不断增大，轴力变化较小；当隧道无侧向土压力，只有水压力时，管片环弯矩增大许多，达到 263 kN·m。隧道侧向土压力对管片环的结构弯矩影响显著，隧道侧向土压力减小（侧方卸载）将对管片环结构产生显著的不利影响。

（2）侧向土压力不减小的情况下，隧道周边地层抗力系数折半时，管片环弯矩为 98 kN·m。因此，地层抗力的减小，改变了管片环结构的边界条件，将对盾构隧道管片结构的受力带来一定的不利影响。

（3）隧道上方土压力若按上方全覆土自重计算，在侧向土压力不折减情况下，管片环弯矩达到 197 kN·m。因此，隧道上方土体发生严重的松弛和塌方，将对隧道结构受力产生显著的不利影响。

表 3－5　典型计算工况下管片环的结构受力汇总

计算结果 典型工况	管片环最大受力	
	弯矩（kN·m）	轴力（kN）
正常情况，侧向土压力不折减	91	747
侧向土压力折减为 0.9	108	747
侧向土压力折减为 0.8	125	747
侧向土压力折减为 0.7	143	747
侧向土压力折减为 0.6	160	747
侧向土压力折减为 0.5	177	747
侧向土压力折减为 0.4	194	747
侧向土压力折减为 0.3	212	747
侧向土压力折减为 0.2	229	747
侧向土压力折减为 0.1	246	747
无侧向土压力（侧向只有水压力）	263	747
基床系数折半，侧向土压力不折减	98	747
按全覆土压力考虑，侧向土压力不折减	197	1019

注：侧向土压力折减为 0.9，表示侧向土压力为静止侧向土压力的 0.9 倍，以此类推。

2. 隧道结构安全系数计算

结合典型工况下管片环的结构受力计算结果（计算时荷载无分项系数），根据管片结构的相关设计参数，依据 GB50010—2010《混凝土结构设计规范》（以下简称新规），可计算出典型工况下隧道结构的安全系数。如表 3－6 可知：

（1）管片环结构的最小安全系数受地层约束的影响较大，随着侧向土压力的减小，管片环结构的安全系数相对减小，折减到一定程度时，管片环结构最小安全系数小于 1；基床系数折半、侧向土压力不折减时，管片环结构安全系数大于 2；按全覆土压力考虑，侧向土压力不折减时，最小安全系数接近 1，大小为 1.08，情况不容乐观。

（2）理论计算结果表明，正常情况下，隧道管片环安全度较高；隧道管片环安全系数受地层约束的影响较大，侧向土压力折减到一定程度时将不利于隧道管片结构的安全；上覆土的增加不利于隧道管片环结构的安全。

表3-6 典型计算工况下隧道结构的最小安全系数汇总

典型计算工况（极限计算、荷载无分项系数）	最小安全系数
正常情况，侧向土压力不折减	2.17
侧向土压力折减为0.9	1.81
侧向土压力折减为0.8	1.55
侧向土压力折减为0.7	1.35
侧向土压力折减为0.6	1.19
侧向土压力折减为0.5	1.06
侧向土压力折减为0.4	0.96
侧向土压力折减为0.3	0.87
侧向土压力折减为0.2	0.80
侧向土压力折减为0.1	0.74
无侧向土压力（侧向只有水压力）	0.68
基床系数折半，侧向土压力不折减	2.01
按全覆土压力考虑，侧向土压力不折减	1.08

3. 三维梁-弹簧计算模型的结构受力分析

隧道椭圆度的监测结果表明：病害隧道部分监测断面的椭圆度已超过25‰。为此，应用三维有限元软件，采用梁-弹簧错缝拼装的三维有限元模型，假定管片、连接螺栓为弹性构件，对管片环结构进行位移加载，计算不同位移加载量下管片环的结构受力。从表3-7可知：当管片和连接螺栓为弹性构件时，在隧道周边地层抗力不折减、接头刚度不折减的情况下，管片环结构所承受的弯矩将非常大，即使在椭圆度为5‰的位移加载条件下，管片环结构也将产生管片开裂等病害。因此，初步推断管片间的连接螺栓已进入屈服阶段。

表3-7 不同椭圆度位移加载条件下管片环的结构受力

计算结果 / 椭圆度/D	管片环结构的最大受力	
	最大正负弯矩（kN·m）	最大轴力（kN）
5‰	447/-544	-286
10‰	853/-1090	-567
15‰	1300/-1636	-848
20‰	1748/-2182	-1129
25‰	2195/-2729	-1410

3.6 病害隧道结构加固措施

地铁左线隧道出现了管片破损等病害现象，经评估盾构隧道结构安全现状，需对该区段部分盾构隧道进行加固处理。

针对该盾构隧道的主要加固思路为：首先，通过注浆加固盾构区间隧道周围地层，以增强隧道周边地层抗力约束；其次，对受损管片及管片连接处进行修补嵌缝处理；最后，在管片内部贴芳纶布和钢板衬，以期与管片结构共同受力，提高盾构隧道的结构承载力。如图 3 – 28 所示。

（a）拆除临时钢支撑后照片

（b）加固现场作业

（c）加固后全景照片

（d）加固后局部照片

图 3 – 28　盾构隧道钢板衬结构加固照片

3.7 地铁保护经验及事故教训

1. 针对该地铁盾构隧道病害事故取得的主要经验：

（1）事故发生前，地铁经营单位在针对地铁设施安全保护专项方案进行技术审查时，明确提出了相关技术要求，如锚索长度控制值、基坑水平位移控制值等，这些建议措施在一定程度上减小了事故的不利影响。

（2）虽然建设单位在基坑施工过程中未对紧邻的地铁区间隧道段开展自动位移监测，但庆幸的是地铁经营单位主动针对隧道位移、隧道收敛、轨道位移等开展了详细的监测工作，及时掌握隧道位移的发展趋势，并发现隧道病害的情况，预防更为严重隧道事故后果的发生。

（3）隧道病害发生后，地铁经营单位立即采取了安全应急抢险措施，第一时间要求建设单位采取基坑内侧回填土反压、隧道内钢结构临时加固等措施，控制住了隧道病害的继续发展。

（4）事故发生后，建设单位按照地铁经营单位的要求针对隧道病害立即开展了相关检测工作，以掌握隧道结构的安全现状和隧道病害的后续发展趋势。同时，还组织召开了专家会，针对诱发地铁隧道病害的主要原因进行了分析和论证，评估了地铁盾构隧道结构的安全现状，为后续采取钢板衬加固处理提供了依据。

（5）根据地铁经营单位的要求，建设单位加强了回填后重新开挖深基坑的支护结构设计和后续基坑施工控制，避免了后续施工可能对地铁隧道造成进一步的不利影响。同时，在邻近地铁隧道侧新增设了回灌井，以控制地下水位的下降幅度。

2. 针对该地铁盾构隧道病害事故的主要教训：

（1）建设单位在基坑施工前，未对地铁隧道的结构现状进行调查分析和确认工作，在基坑施工全过程未开展地铁隧道位移监测工作和第三方监测，未能实时掌握地铁隧道的安全状态，导致在地铁隧道病害和险情出现前，无相应的地下水位变化、深层水平位移、地面沉降和水平位移等相关监测数据，从而未能及时有效地预防和控制地铁隧道病害的发生和发展。

（2）基坑设计单位未充分考虑基坑施工对邻近地铁隧道的位移控制。隧道侧的深基坑采用了支护桩＋五道预应力锚索支护结构，深基坑开挖卸载以及锚索锚固段拉应力影响范围的存在，导致隧道侧方土压力卸载和隧道侧方地层抗力约束降低，从而诱发隧道朝基坑侧发生水平侧向位移和沉降。同时，在工程桩设计中采用人工挖孔施工工法，未充分考虑地下水位下降对邻近地铁隧道的影响。

（3）深基坑支护结构设计的强度不足，导致基坑北侧、东侧发生滑塌事故，基坑西侧路面沉降、开裂，并诱发邻近地铁盾构隧道发生病害。

（4）施工单位施工时的基坑开挖深度比原设计深度超挖 1.0 m，但未实施补强加固措施，并且基坑采用的止水帷幕深度不足。

（5）基坑设计单位和施工单位未完全落实地铁公司针对地铁设施安全保护提出的相关

技术要求，如邻近隧道侧的基坑4—4、5—5设计剖面中的第二道锚索长度为28.5 m、第三道为27.0 m、第四道为26.0 m，锚索长度均超过了地铁公司复函中的不超过25.0 m长度控制值。

第4章　某基坑施工诱发明挖箱型地铁隧道病害事故案例

受邻近基坑严重超挖和大量抽排地下水等施工影响，某明挖箱型地铁隧道出现了变形缝部位严重漏水漏砂、道床开裂、边沟冒水、隧道结构横向裂缝等病害。事故发生后，地铁经营单位立即上报政府，由政府组织协调，督促业主单位采取一系列保护措施以确保地铁隧道的结构安全和运营安全。

4.1　工程概况

4.1.1　地铁隧道与基坑的位置关系

地铁区间隧道西侧为已开挖至基底的深基坑，东侧为即将准备开挖的深基坑，区间隧道左线结构距离西侧基坑支护结构外边线的最小水平净距约为 8.4 m，西侧基坑开挖深度为 19.85 m，区间右线隧道结构距离东侧基坑支护结构外边线的最小水平净距约为 15.4m，东侧基坑开挖深度为 15.6 m。如图 4－1 所示。

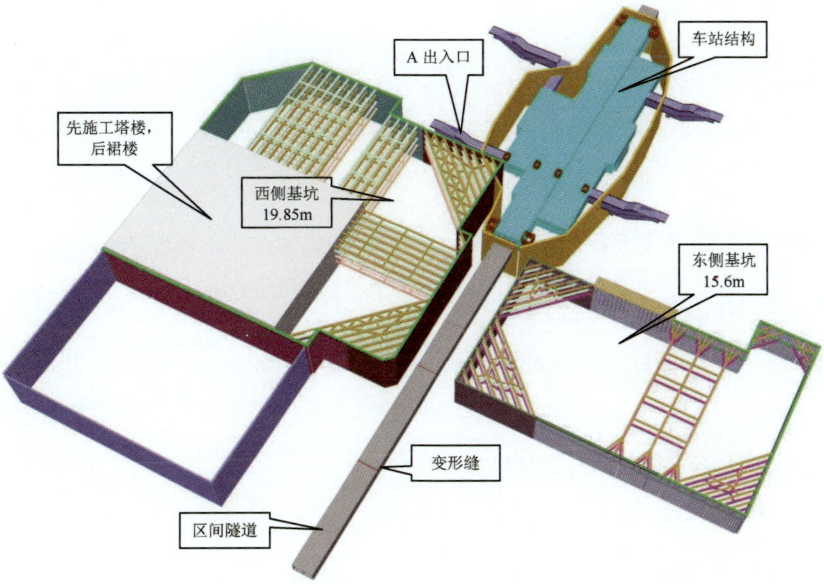

图 4－1　地铁区间隧道与东、西侧深基坑的三维效果图

4.1.2 地铁隧道基本情况

地铁区间隧道已开通运营，为浅埋双跨明挖箱型现浇钢筋混凝土结构。如图 4－2～图 4－4 所示。隧道结构周边地层主要为坡积土层，区间隧道底板下主要为深厚的可塑状残积土层、硬塑状残积土层，区间隧道顶板上方覆土厚度为 4.4 m～4.8 m 如图 4－5 所示；鉴于区间隧道为明挖现浇箱型结构，结构两侧为回填土，回填土的填筑质量对地铁结构的安全保护至关重要；地铁结构下方存在的深厚土层，不利于控制水位下降对地铁结构的沉降影响。

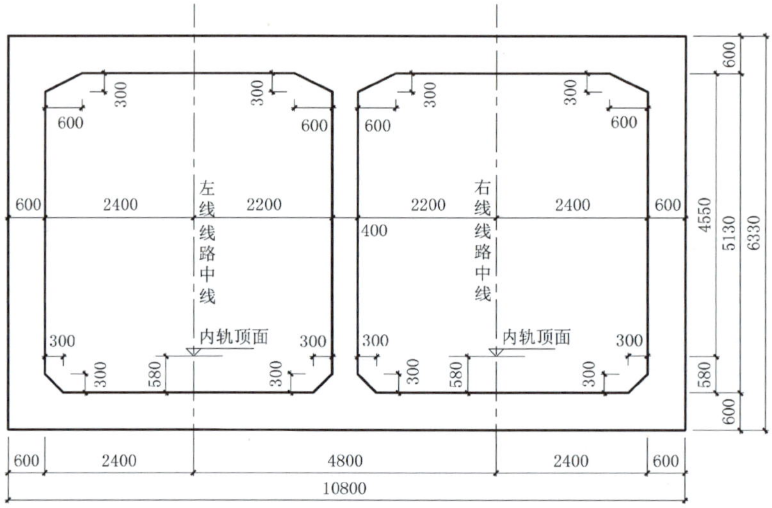

图 4－2 地铁隧道结构设计图

4.1.3 西侧深基坑基本情况

西侧基坑周长约 650 m，面积约 25 420 m^2，开挖深度约 19.85 m。基坑支护总体方案为靠近地铁结构的东北侧、东南侧采用地下连续墙＋四道钢筋混凝土角撑支护结构体系，其余部分采取中心岛支护形式。如图 4－6～图 4－9 所示。

4.1.4 东侧深基坑基本情况

东侧基坑开挖深度为 15.6m（核心筒区域为 21.0m），基坑支护设计总体方案采用桩撑、桩锚、连续墙＋锚索以及双排桩结构等多种支护结构形式，紧邻区间隧道侧采用地下连续墙＋三道钢筋混凝土支撑支护结构体系。图 4－10 为紧邻区间隧道侧的基坑支护剖面图。图 4－11 为紧邻区间隧道侧的基坑支护剖面图。

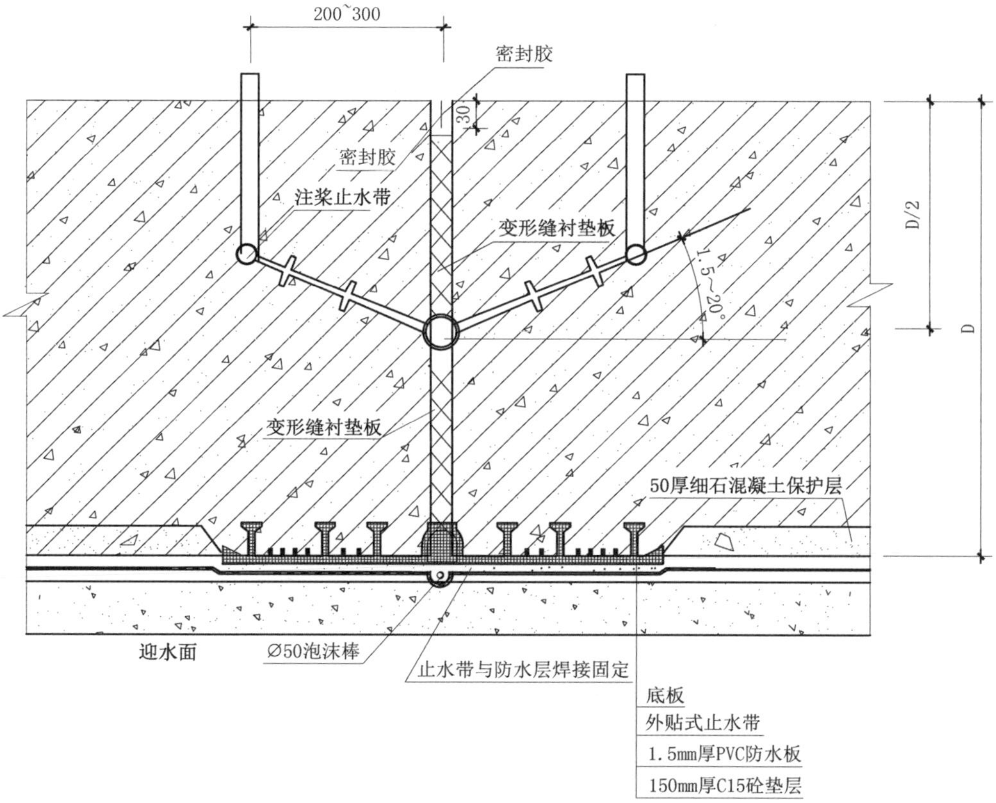

图4-3　地铁隧道底板变形缝防水设计图

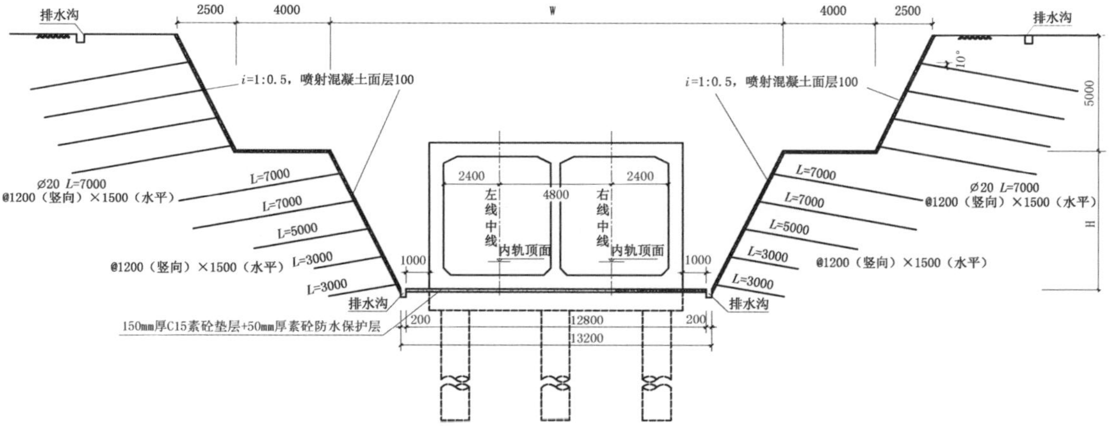

图4-4　明挖隧道基坑支护横断面图

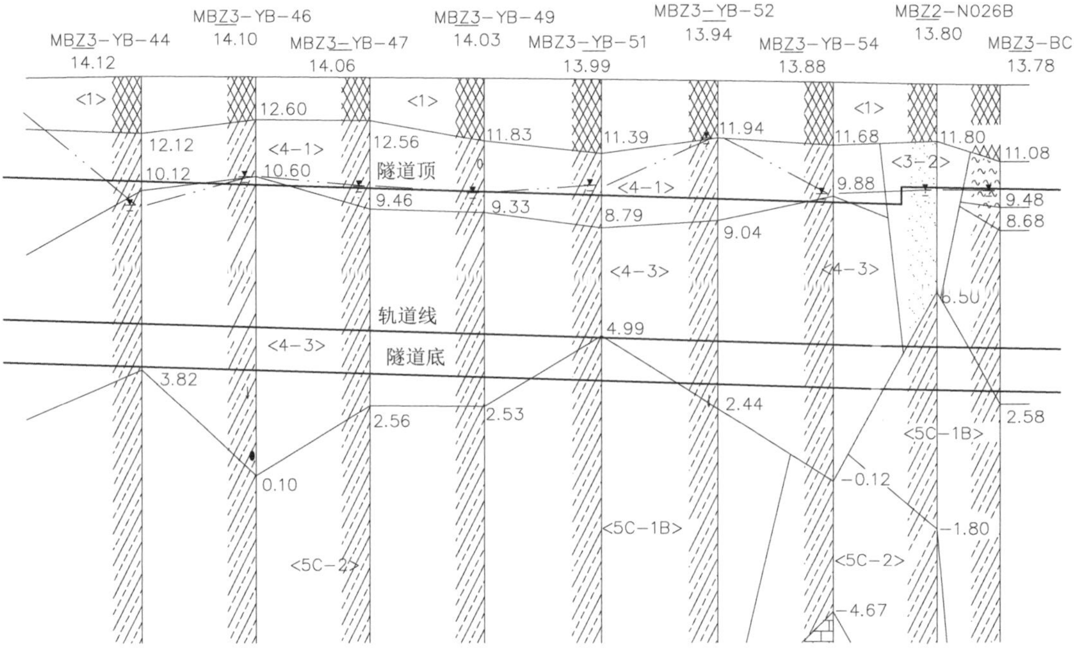

〈1〉 填土；〈3－2〉 细砂；〈4－3〉 坡积土层；〈5C－1B〉 可塑状残积土层；〈5C－2〉 硬塑状残积土层

图4－5 区间左线隧道工程地质剖面

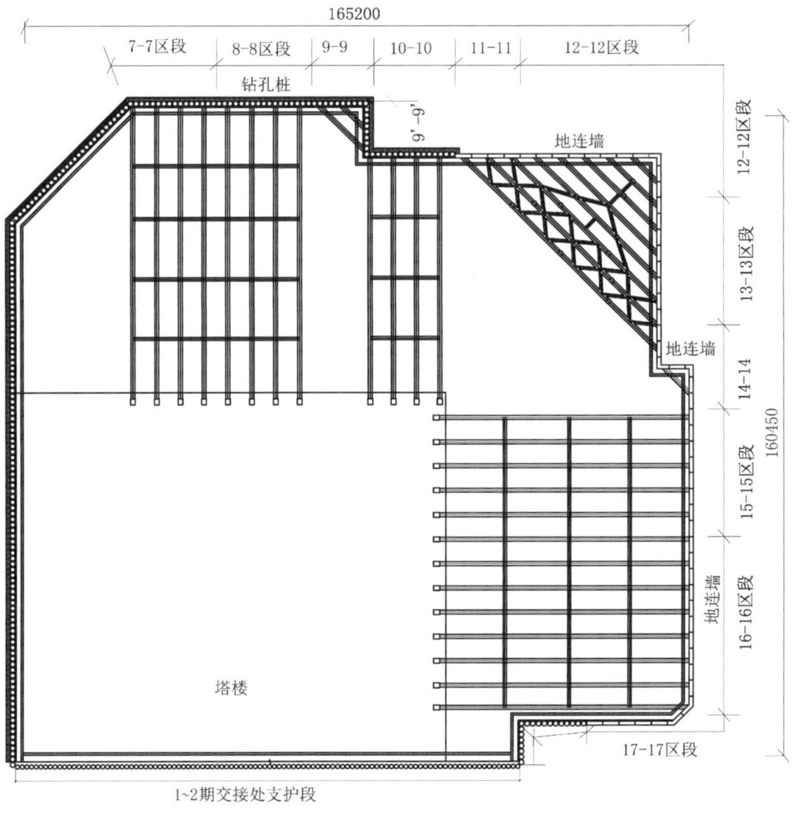

图4－6 西侧基坑支护平面布置图

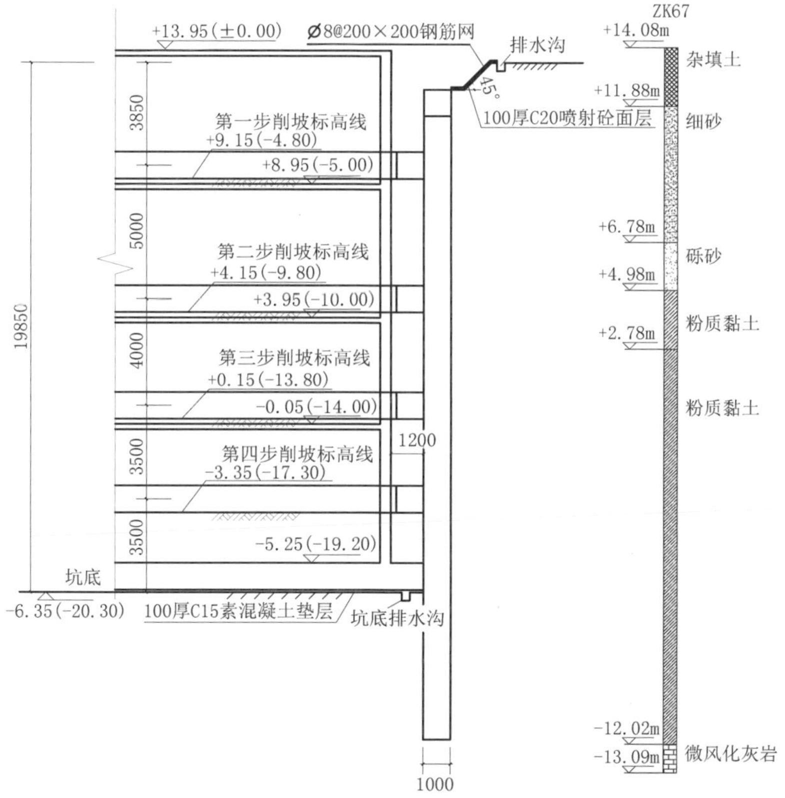

图4－7　基坑东侧支护14—14区段剖面图

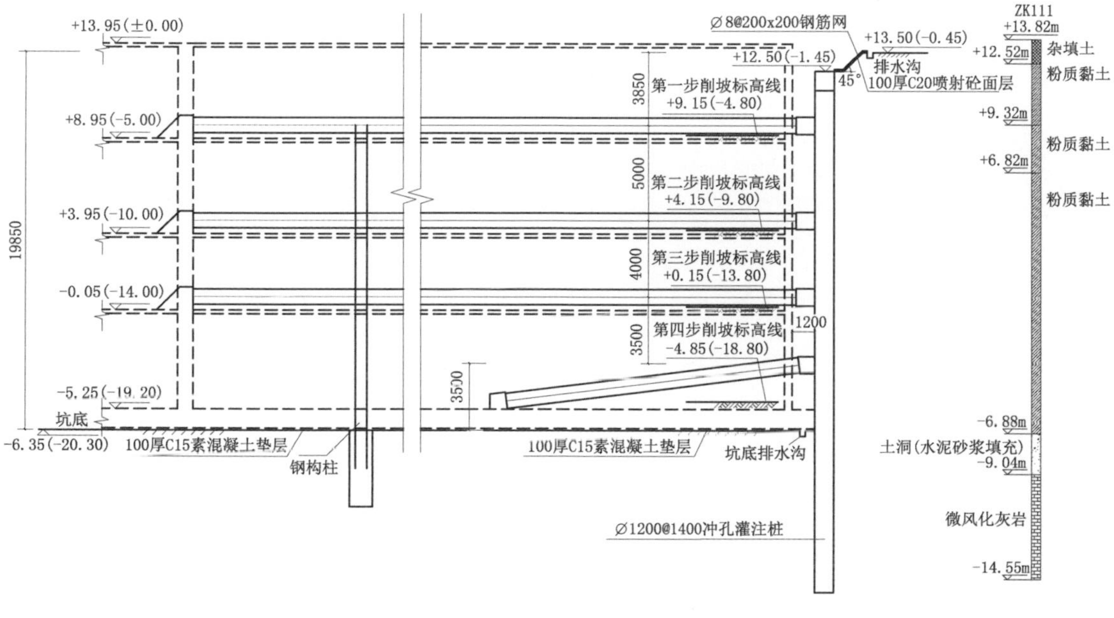

图4－8　基坑东侧支护15—15区段剖面图

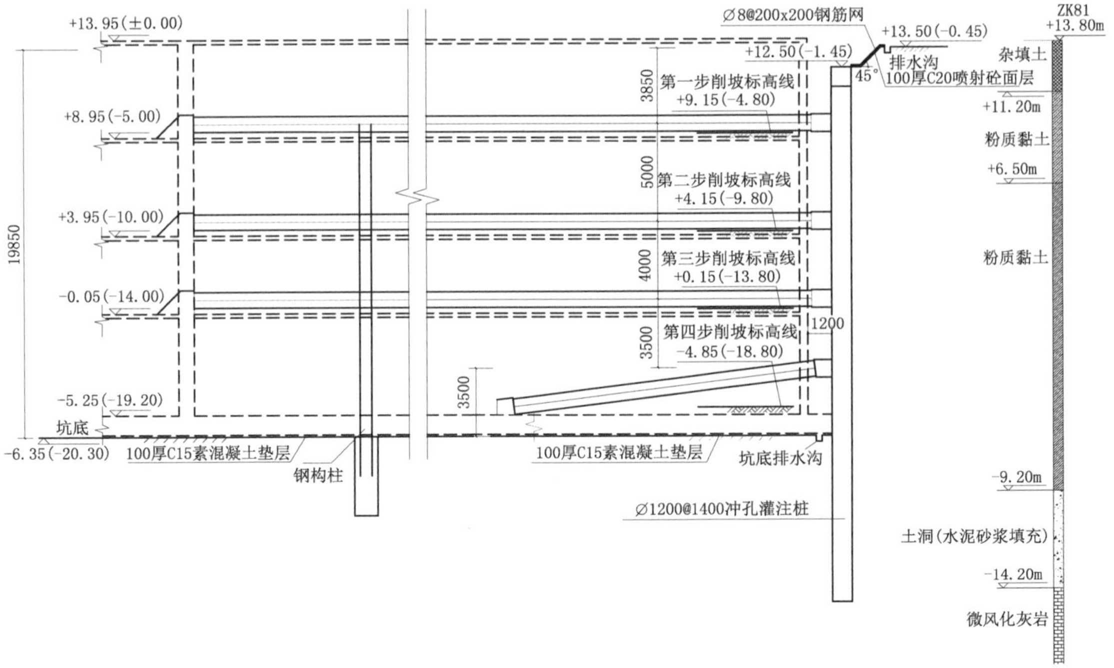

图4-9　基坑东侧支护16—16区段剖面图

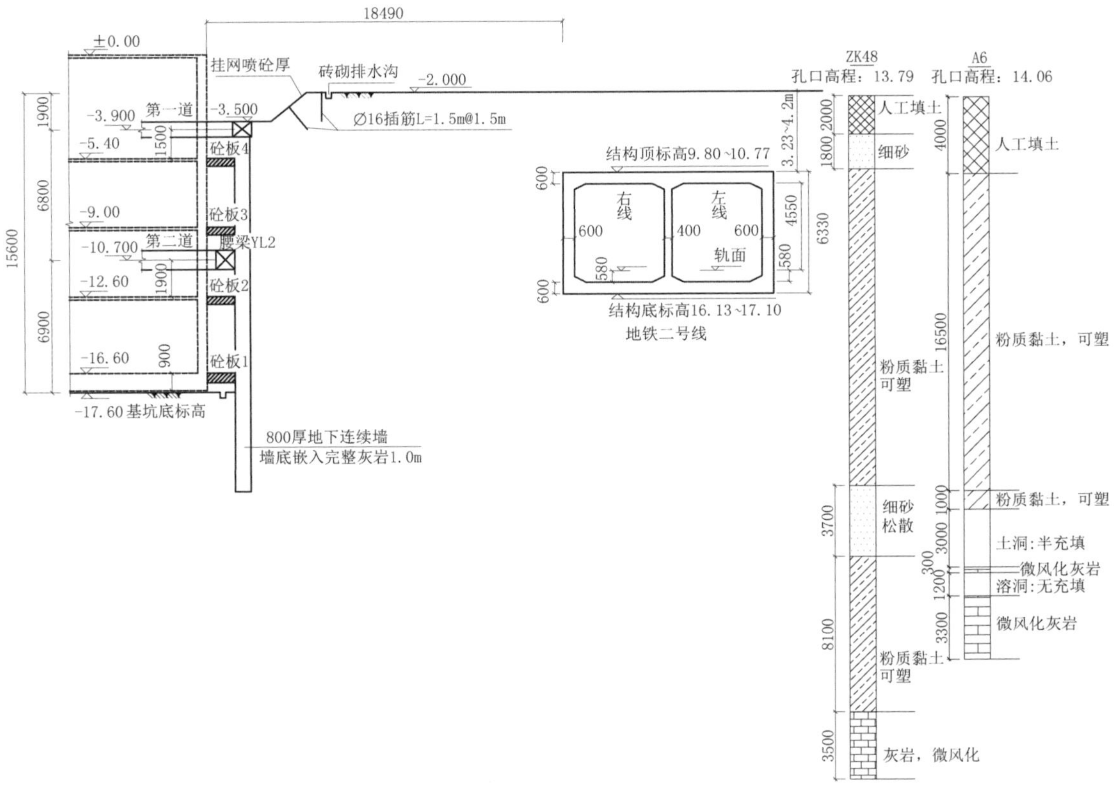

图4-10　基坑西侧9-9支护剖面图

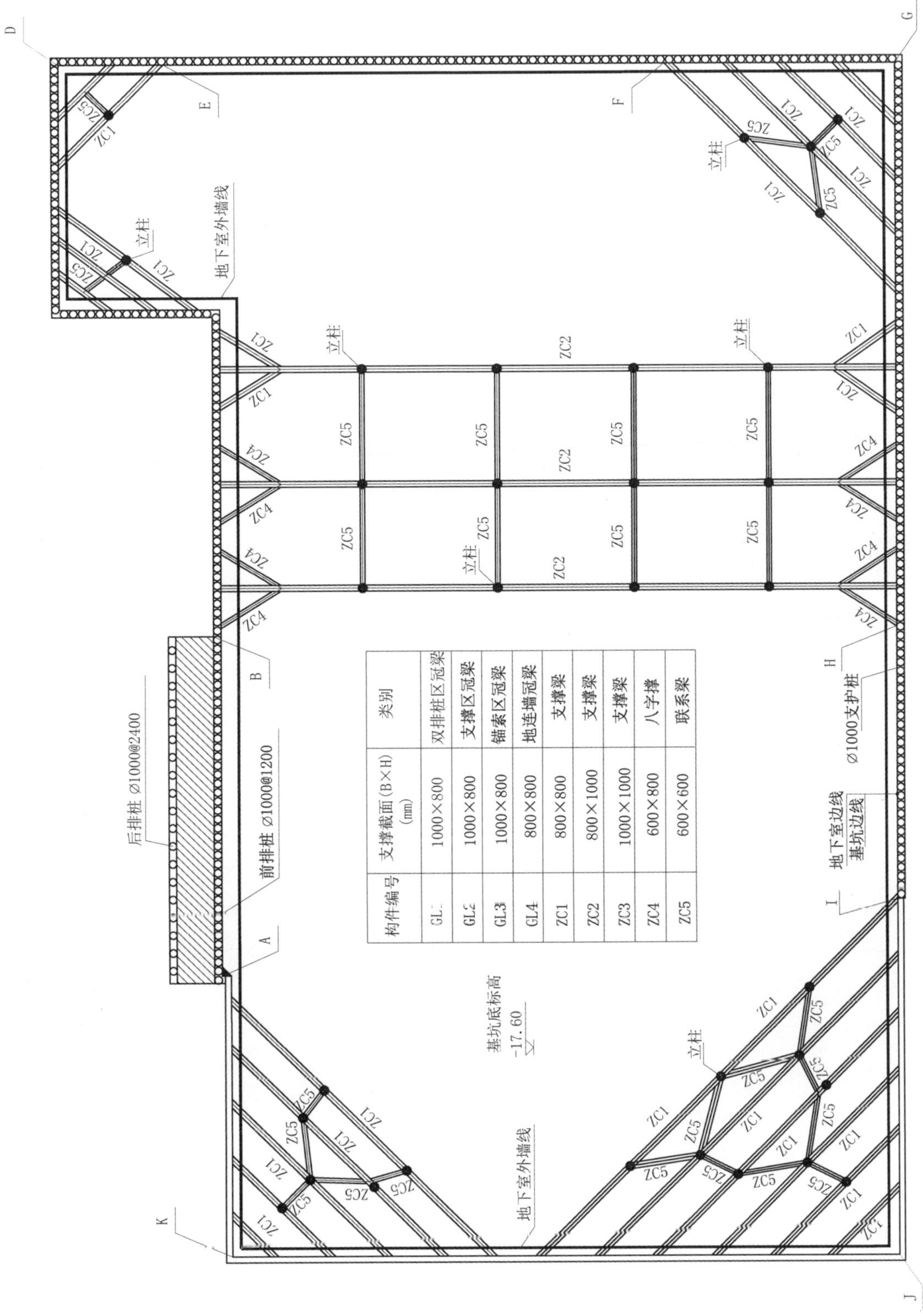

构件编号	支撑截面（B×H）（mm）	类别
GL1	1000×800	双排桩区冠梁
GL2	1000×800	支撑区冠梁
GL3	1000×800	锚索区冠梁
GL4	800×800	地连墙冠梁
ZC1	800×800	支撑梁
ZC2	800×1000	支撑梁
ZC3	1000×1000	支撑梁
ZC4	600×800	八字撑
ZC5	600×600	联系梁

图4－11　东侧基坑支护平面布置图

4.2 地铁隧道主要病害情况

2013 年 8 月 31 日凌晨的现场调查发现：

1. 部分隧道变形缝部位严重漏水漏砂

地铁区间隧道每间隔一定的距离（基本为 60 m）设置了变形缝，地铁区间隧道的部分变形缝部位出现了严重的漏水、漏砂现象，如图 4－12 所示，病害分布如图 4－13 所示。变形缝部位出现的漏水、漏砂等严重病害，容易导致地铁区间隧道周边的土体流失，若不及时进行封堵和治理，将可能对地铁隧道结构产生十分不利的影响。

隧道结构变形缝部位及其附近发现的砂，推测其主要来源为：隧道变形缝部位止水带破坏失效，导致严重漏水，进而携带地铁隧道外侧回填砂所致。

图 4－12　部分隧道变形缝部位严重漏水漏砂

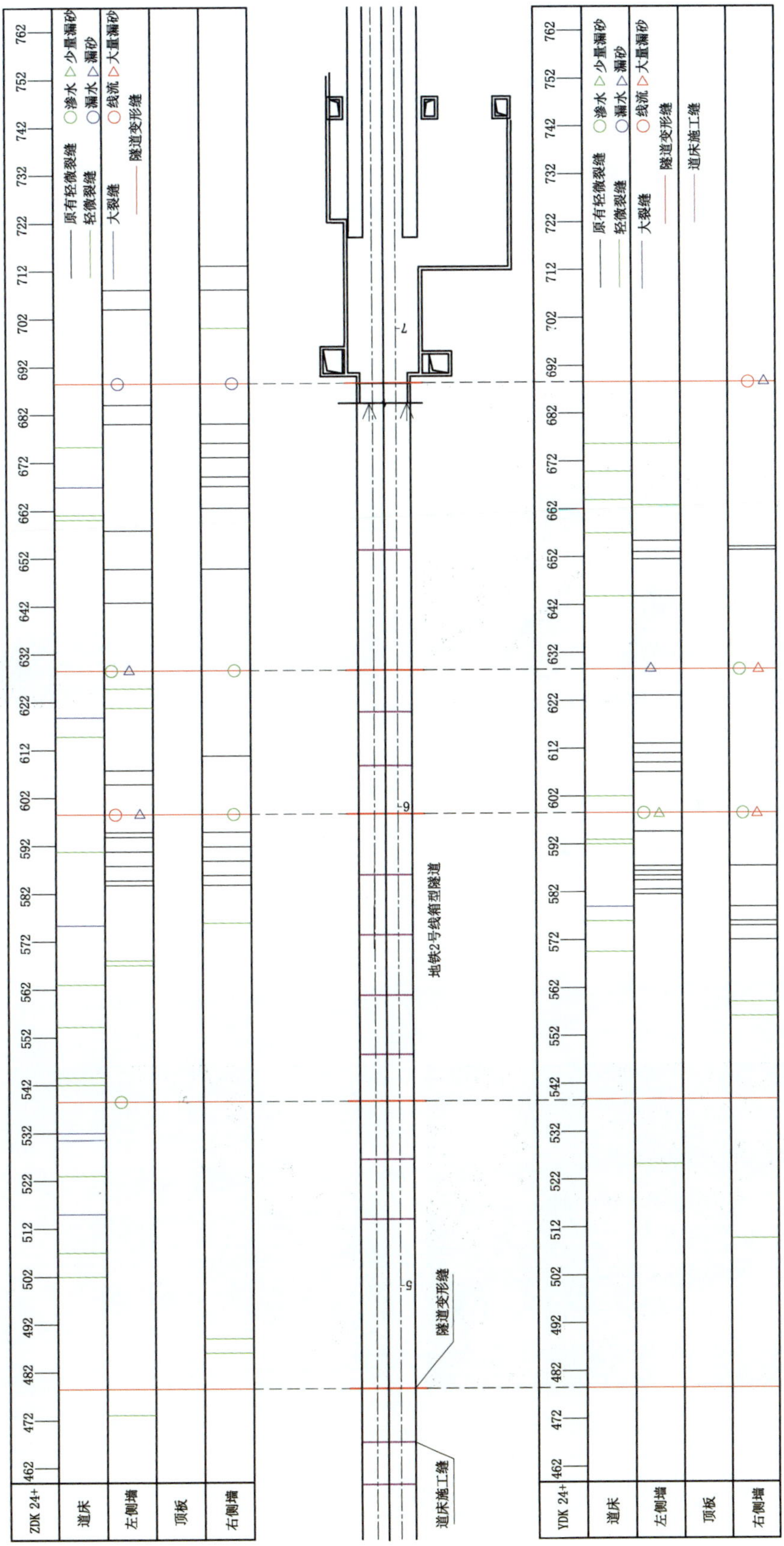

图 4-13　地铁隧道病害分布示意图

2. 道床开裂

道床每间隔一定的距离设置道床变形缝，道床变形缝位置如图 4－14 所示。现场调查发现，整体式道床已出现多条横向裂缝，裂缝走向垂直于隧道走向如图 4－14 所示。道床出现的开裂现象，表明道床底部与地铁隧道结构底板之间可能已出现部分脱空，从而导致道床的受力状态由弹性地基上的梁转变为连续梁受力状态，因此在列车荷载作用下容易导致道床出现横向开裂现象。

道床与隧道底板之间出现的剥离、脱空等现象，将导致道床继续磨耗和道床开裂。

（a）道床出现规律性的横向裂缝

（b）道床出现的大裂缝

图 4－14　道床开裂

3. 非隧道变形缝部位冒水、涌砂

道床边沟、道床变形缝以及道床与隧道侧墙的墙脚部位等出现了冒水、涌砂等病害现象，如图 4－15 所示。

道床变形缝部位及其附近发现的砂，推测其主要来源为：道床与隧道底板的磨耗物。

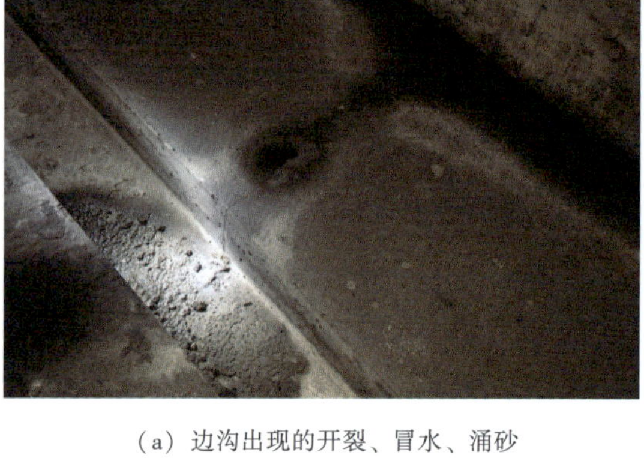

（a）边沟出现的开裂、冒水、涌砂

（b）边沟出现的涌砂

（c）道床变形缝部位出现的冒水、涌砂　　（d）边沟、侧墙墙脚部位出现的冒水、涌砂

图 4－15　道床变形缝、边沟以及侧墙墙脚部位出现的冒水涌砂

4. 隧道结构横向裂缝

地铁隧道结构侧墙部位出现了较多的横向裂缝（垂直于隧道走向），如图 4－16 所示。现场未发现沿地铁隧道的纵向裂缝（平行于隧道走向），表明隧道结构横向受力安全。

（a）结构横向裂缝 1　　（b）结构横向裂缝 2

图 4－16　地铁隧道出现的横向裂缝

4.3　事故主要原因分析

事故发生后，通过开展隧道周边场地的施工情况调查、地铁隧道位移监测数据分析、基坑监测数据分析以及水位下降诱发隧道沉降计算分析，探讨了诱发地铁隧道病害的主要原因。

4.3.1　场地周边的施工情况调查

地铁隧道周边场地的施工活动将可能对隧道产生不利影响，为此，需调查分析该段区间隧道周边场地的主要施工历程。

截至 2013 年 8 月 27 日的现场调查，西侧基坑紧邻地铁区间隧道的东侧正在拆除上方的第一道支撑，如图 4－17 所示。东侧基坑正在进行桩基础施工，并准备浇筑靠近地铁隧道侧的角撑，基坑刚开始开挖，如图 4－18 所示。地铁车站 D 出入口附近场地曾在 2012 年 3 月期间进行过基坑开挖等外部作业，但由于距离病害区间隧道较远，其施工影响基本可以忽略。纵观病害区间隧道周边的主要施工历程，经调查发现主要为西侧深基坑施工。

图 4－17　西侧基坑的东侧施工进展

图 4－18　东侧基坑的施工进展

4.3.2　隧道位移监测数据分析

地铁隧道自建成运营后 2012 年 8 月进行了一次常规监测工作，并在 2013 年 8 月进行了第二次常规监测工作。

紧邻地铁隧道的西侧基坑的东侧于 2012 年 6 月开始开挖，并于 2013 年 1 月开挖至基坑底，在 2013 年 8 月底地下室施工完毕并回填至地下室地面。西侧基坑对地铁隧道位移影响的第三方监测工作主要由甲单位负责开展。东侧基坑于 2012 年 6 月开始施作地连墙，并于 2013 年 8 月底开始开挖，在 2013 年 11 月底开挖至基底。东侧基坑对地铁隧道位移影响的第三方监测工作主要由乙单位负责开展。

1. 截至 2013 年 8 月 30 日的地铁隧道监测数据分析

从 2012 年 8 月至 2013 年 8 月 30 日的这一年时间里，共有三家单位（某地铁设计院（后称地铁院）、甲单位、乙单位）对地铁隧道开展了位移监测工作。

图 4－19、图 4－20 分别为甲单位、乙单位的地铁区间隧道监测平面布置图。图 4－21 为两家监测单位的隧道监测断面布置图。

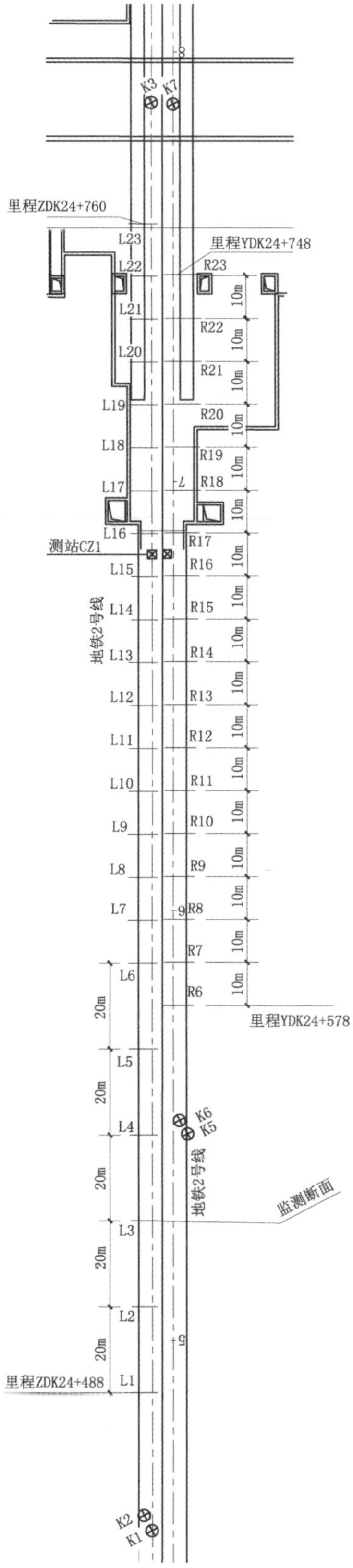

图4－19　甲单位的地铁区间隧道监测平面布置图

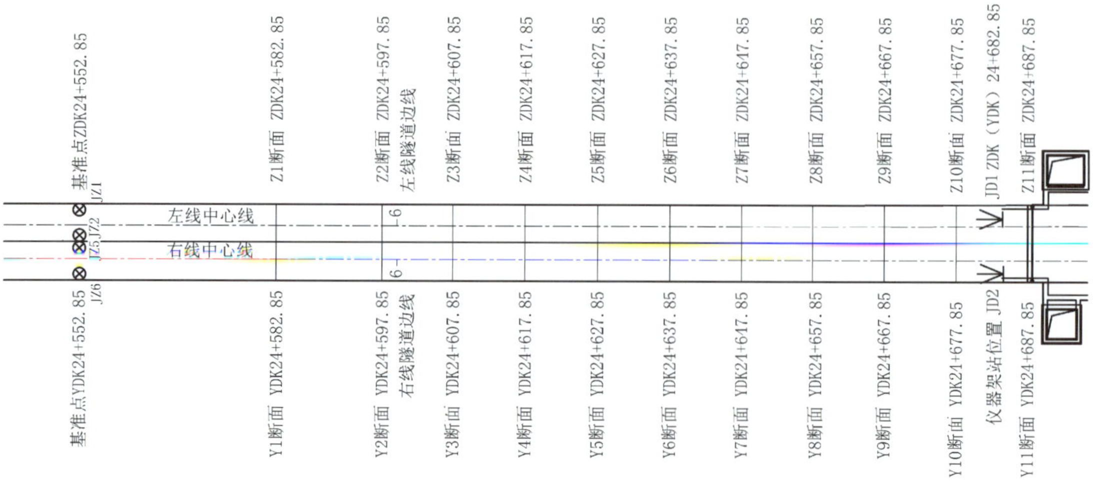

图 4－20　乙单位的地铁区间隧道监测平面布置图

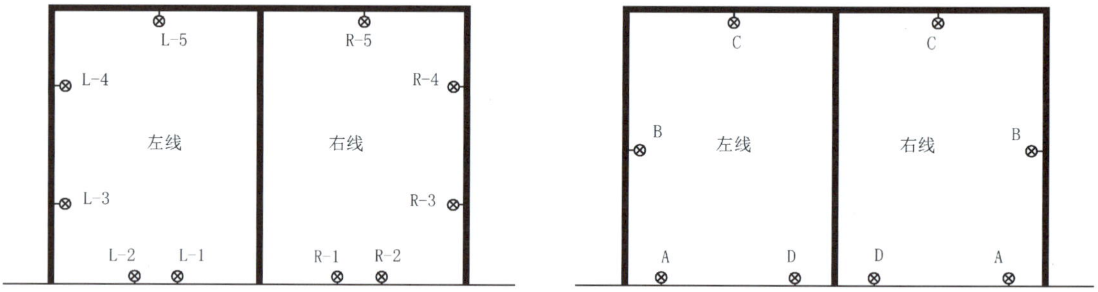

（a）甲单位　　（b）乙单位

图 4－21　隧道监测断面布点图

图 4－22、图 4－23 分别为甲单位的左线和右线隧道的位移曲线，图中 *X* 方向位移表示隧道走向方向的水平位移，*Y* 方向位移表示垂直于隧道走向方向的水平位移，*Z* 方向位移表示隧道的竖向位移。从图 4－23、图 4－24 可知，左线隧道 *X* 方向最大位移为 1.9 mm，*Y* 方向最大位移为－5.1 mm，*Z* 方向最大位移为－6.4 mm。右线隧道 *X* 方向最大位移为 2.4 mm，*Y* 方向最大位移为－4.9 mm，*Z* 方向最大位移为－6.9 mm。

图 4－24、图 4－25 分别为乙单位的左线和右线隧道的位移曲线（*X*、*Y*、*Z* 的方向含义同上），从图可知，左线隧道 *X* 方向最大位移为 3.7 mm，*Y* 方向最大位移为 5.1 mm，*Z* 方向最大位移为 5.6 mm。右线隧道 *X* 方向最大位移为 2.4 mm，*Y* 方向最大位移为－6.0 mm，*Z* 方向最大位移为－7.0 mm。

图 4－26 为地铁院的左、右线隧道的累积沉降曲线，从图可知，左线隧道的最大累积沉降为－32.73 mm，同时根据其监测结果可知，从 2012 年 8 月至 2013 年 8 月地铁隧道的最大沉降量约为－20 mm。

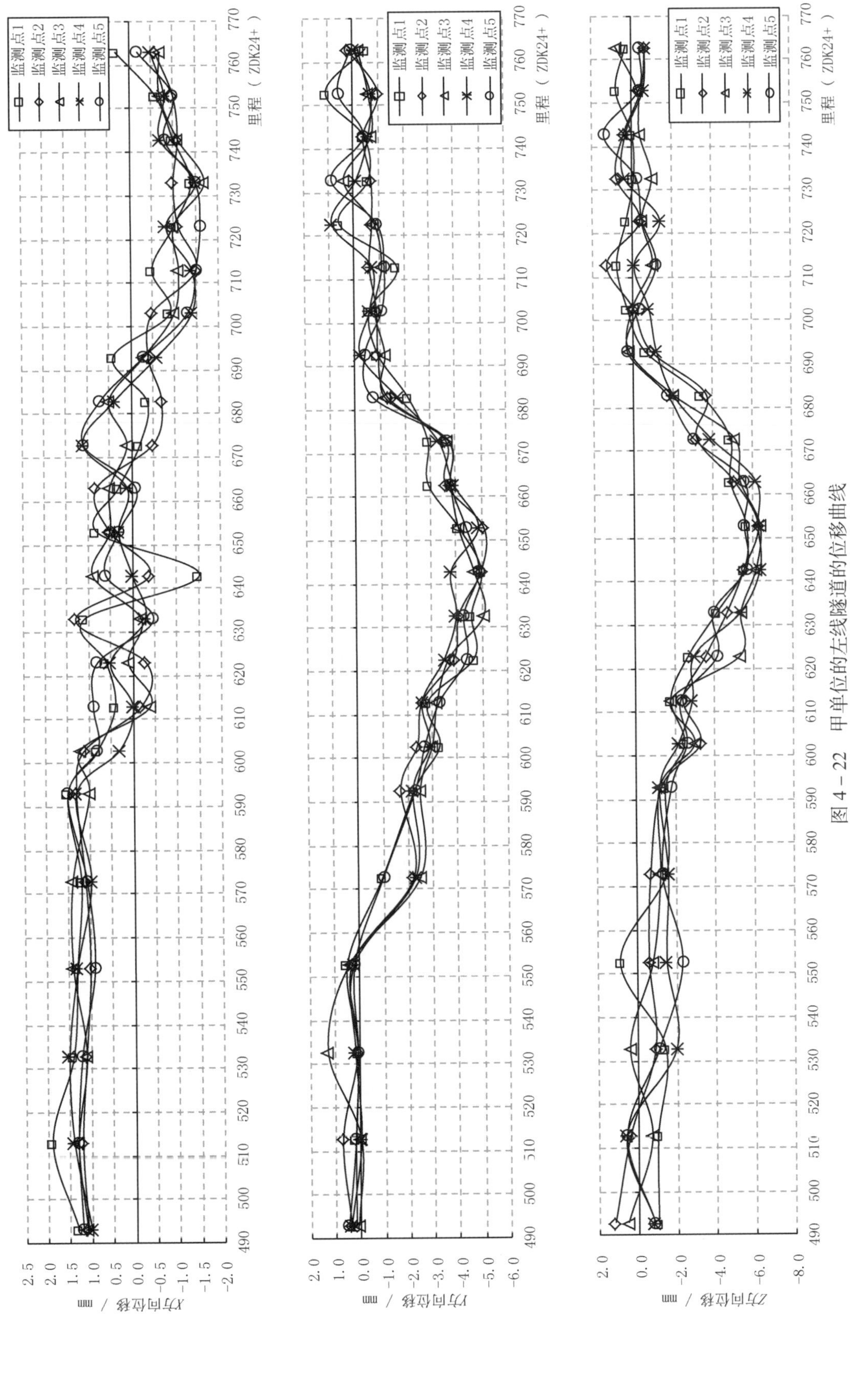

图4-22 甲单位的左线隧道的位移曲线

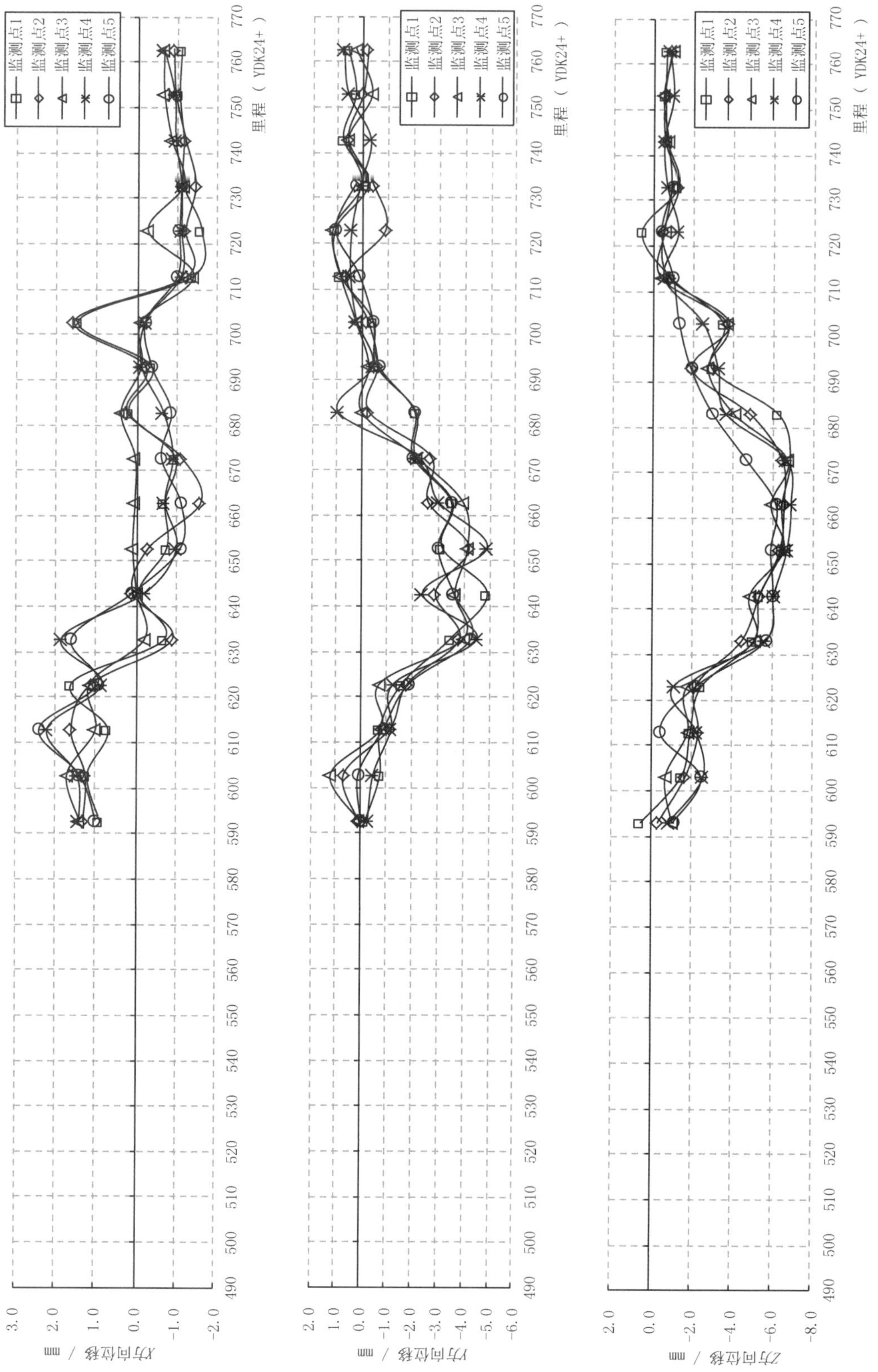

图4－23　甲单位的右线隧道的位移曲线

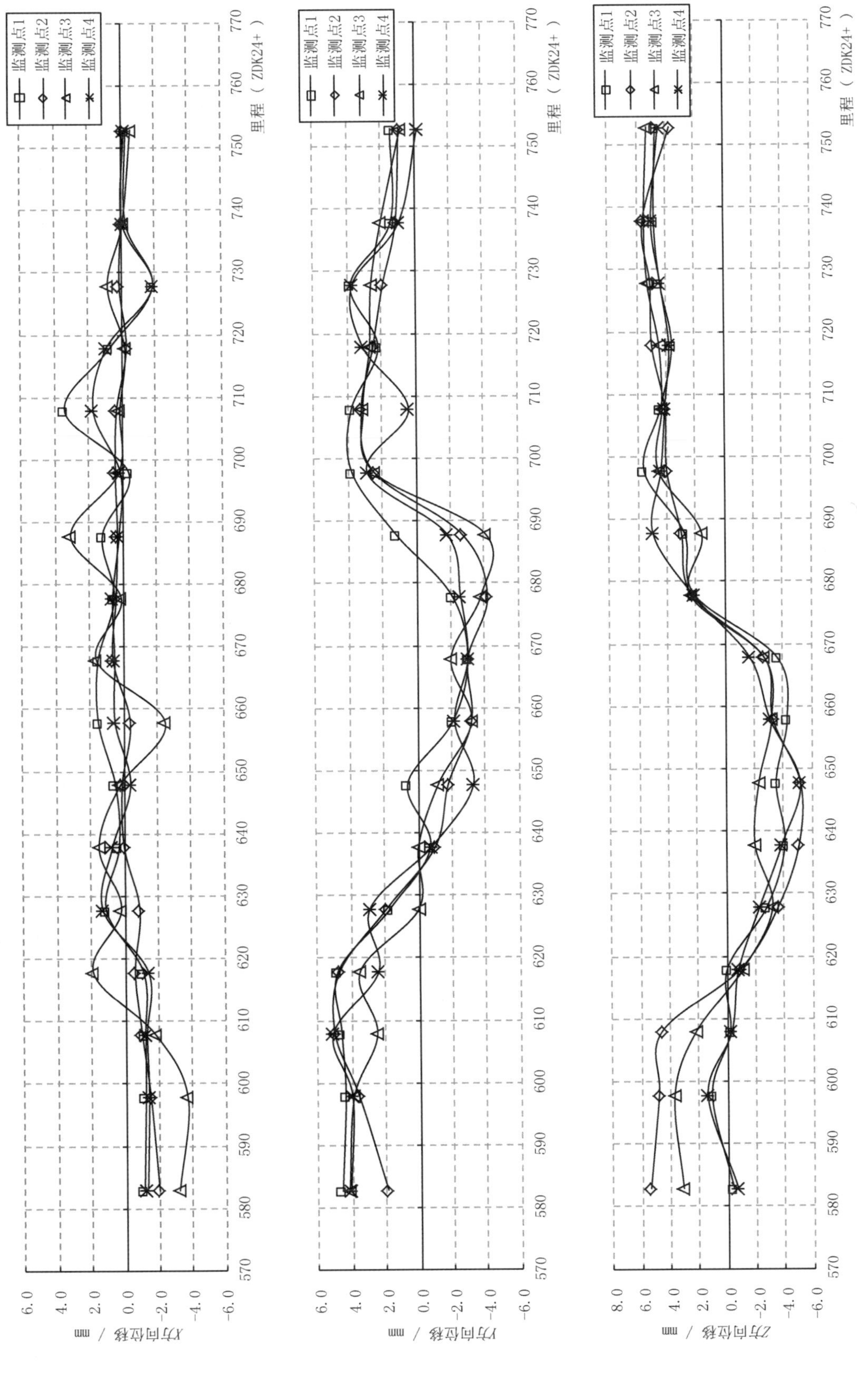

图 4－24　乙单位的左线隧道的位移曲线

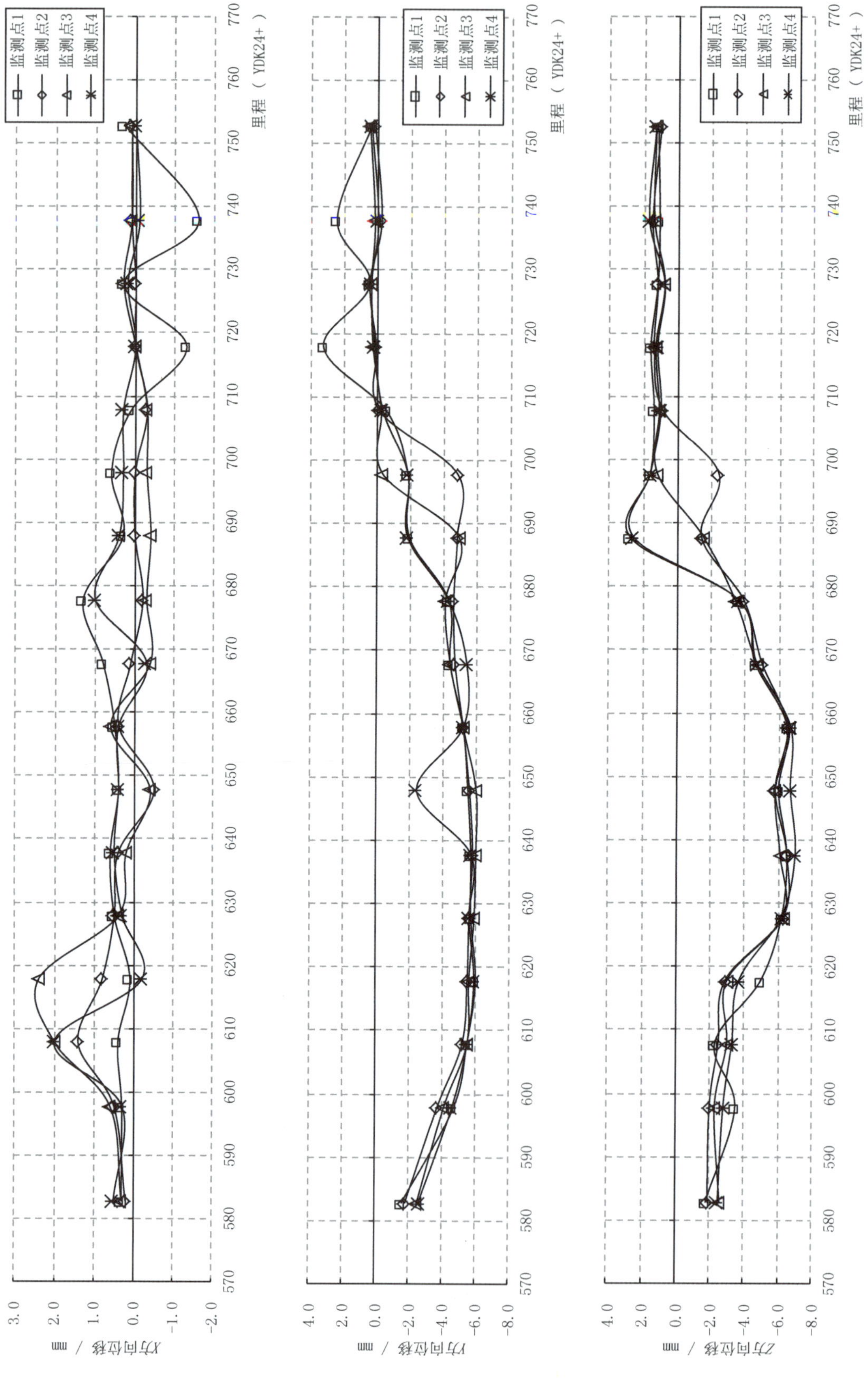

图 4-25　乙单位的右线隧道的位移曲线

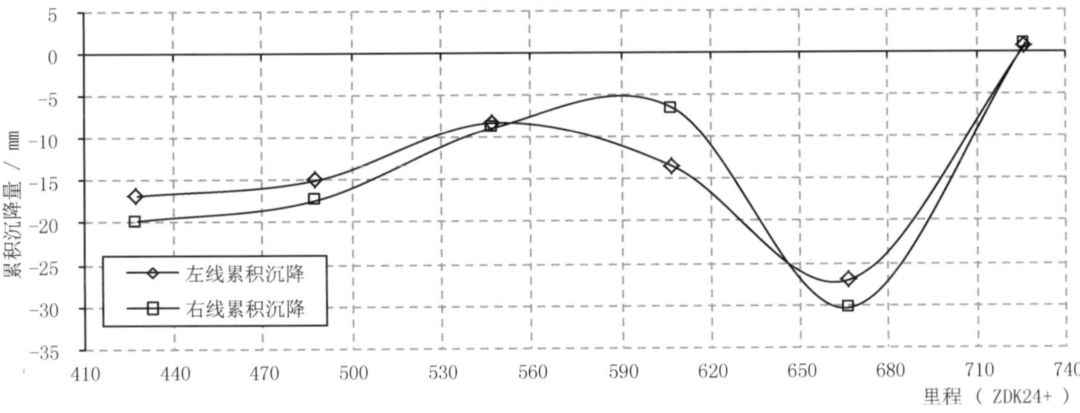

图4－26　地铁院的隧道沉降曲线

从以上监测数据分析可知，甲单位和乙单位从2012年8月至2013年8月监测的隧道沉降量（甲单位约－6.9 mm，乙单位约－7.0 mm）严重小于地铁院的常规监测沉降量（约－20 mm）。

2. 截至2013年12月12日的地铁隧道监测数据分析

自2013年8月底地铁院的监测数据表明地铁隧道发生了较大沉降后，甲单位和乙单位对其监测结果进行了修正，同时，地铁院也对相关区段加强了监测（表现为增加监测断面和监测点，并加大监测频率），修正后的相关监测结果及其分析如下：

图4－27、图4－28分别为截至2013年12月12日甲单位的左线和右线隧道的位移曲线，从图可知，左线隧道 X 方向最大位移为1.3 mm，Y 方向最大位移为－4.6 mm，Z 方向最大位移为－33.1 mm。右线隧道 X 方向最大位移为－2.3 mm，Y 方向最大位移为－4.9 mm，Z 方向最大位移为－31.8 mm。

图4－29、图4－30分别为截至2013年12月12日乙单位的左线和右线隧道的位移曲线，从图可知，左线隧道 X 方向最大位移为5.2 mm，Y 方向最大位移为－6.3 mm，Z 方向最大位移为－25.3 mm。右线隧道 X 方向最大位移为2.8 mm，Y 方向最大位移为－5.5 mm，Z 方向最大位移为－26.9 mm。

图4－31、图4－32分别为截至2013年12月12日地铁院的左、右线隧道的原布点与新布点的累积沉降曲线，从图可知，左线隧道最大累积沉降达到了38.21 mm，从2013年9月12日至2013年12月12日仍在继续沉降的点中的最大平均沉降速率为0.053 mm/d；右线隧道最大累积沉降为35.41 mm，三个月内仍处于继续沉降的点中的最大平均沉降速率为0.063 mm/d。根据JGJ8－2007《建筑变形测量规范》所述，当最后100 d的沉降速率小于0.01～0.04 mm/d时可认为已进入稳定阶段，具体取值宜根据各地区地基土的压缩性能确定，因此可认为地铁隧道在最近三个月内的沉降仍未趋于稳定。

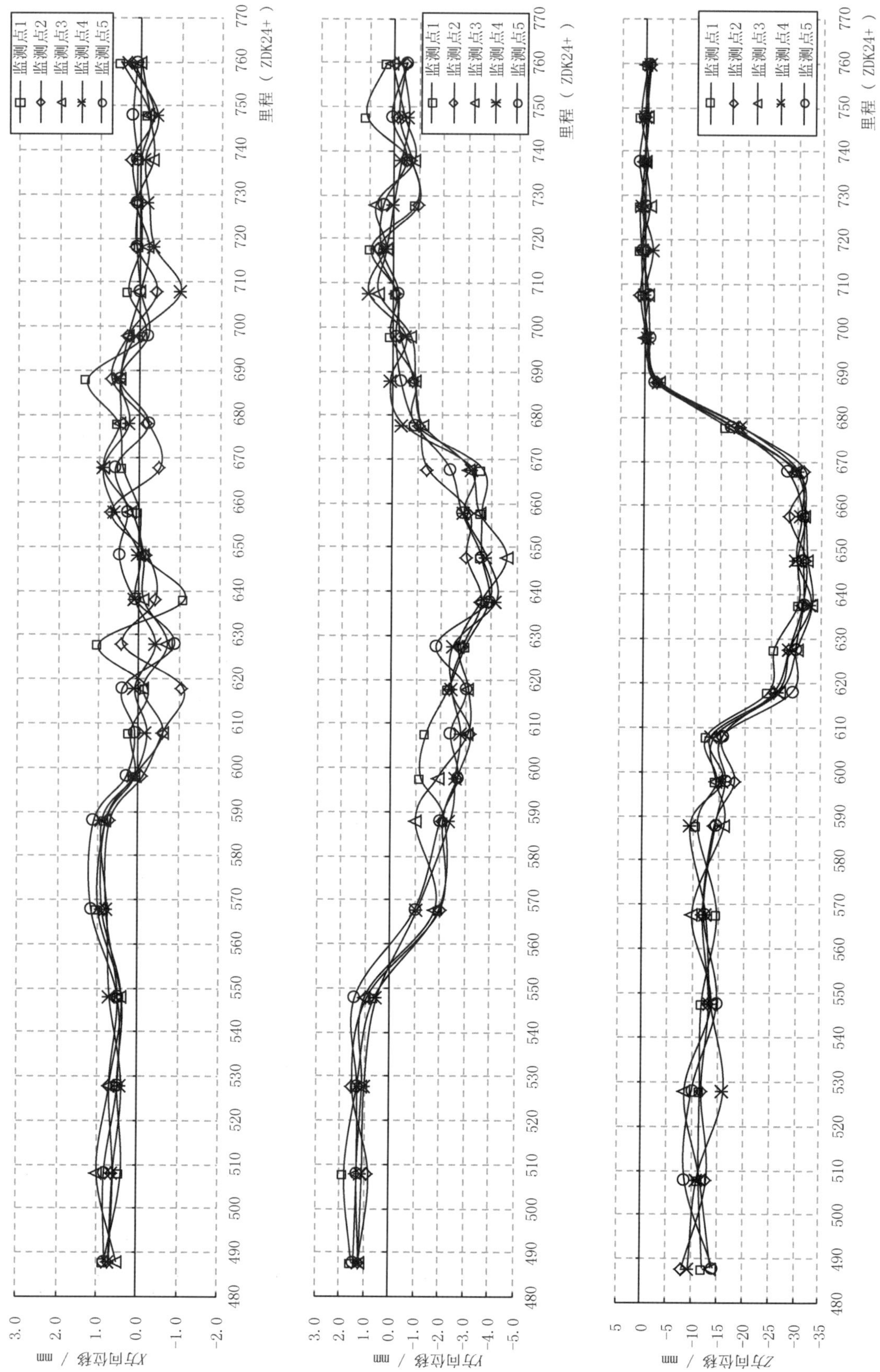

图4－27　截至2013年12月12日甲单位的左线隧道的位移曲线

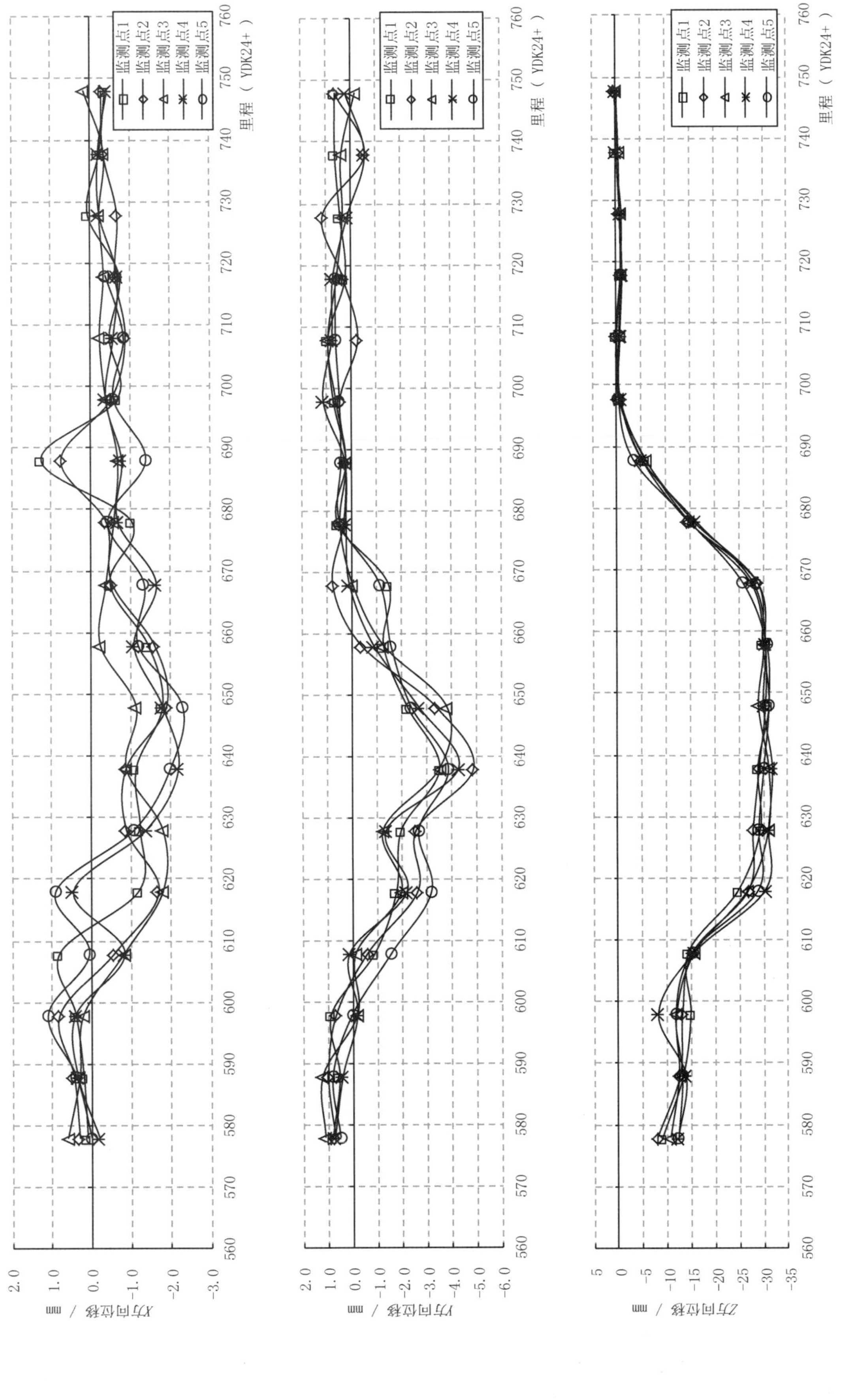

图4－28　截至2013年12月12日甲单位的右线隧道的位移曲线

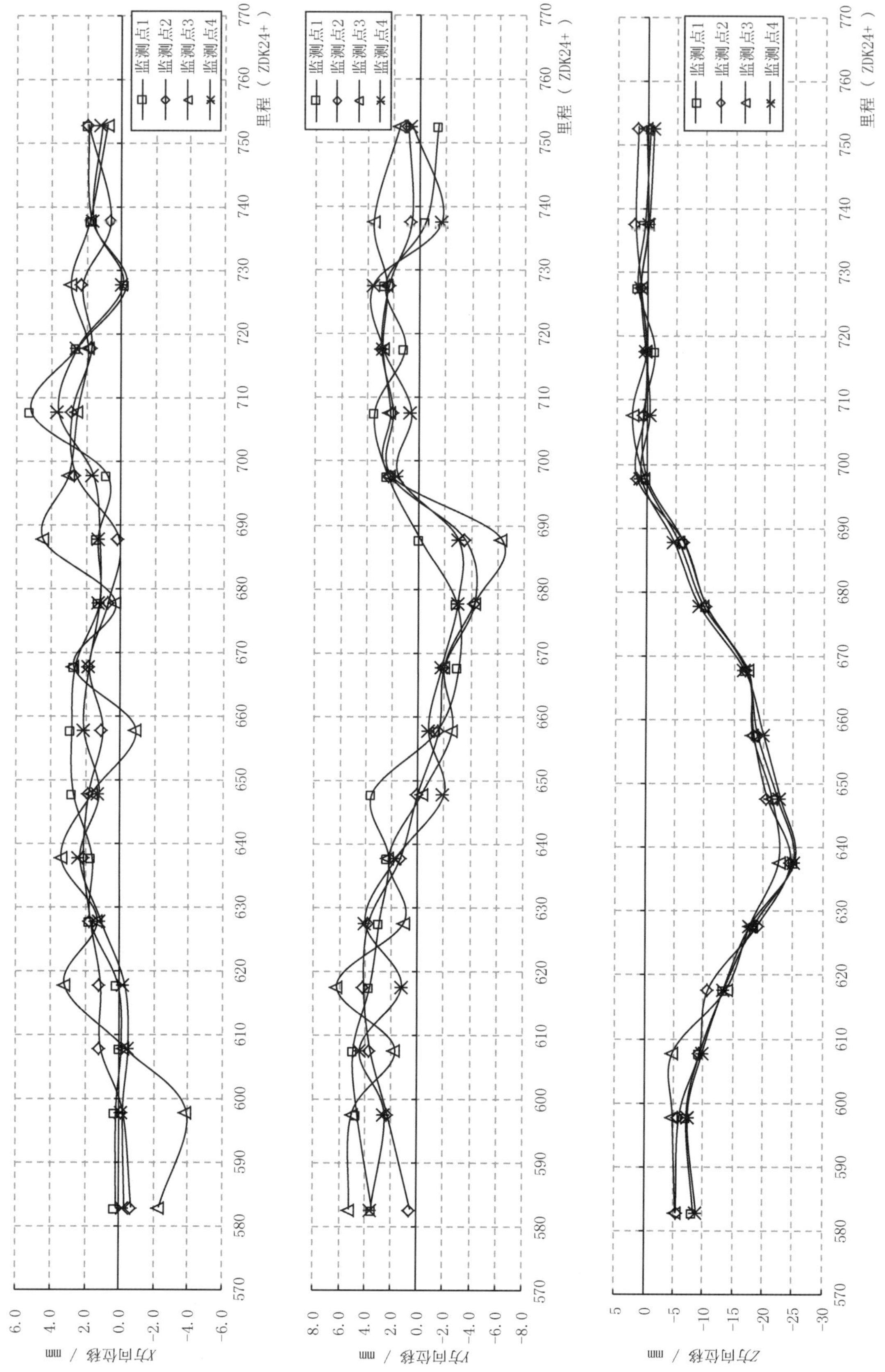

图4-29 截至2013年12月12日乙单位的左线隧道的位移曲线

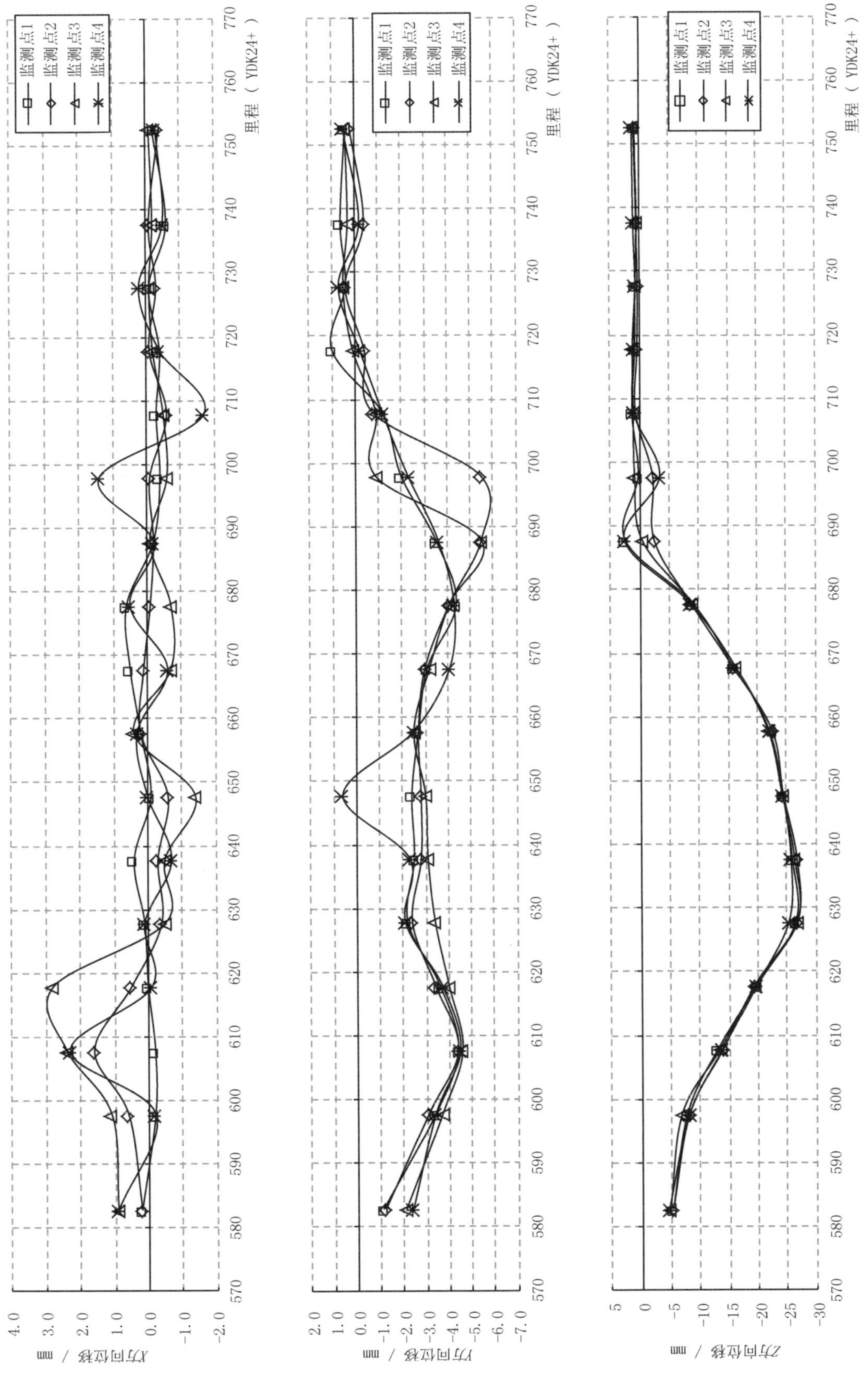

图4－30 截至2013年12月12日乙单位的右线隧道的位移曲线

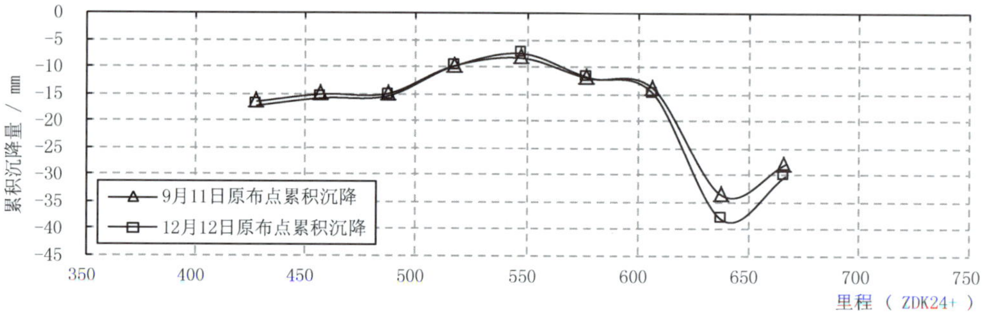

（a）原布点

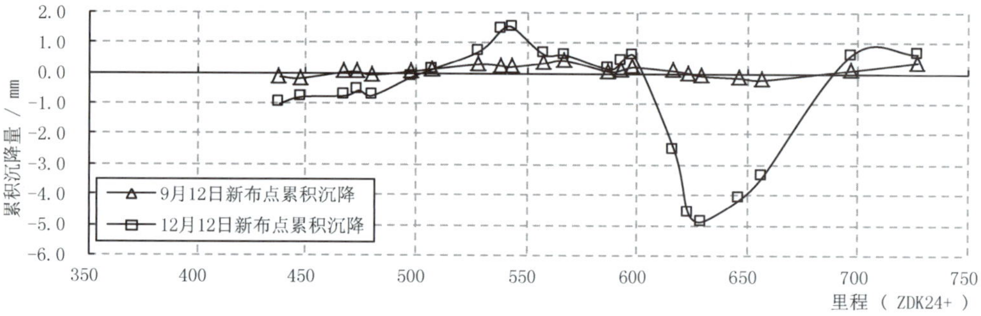

（b）新布点

图 4-31　截至 2013 年 12 月 12 日地铁院的左线隧道原布点与新布点的沉降曲线

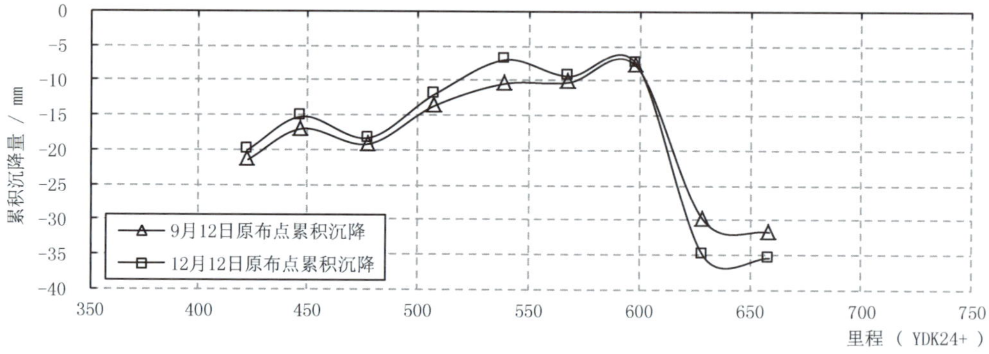

（a）原布点

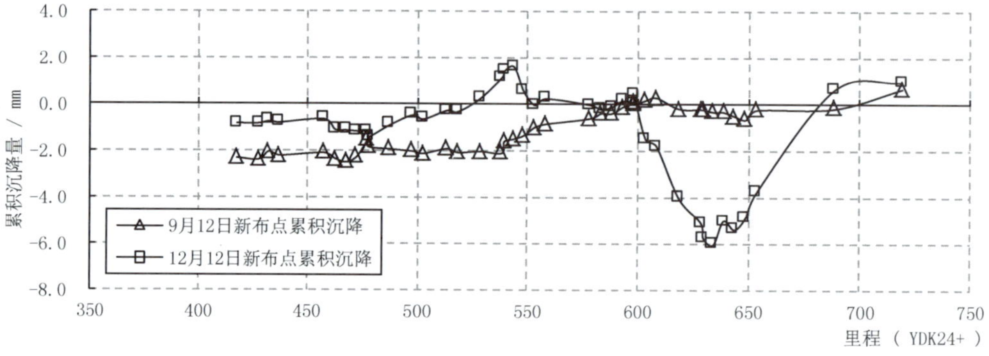

（b）新布点

图 4-32　截至 2013 年 12 月 12 日地铁院的右线隧道原布点与新布点的沉降曲线

图4－33为三家监测单位的左、右线隧道的 Z 方向位移增量曲线（时间为2013年9月16日至2013年12月12日），从图可知，甲单位、乙单位和地铁院的左线隧道的最大累积沉降增量分别为4.4 mm、4.6 mm、4.0 mm，右线隧道的最大累积沉降增量分别为3.2 mm、5.0 mm、5.8 mm。

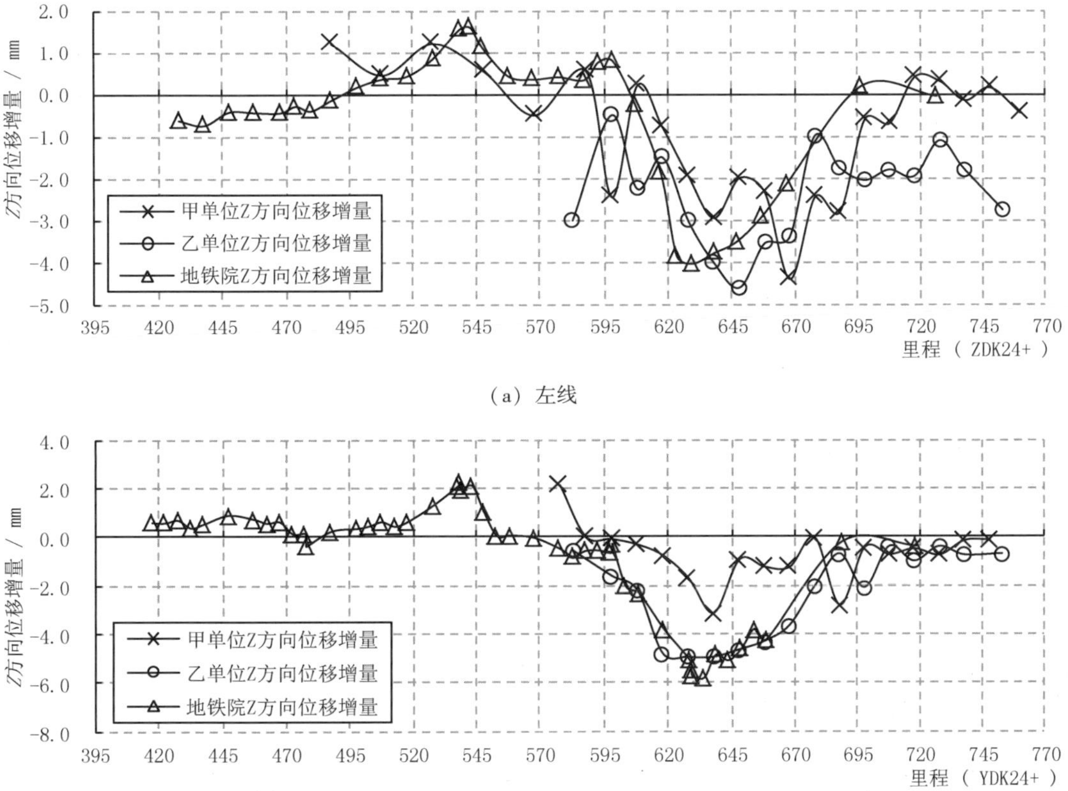

（a）左线

（b）右线

图4－33　三家监测单位的左、右线隧道的 Z 方向位移增量曲线

4.3.3　截至2013年9月2日的西侧基坑监测数据分析

图4－34为西侧基坑在紧邻地铁隧道侧的监测布点图。其中SW3、SW4、SW5为水位观测点，CX6～CX11为地连墙测斜观测孔，WY6～WY11为基坑顶水平位移及沉降监测点，DW12～DW17为基坑周边地面水平位移及沉降监测点，FT17、FT18为风亭结构水平位移及沉降观测点。

图4－35、图4－36分别为基坑顶水平位移及沉降监测点WY6～WY11的水平侧向位移和竖向沉降随时间发展曲线，其中测点WY6的最大水平位移为19.7 mm，最大竖向沉降为10.8 mm，测点WY7的最大水平位移为23.2 mm，最大竖向沉降为11.8 mm，测点WY8的最大水平位移为23.8 mm，最大竖向沉降为14.9 mm，测点WY9的最大水平位移

为 21.7 mm，最大竖向沉降为 15.4 mm，测点 WY10 的最大水平位移为 25.6 mm，最大竖向沉降为 15.1 mm，测点 WY11 的最大水平位移为 24.9 mm，最大竖向沉降为 16.6 mm。

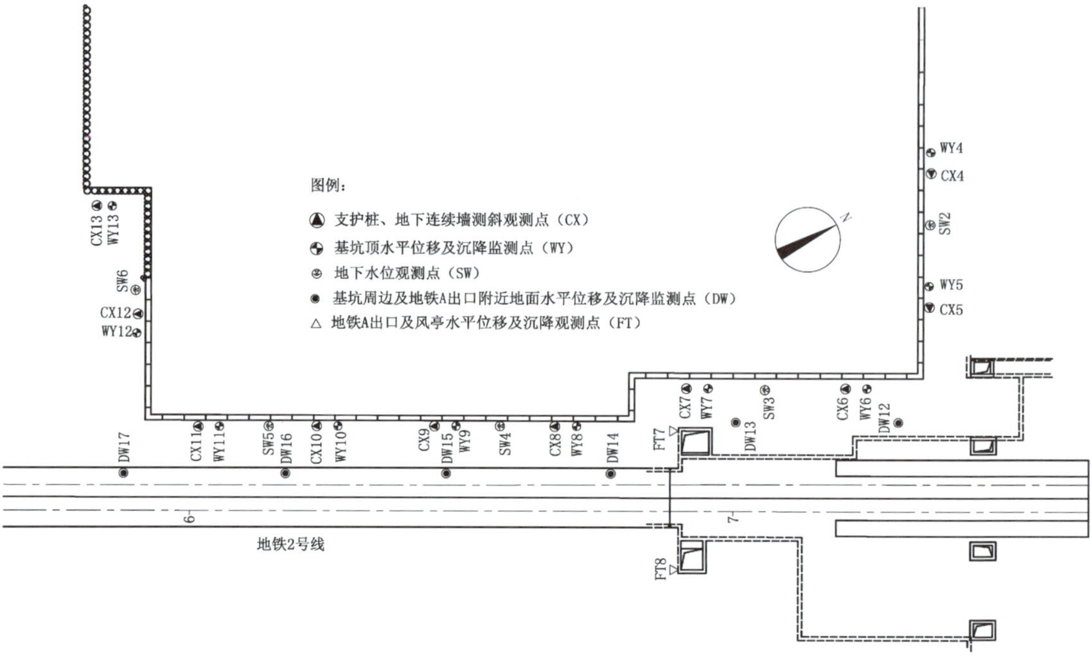

图 4－34　西侧基坑在紧邻地铁隧道侧的监测布点图

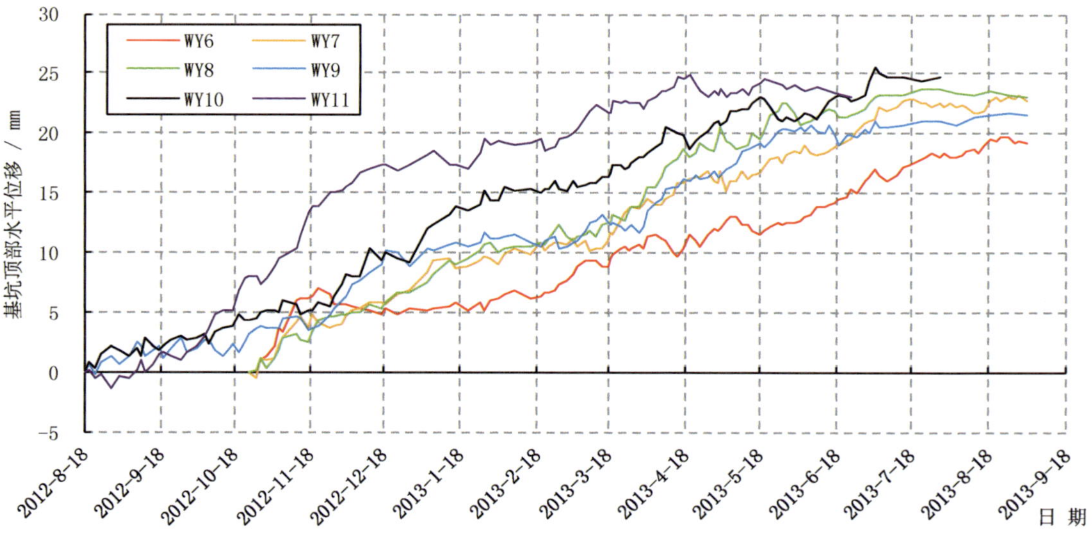

图 4－35　基坑东侧顶部的水平侧向位移

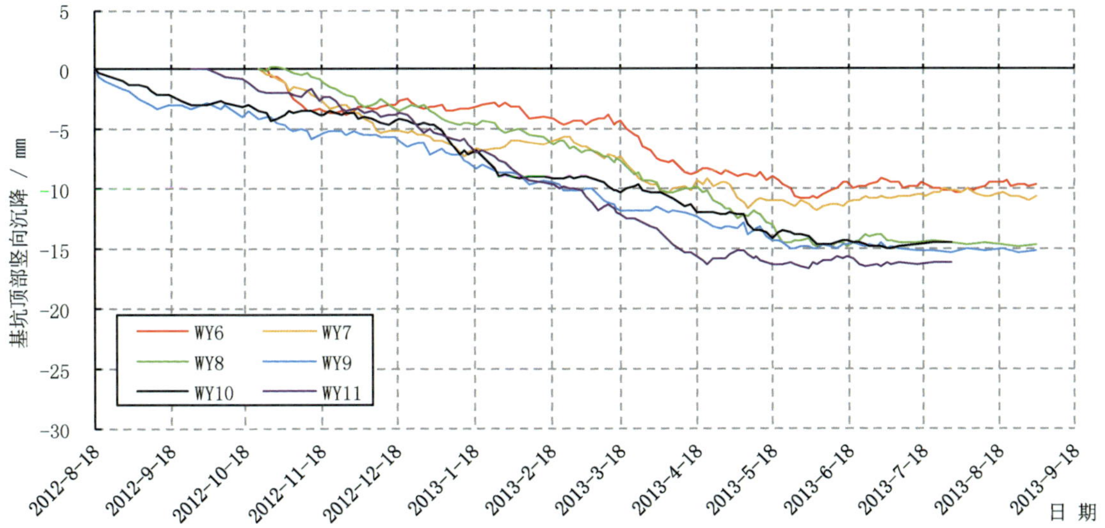

图 4 - 36　基坑东侧顶部的竖向沉降

图 4 - 37 为基坑东侧地下连续墙的水平侧向位移发展曲线，由图中可知，测点 CX6 ~ CX11 的最大水平侧向位移分别为 18.8 mm、19.4 mm、18.2 mm、18.6 mm、18.8 mm、20.1 mm。

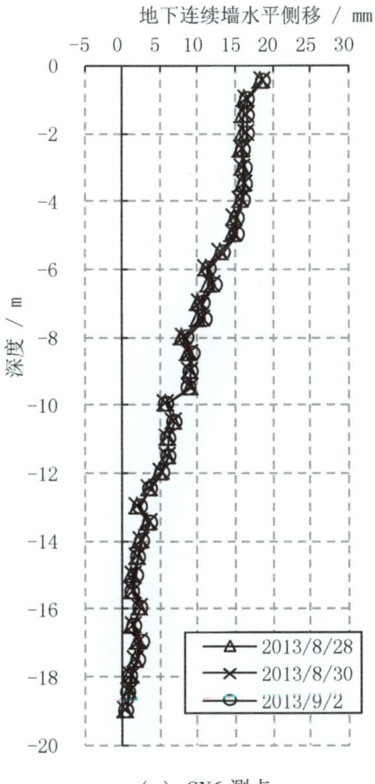

(a) CX6 测点

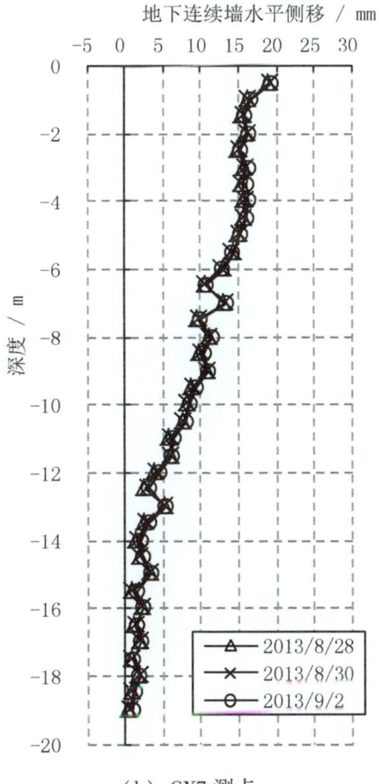

(b) CX7 测点

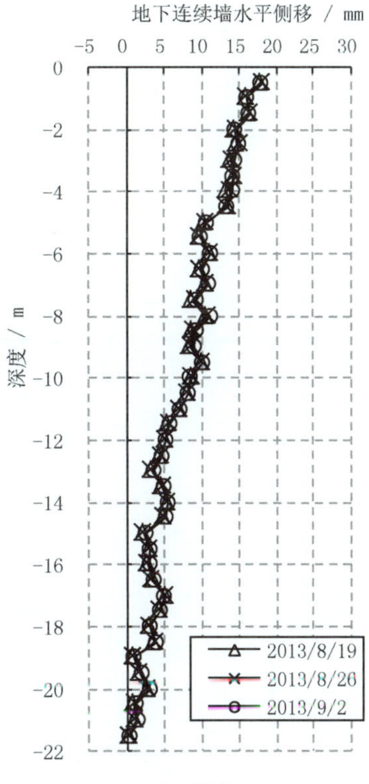

(c) CX8 测点

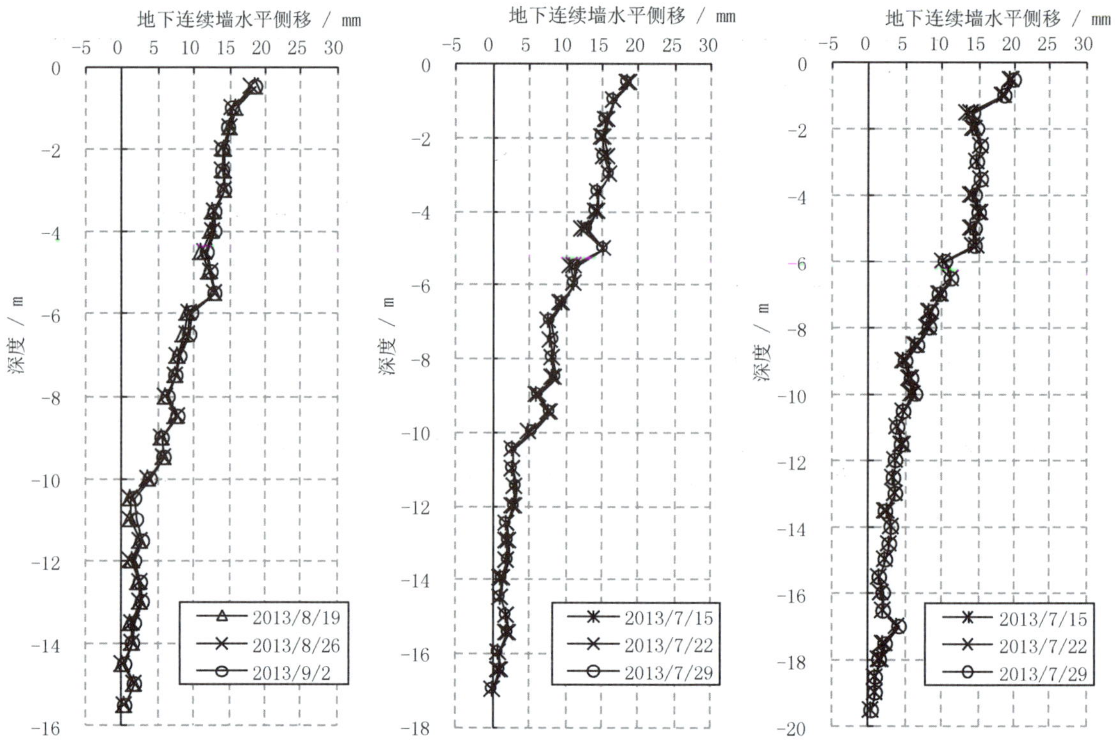

（d） CX9 测点　　（e） CX10 测点　　（f） CX11 测点

图 4-37　东侧地下连续墙的水平侧向位移

图 4-38 为测点 SW3、SW4、SW5 的地下水位变化曲线。从图可知，测点 SW3 的最大水位下降幅度为 -1.6m，最大水位上升幅度为 0.5 m，测点 SW4 的最大水位下降幅度为 -1.8 m，测点 SW5 的最大水位下降幅度为 -1.0 m，最大水位上升幅度为 0.9 m。

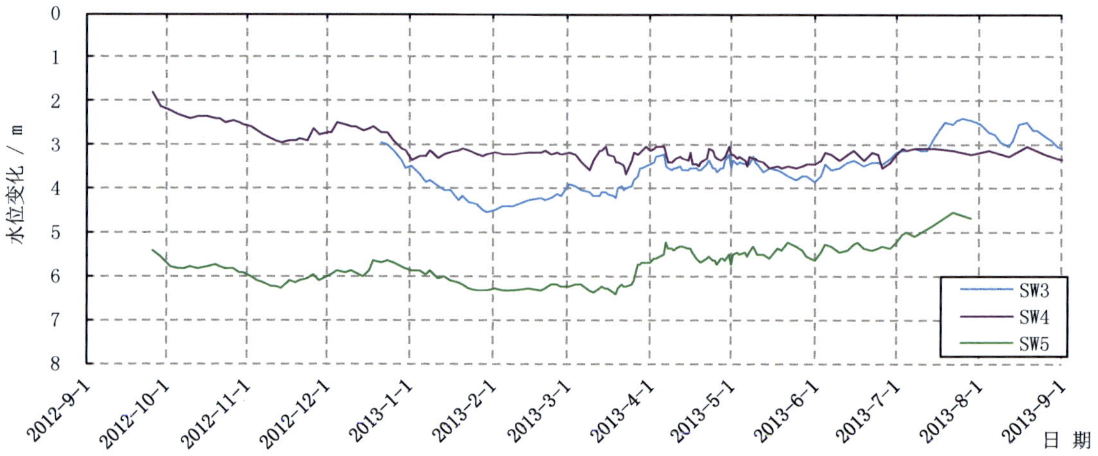

图 4-38　地下水位变化曲线

图 4 –39 为地面测点 DW12 ~ DW17 的水平侧向位移测和沉降发展曲线，从图可知，地面测点的最大水平位移为 24. 3 mm，最大沉降为 34. 9 mm。图 4 –40 为地面变形现场照片。

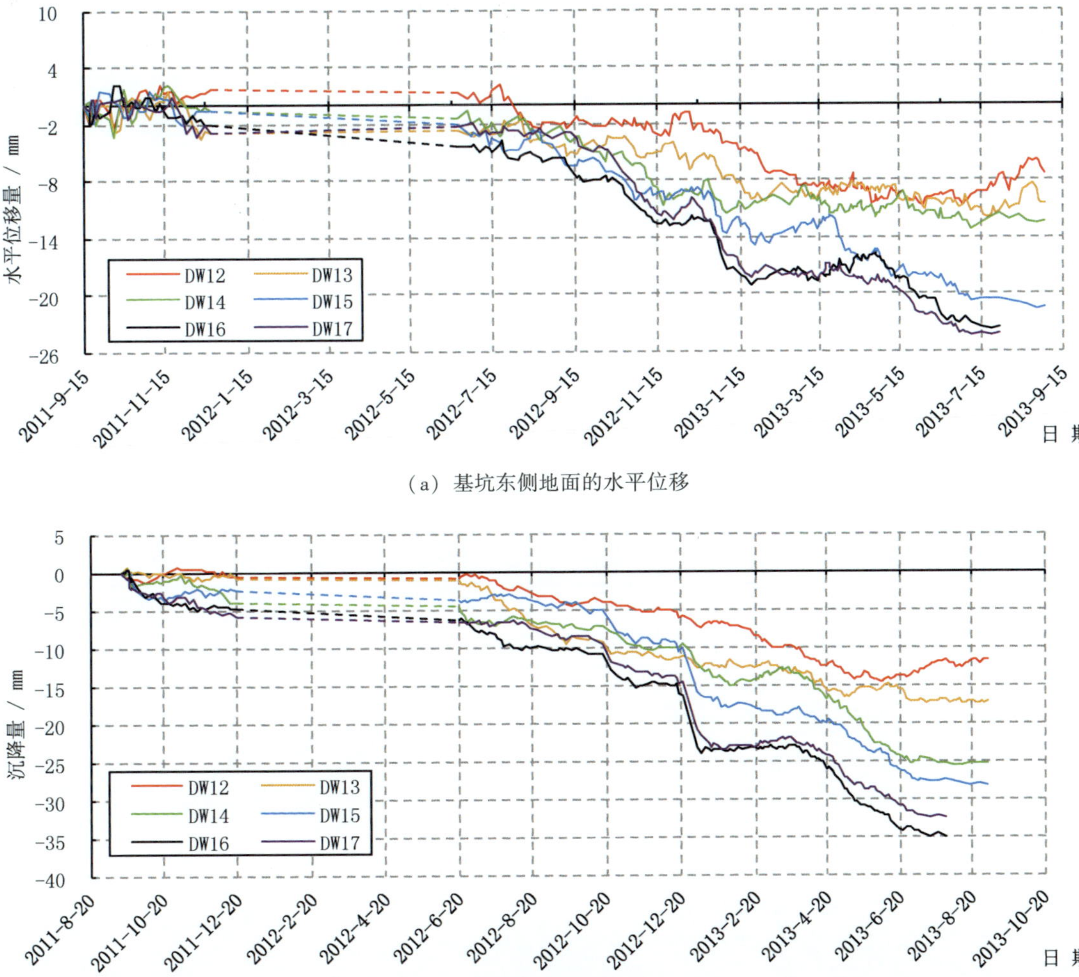

（a）基坑东侧地面的水平位移

（b）基坑东侧地面沉降

图 4 –39　地面水平位移和沉降发展曲线

4. 3. 4　截至 2013 年 8 月 30 日的东侧基坑监测数据分析

图 4 –41 东侧基坑在紧邻地铁隧道侧的监测布点图。其中 SW1、SW4、SW9、SW10 为水位监测点，现只有 SW1、SW4 两点（其他两个点为最近添加）的监测数据；CX17 ~ CX19 为地连墙测斜孔，CX21 ~ CX23 为土体测斜点（最近增加，尚无数据）；WY19 ~ WY22 为地连墙顶部设置的水平及垂直位移观测点；CJ2 ~ CJ6 为隧道上方地面的沉降观测点。

（a）2013 年 9 月　　　　（b）2014 年 1 月

图 4－40　附近地面变形现场照片

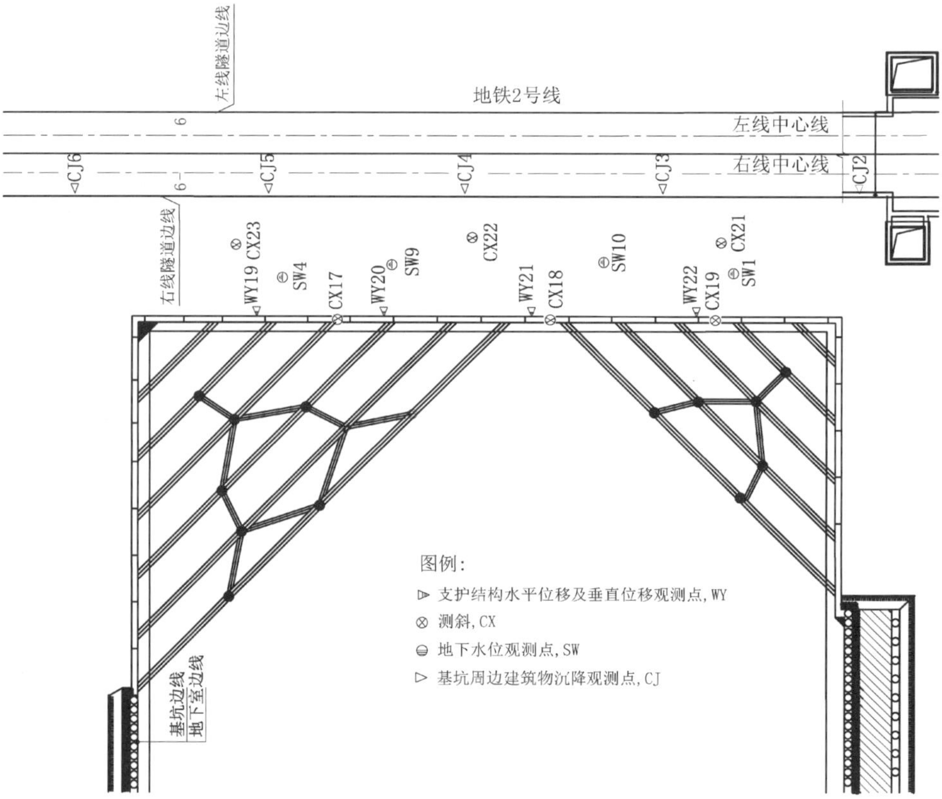

图 4－41　东侧基坑在紧邻地铁隧道侧的监测布点图

图 4－42、图 4－43 分别为基坑顶部位移监测点 WY19、WY20、WY21 和 WY22 的水平侧向位移和竖向沉降随时间发展曲线，其中测点 WY19 的最大水平位移为 5. 9 mm，最大竖向沉降为 3. 9 mm，测点 WY20 的最大水平位移为 6. 7 mm，最大竖向沉降为 2. 9 mm，测点 WY21 的最大水平位移为 4. 6 mm，最大竖向沉降为 4. 6 mm，测点 WY22 的最大水平位移为 3. 8 mm，最大竖向沉降为 3. 3 mm。

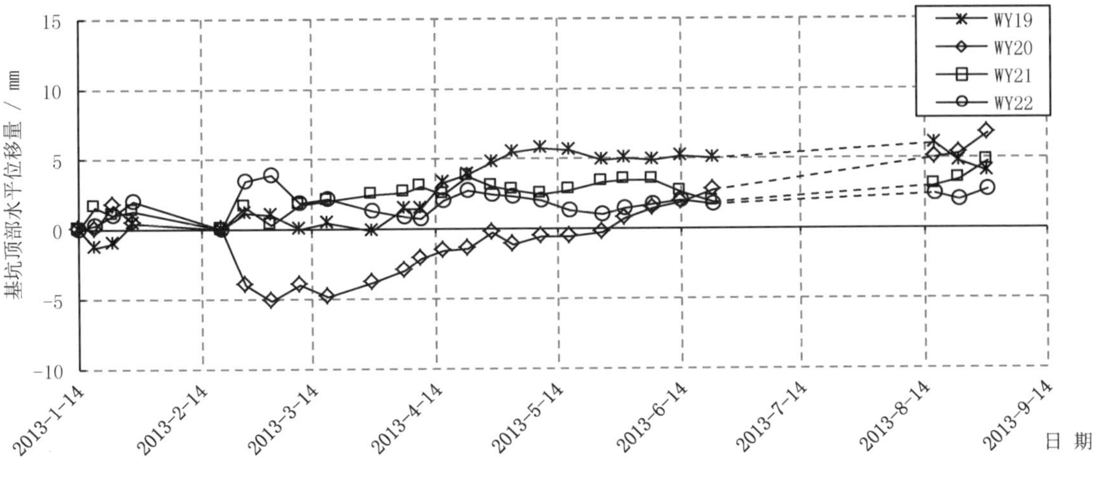

图 4-42 基坑顶部水平侧向位移发展曲线

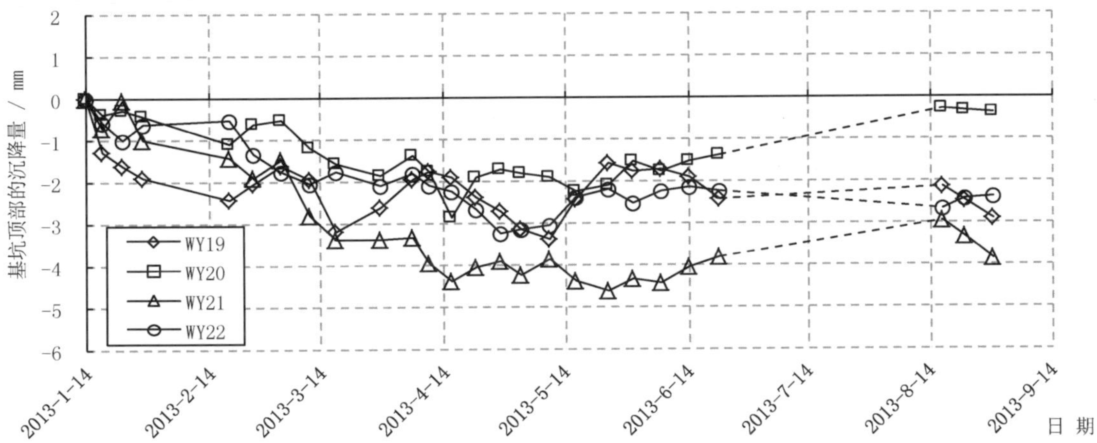

图 4-43 基坑顶部竖向沉降发展曲线

图 4-44 为紧邻地铁隧道侧的地下连续墙的水平侧向位移发展曲线，由图中可知，测点 CX17、CX18 的最大水平侧向位移分别为 4.1 mm、4.8 mm。

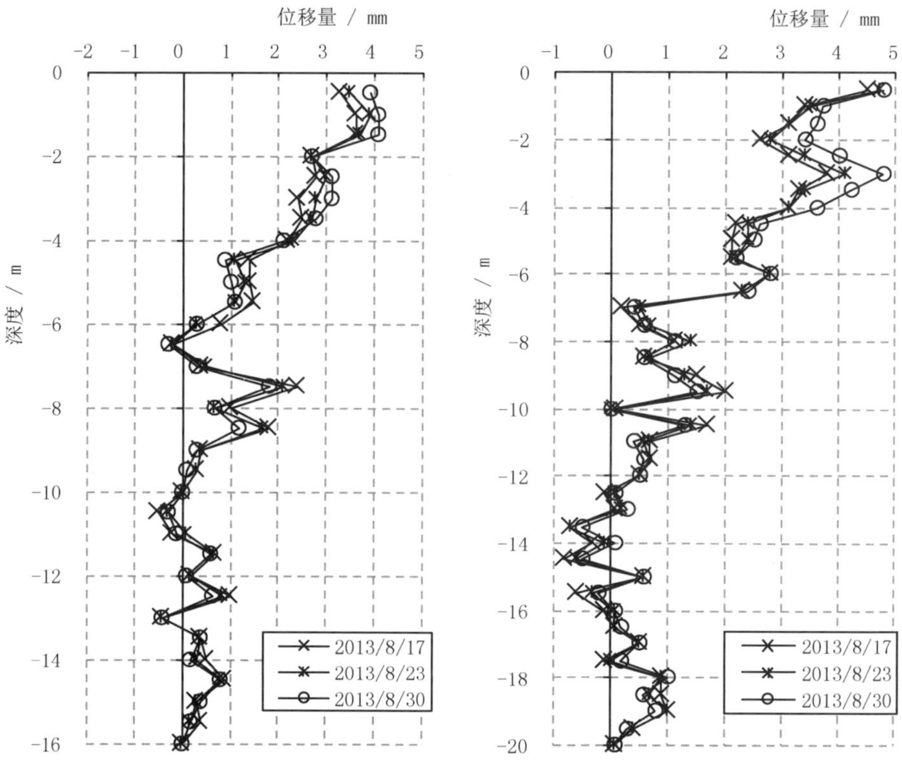

(a) CX17　　　(b) CX18

图 4－44　紧邻地铁隧道侧的地下连续墙的水平侧向位移发展曲线

图 4－45 为紧邻地铁隧道侧的水位测点 SW1、SW4 的地下水位变化曲线。从图可知，两个测点的最大水位下降幅度分别为－1.1 m、－0.1 m，最大水位上升幅度分别为 0.1 m、1.4 m。

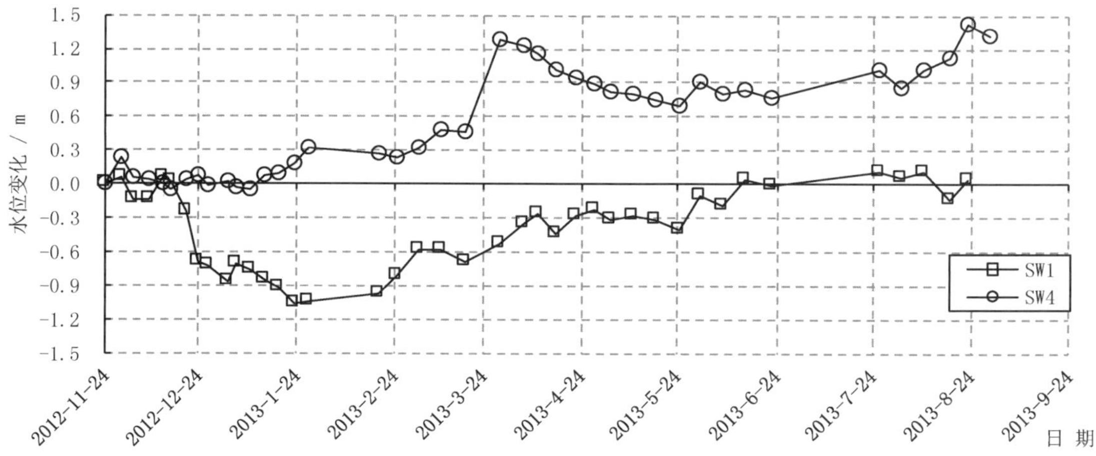

图 4－45　紧邻地铁隧道侧的水位测点的水位发展曲线

4.3.5 水位下降诱发地铁区间隧道沉降的计算分析

由于该地铁区间隧道为浅埋隧道，隧道下方存在深厚土层，而深基坑施工将诱发基坑外侧水位下降，水位下降将导致隧道下方土层的有效应力增大，从而导致隧道下方土层发生压缩变形，诱发地铁区间隧道结构沉降。为此，根据地铁隧道设计图纸以及隧道下方的工程地质资料，采用分层总和法计算分析水位下降幅度对地铁隧道沉降的影响，预测了地铁区间隧道的沉降量与水位下降幅度的关系。

进行地铁区间隧道沉降计算时：①将水位下降引起的有效应力增量简化为大面积荷载增量（沉降计算结果对工程是偏于安全的），其荷载增量大小为 $\gamma_W \Delta H$，其中 γ_W 为水的重度，取值为 10 kN/m^3，ΔH 为水位下降幅度；②隧道沉降计算主要依据地铁隧道沿线的工程地质资料，沉降计算深度至下伏基岩岩面；③地层的计算参数主要依据工程经验确定；④分别计算水位下降幅度为 1.0 m、2.0 m 和 3.0 m 时的隧道沉降量。

图 4 -46 为水位下降诱发地铁区间隧道沉降的计算曲线，图中虚线表示隧道结构变形缝位置，从图可知：

（1）预测地铁区间隧道的最大沉降量为：水位下降 1.0 m 时为 6.8 mm，水位下降 2.0 m 时为 13.6 mm，水位下降 3.0 m 时为 20.4 mm。

（2）预测地铁区间隧道的最大不均匀沉降量为：水位下降 1.0 m 时为 3.4 mm，水位下降 2.0 m 时为 6.8 mm，水位下降 3.0 m 时为 10.3 mm。

综上所述，由于地铁区间隧道结构底板下方存在深厚土层，且由于土层厚度和土性存在一定的差异，水位下降将导致紧邻地铁区间隧道结构发生一定程度的沉降，并诱发隧道结构沿纵向产生不均匀沉降差。

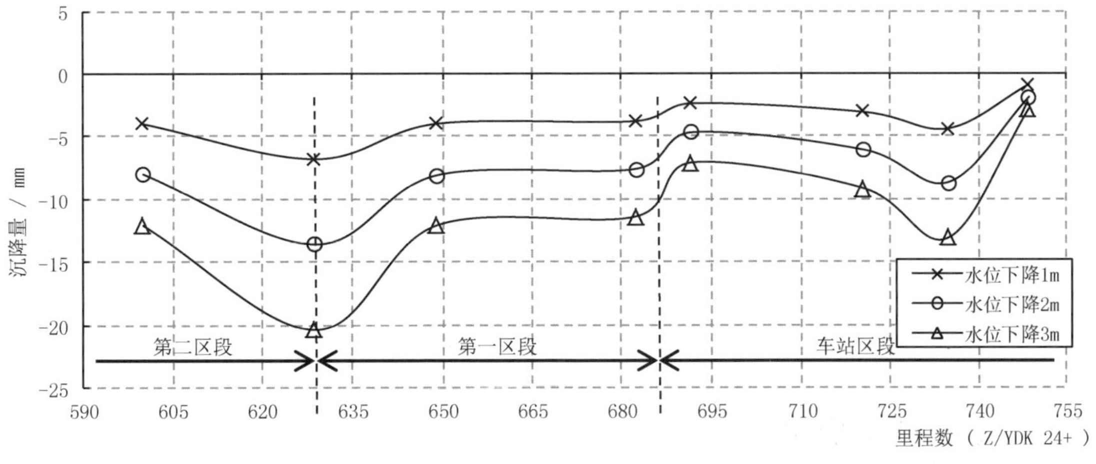

图 4 -46 水位下降诱发地铁区间隧道沉降的计算曲线

根据场地周边的施工情况及地铁隧道监测数据分析，认为深基坑施工诱发的水位下降已导致地铁区间隧道发生过大沉降。

4.4 地铁运营安全初步分析

1. 轨道几何变位检测结果

根据线路专业人员于2013年9月23日凌晨针对线路设备所开展的检查活动，得到的检测结果为：

（1）轨道静态轨距、轨道静态水平、单根轨道纵向10 m弦线测量高低均在维修保养范围内。

（2）从该深基坑工程开挖以来，该范围线路设备曾对线路高低做过调整，以确保行车安全。其中上行（右线）最大整改量为增加胶垫6 mm、抽胶垫4 mm；下行（左线）最大整改量为增加4 mm、抽4 mm。

从轨道几何变位的检测结果来看，调整量在轨道的可调整范围内，目前阶段未危及地铁的行车安全。

建议线路专业人员加强针对轨道几何变位的检测，并判断是否在相关设计控制值范围内，以确保轨道的安全性，进而确保地铁列车行车安全。

2. 道床底部与隧道底板结构脱空情况的抽芯检测结果

采用道床抽芯检测方法，检测了道床的脱空情况。2013年9月23日提供的道床抽芯检测结果如下：

（1）下行（左线）抽芯一处，里程为K20+585（相应监测点为YB1521），根据抽芯结果判断，道床底部与隧道底板结构有剥离和吊空现象，大概为2 mm。

（2）上行（右线）抽芯两处，里程分别为：K20+527（相应监测点为YB1554—1），K20+500（相应监测点为YB1552—1），根据抽芯结果判断，道床底部有剥离但无吊空现象。

根据道床抽芯检测结果，可初步判断目前阶段道床的脱空量较小，基本不危及地铁列车的行车安全，但应注意道床脱空将继续诱发道床开裂的可能性，将导致道床与地铁隧道结构的继续磨耗，将影响道床的长期使用寿命。

4.5 隧道结构安全分析

要分析地铁隧道结构安全状态，首先根据隧道结构设计图纸，计算出隧道结构弯矩控制值；然后根据隧道实测位移，计算出隧道结构弯矩，与控制值进行对比，并结合现场隧道病害情况，综合判断地铁隧道结构安全状态。

1. 隧道结构弯矩控制值

根据地铁区间隧道结构设计资料，采用有限元软件计算出隧道结构的混凝土开裂弯矩、纵向受力钢筋屈服弯矩及纵向受力钢筋极限弯矩等控制值。混凝土强度等级为C30，钢筋标号为HRB335，采用规范规定的钢筋屈服强度和极限强度。计算时适当简化断面的配筋情况，并忽略横向钢筋的作用，不考虑加腋部分的影响。

地铁区间隧道沿隧道走向发生了水平侧向位移和沉降，因此，需计算隧道横截面两个平面方向上的弯矩控制值。经计算，沉降方向箱型结构以混凝土达到极限拉应变0.0001为标志的开裂弯矩控制值为4.834×10^{4} kN·m/m；屈服弯矩控制值为1.232×10^{5} kN·m/m；极限弯矩控制值为1.872×10^{5} kN·m/m（极值点）。水平方向上箱型结构以混凝土达到极限拉应变0.0001为标志的开裂弯矩控制值为5.507×10^{4} kN·m/m；屈服弯矩控制值为1.789×10^{5} kN·m/m；极限弯矩控制值为3.055×10^{5} kN·m/m（极值点），如表4－1所示。

表4－1　地铁隧道结构弯矩控制值汇总表　　单位：kN·m/m

控制弯矩方向＼弯矩控制值	开裂弯矩	屈服弯矩	极限弯矩
沉降方向	4.83E+04	1.23E+05	1.87E+05
水平方向	5.51E+04	1.79E+05	3.06E+05

2. 根据实测位移反算地铁隧道结构弯矩

根据监测单位提供的地铁区间隧道位移实测资料，对Z/YDK 24+488～688区段，沿隧道纵向两个平面上的弯矩进行计算分析，并与计算得到弯矩控制值进行对比分析，以评估隧道结构安全状态。由实测位移反算地铁隧道结构弯矩的主要思路为：根据实测位移反算地铁结构变形曲率，根据地铁隧道截面尺寸等，计算得到结构刚度，进而求得地铁结构沿纵向在不同平面内所受的弯矩。由表4－2可知：

（1）地铁隧道的结构弯矩计算值，与地铁隧道位移监测数据密切相关，如测点间距、数据的可靠性等。

（2）地铁院提供的监测数据，由于测点间距较大，约为30 m，在所分析地铁隧道区段内测点少于3个，无法反算出地铁隧道结构变形曲率，故无法反算出地铁隧道的结构弯矩。

（3）根据甲单位、乙单位提供的修正前、后地铁隧道沉降数据，反算得到修正前甲单位的隧道结构弯矩小于开裂弯矩控制值，修正前乙单位的隧道结构弯矩大于屈服弯矩控制值但小于极限弯矩控制值；修正后甲单位和乙单位的隧道结构弯矩均大于开裂弯矩控制值但小于屈服弯矩控制值，故暂不危及地铁隧道竖向结构安全，但应加强对隧道顶板部位横向裂缝的控制和观察，以避免影响隧道结构的安全性和耐久性。

（4）根据甲单位、乙单位提供的修正前、后的地铁隧道水平侧向位移，反算得到修正前甲单位的隧道结构弯矩小于开裂弯矩控制值，修正前乙单位的隧道结构弯矩大于开裂弯矩控制值但小于屈服弯矩控制值，修正后甲单位和乙单位的隧道结构弯矩均大于开裂弯矩控制值但小于屈服弯矩控制值，不危及地铁隧道横向结构安全，但应加强对地铁隧道侧墙部分竖向裂缝的控制和观察，以避免影响隧道结构的安全性和耐久性。

（5）鉴于地铁区间隧道为明挖现浇箱型结构，结构上方覆土浅，未发现隧道上方明显超载，且现场调查未发现沿地铁隧道的纵向裂缝（平行于隧道走向），表明地铁区间隧道结构横向断面受力较小，可初步判断地铁隧道结构横向断面处于安全状态。

表 4－2　根据实测位移反算的地铁隧道结构最大弯矩值汇总表

计算的弯矩控制值	弯矩控制值	开裂弯矩（kN·m/m）	屈服弯矩（kN·m/m）	极限弯矩（kN·m/m）
	沉降方向	4.83E+04	1.23E+05	1.87E+05
	水平方向	5.51E+04	1.79E+05	3.06E+05
修正前实测位移反算的最大弯矩	根据地铁监测数据	地铁院数据（kN·m/m）	甲单位数据（kN·m/m）	乙单位数据（kN·m/m）
	根据沉降反算的最大弯矩	隧道分区段，测点间接大，数据点少，无法反算。水平方向无数据	－3.18E+04	－1.58E+05
	根据水平位移反算的最大弯矩		2.83E+04	－1.02E+05
修正后实测位移反算的最大弯矩	根据地铁监测数据	地铁院数据（kN·m/m）	甲单位数据（kN·m/m）	乙单位数据（kN·m/m）
	根据沉降反算的最大弯矩	隧道分区段，测点间接大，数据点少，无法反算。水平方向无数据	7.63E+04	1.18E+05
	根据水平位移反算的最大弯矩		7.62E+04	－9.92E+04

4.6　病害隧道内、外部治理措施

地铁区间隧道病害出现后，除严控隧道两侧的深基坑施工措施外，还针对隧道病害情况采取了相应的内、外部治理措施。其中，内部措施主要为区间隧道道床注浆加固处理，外部措施主要为对区间隧道两外侧土体进行跟踪补偿注浆加固处理。

区间隧道道床注浆加固处理的主要思路为：先对水沟内侧边、水沟与结构接缝、道床与水沟间隙、道床裂缝、道床变形缝等部位进行封闭注浆处理，以避免在道床注浆过程中出现串浆、冒浆现象，为确保道床底部环氧浆液的最大充填，以达到最佳加固效果；然后对道床底部进行注浆加固处理。如图4－47、图4－48所示。

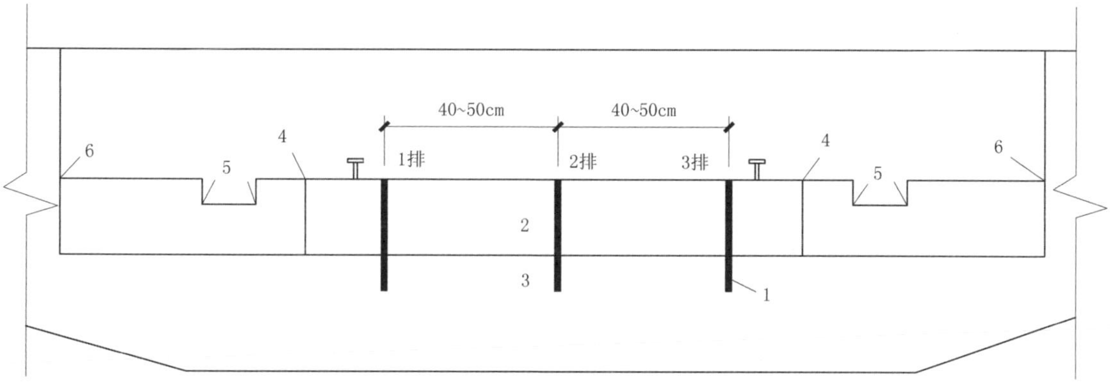

1. 整体道床布注浆孔　2. 道床　3. 隧道结构　4. 道床与水沟间隙位封闭注浆　5. 水沟内侧边封闭注浆　6. 水沟与隧道结构接缝位封闭注浆

图4－47　道床注浆布孔剖面图

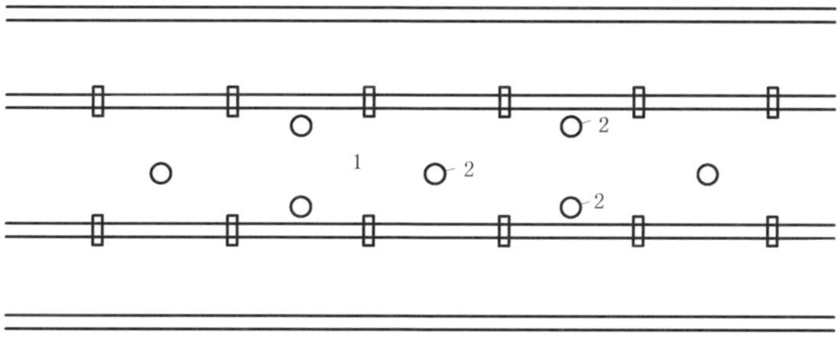

1. 整体道床　　2. 道床注浆孔

图4－48　道床注浆布孔平面图

区间隧道两外侧土体进行跟踪注浆加固处理的主要目标为：①控制地铁隧道沉降的进一步发展；②通过注浆将地铁隧道逐步抬升，回到地铁轨道可以接受的范围。

跟踪补偿注浆范围如图4－49所示，主要为地铁隧道里程ZDK24＋552至ZDK24＋685约133 m区域，其中隧道沉降较大的ZDK24＋602至ZDK24＋685约83 m区域为重点加固区域，ZDK24＋685以北为地铁车站主体结构范围，不进行注浆加固。分别沿地铁左、右线隧道外边缘外扩1.5 m各布置一排注浆孔，其中重点加固区域注浆孔间距为3 m，其他区域注浆孔间距为6 m。

补偿注浆采用袖阀管注浆工艺，可实现对不同深度软弱松散地层重复、多次注浆施工，水泥浆可充填、渗透、挤压土体孔隙，形成水泥浆固结体和树枝状水泥网脉体，从而实现加固效果，如图 4－50 所示。

为确保地铁运营安全，可通过地铁隧道远程自动位移监测系统实时监控跟踪补偿注浆过程中地铁隧道的位移发展情况，以指导跟踪补偿注浆施工。每次注浆抬升量控制在 1 mm～2 mm，不得超过 3 mm。

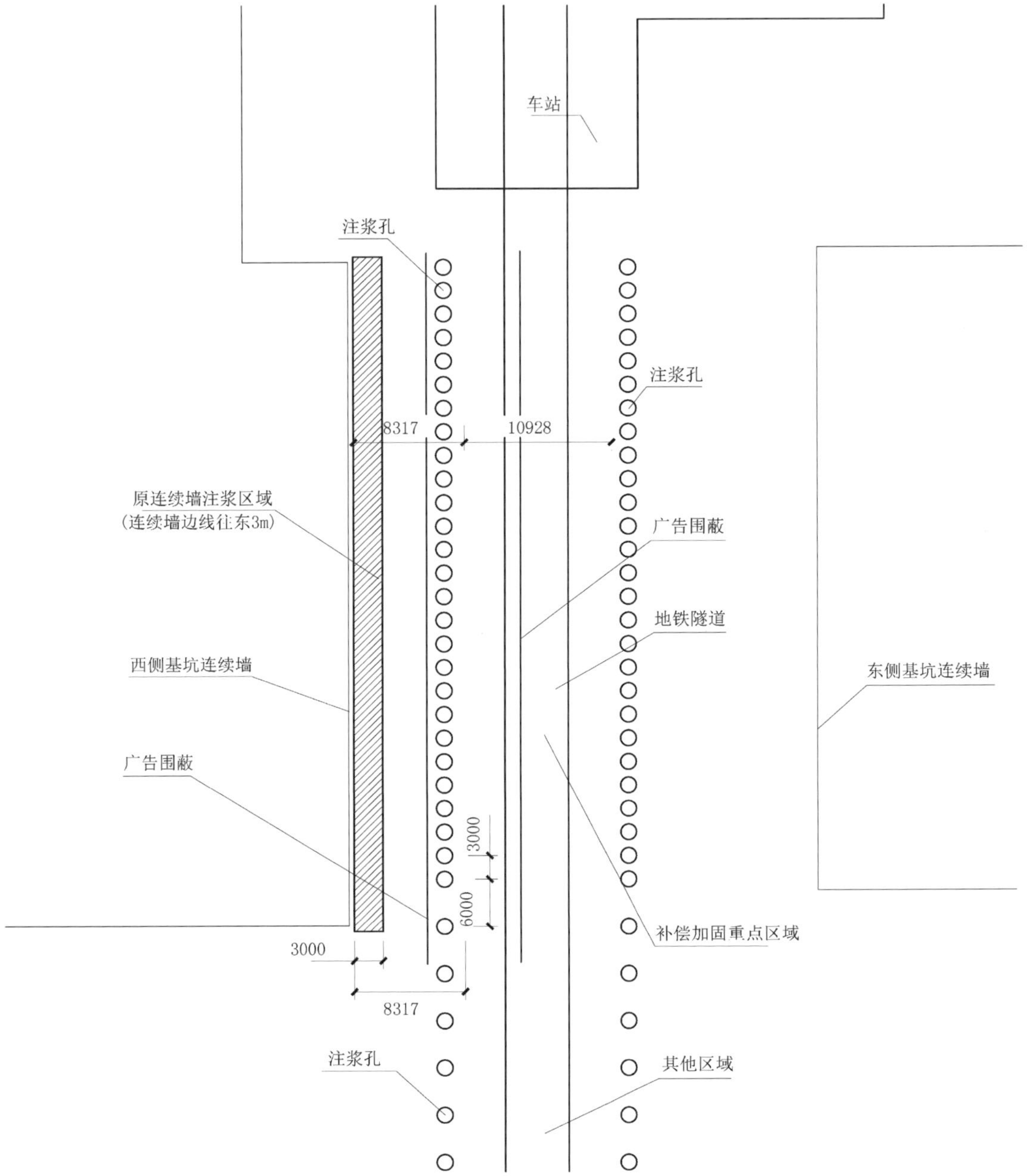

图 4－49　跟踪补偿注浆孔平面布置图

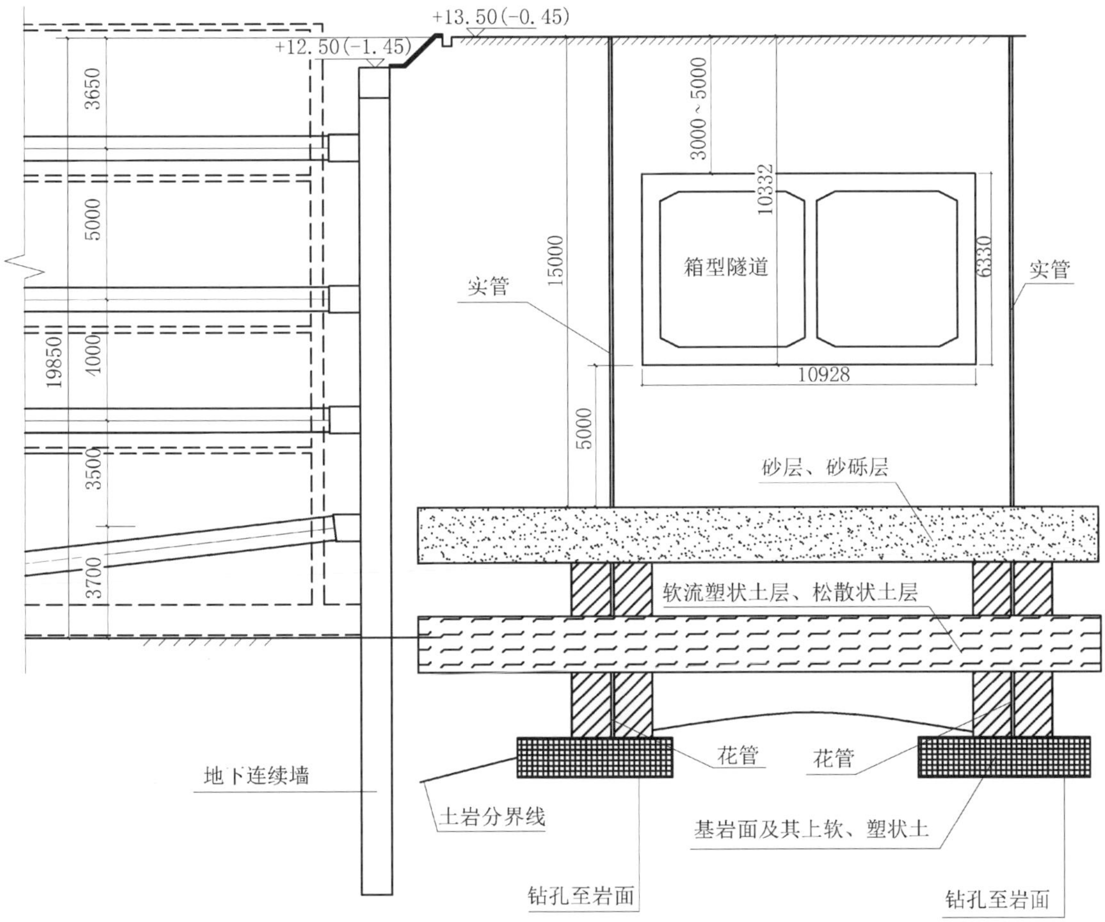

图 4－50　袖阀管跟踪补偿注浆示意图

4.7　地铁保护经验及事故教训

1. 针对该地铁隧道病害事故取得的主要经验：

（1）早在该区段地铁隧道的设计阶段时，地铁经营单位就考虑到了该区间隧道下卧深厚黏土层的不利地质条件，计划在区间隧道下方设置桩桥，以减小隧道建成后周边外部作业对其产生不利影响。但后来鉴于政府相关部门对该区域场地的定位为城市绿地，周边不会再建其他建（构）筑物，因此，为了更好地控制成本，设计中的下置桩桥方案在施工中并没有实施。然而，在该段隧道建成并开通运营以后，该场地的规划定位由绿地修改成了商业用地，而后来产生病害的隧道段侧方的土地则售予了本案例中的建设单位进行商业开发。考虑到此种情况可能给地铁区间隧道带来严重的不利影响，地铁经营单位在该项目的规划报建阶段就已提请政府相关部门恢复该区域场地作为绿地的原规划方案。

（2）地铁经营单位在针对地铁设施安全保护专项方案进行技术审查时，明确提出了地铁保护的相关技术要求和控制措施，如：东侧基坑应在西侧基坑完成基坑回填后方可开始土方开挖，从而使事故责任主体明确，避免了相互之间的推诿。同时，还要求设计单位强化东侧基坑支护结构体系的设计，在事故出现后，使得东侧基坑的施工得以继续，并将诱发地铁隧道的影响控制在可接受的范围内。此外，还明确了水位下降幅度不超过 2.0 m、隧道位移控制值不超过 10 mm 等。并强调了场地的岩溶、土洞比较发育，施工过程如果处理不当将造成严重后果，甚至影响地铁安全。这些要求和措施建议充分地保证了地铁隧道所受到的不利影响处于可控范围以内，未造成巨大的经济损失和社会不良效应。

（3）地铁经营单位结合运营的常规隧道监测数据，对第三方隧道监测数据进行对比分析，及时发现隧道病害，有效阻止隧道病害进一步发展。

（4）事故发生后，地铁经营单位立即启动应急预案并且上报政府，组织召开了多次专家会，分析了诱发病害的相关原因，并提出了相关应急控制措施。如：要求加强针对隧道位移、基坑位移、水位下降等的相关监测工作。针对隧道病害情况，要求建设单位采取区间隧道道床注浆加固处理和对区间隧道两外侧土体进行跟踪补偿注浆加固处理措施。针对邻近基坑在地下连续墙 + 内支撑支护段的回填，明确要求地下室与支护结构之间的外放空间必须回填密实，并建议采用素混凝土回填。

（5）鉴于该项目基坑施工时对地铁区间隧道产生的不利影响，地铁经营单位要求位于隧道东侧的另一基坑退让更大的距离，从而有效地减小了后续东侧基坑施工对地铁区间隧道产生的二次不利影响。

2. 针对该地铁隧道病害事故的主要教训：

（1）城市规划方案不宜随意变更。若不得不变更，也要确保更改后的方案能保证隧道与基坑之间留有必要的安全距离，同时，还必须要求相关建设单位加强相关保护地铁结构的措施。

（2）建设单位必须严格及时地落实地铁经营单位提出的地铁安全保护措施，尽量减少基坑开挖对地铁结构的影响。

（3）确保地铁隧道位移监测数据的准确性是及时有效地进行地铁结构安全预警的重要前提。在本案例中，针对地铁隧道开展的远程自动位移监测，由于甲单位和乙单位提供的隧道位移监测数据严重偏小，最大位移量在 8 mm 内，未能真实地反映隧道的位移情况，导致一年内隧道沉降量高达 20 mm 并出现严重隧道病害现象，却未引起相关单位的重视，未能及时有效地进行安全预警，未能及时发现隧道病害，从而错失了及早采取预防和控制措施的最佳时机。

（4）针对浅埋明挖箱型隧道侧的外部作业，应该尽量减少坑内地下水的抽排，同时还要加强对支护结构顶部位移变化监测并及时分析对地铁结构的相应影响。

第5章　基坑施工诱发地铁车站出入口病害事故案例

5.1　工程概况

5.1.1　A出入口基本情况

该地铁车站共设置4个出入口，其中A出入口出现了病害现象。A出入口南侧邻近正在施工的基坑工程，北侧为宽阔道路，东侧为地铁车站主体结构。如图5－1～图5－4所

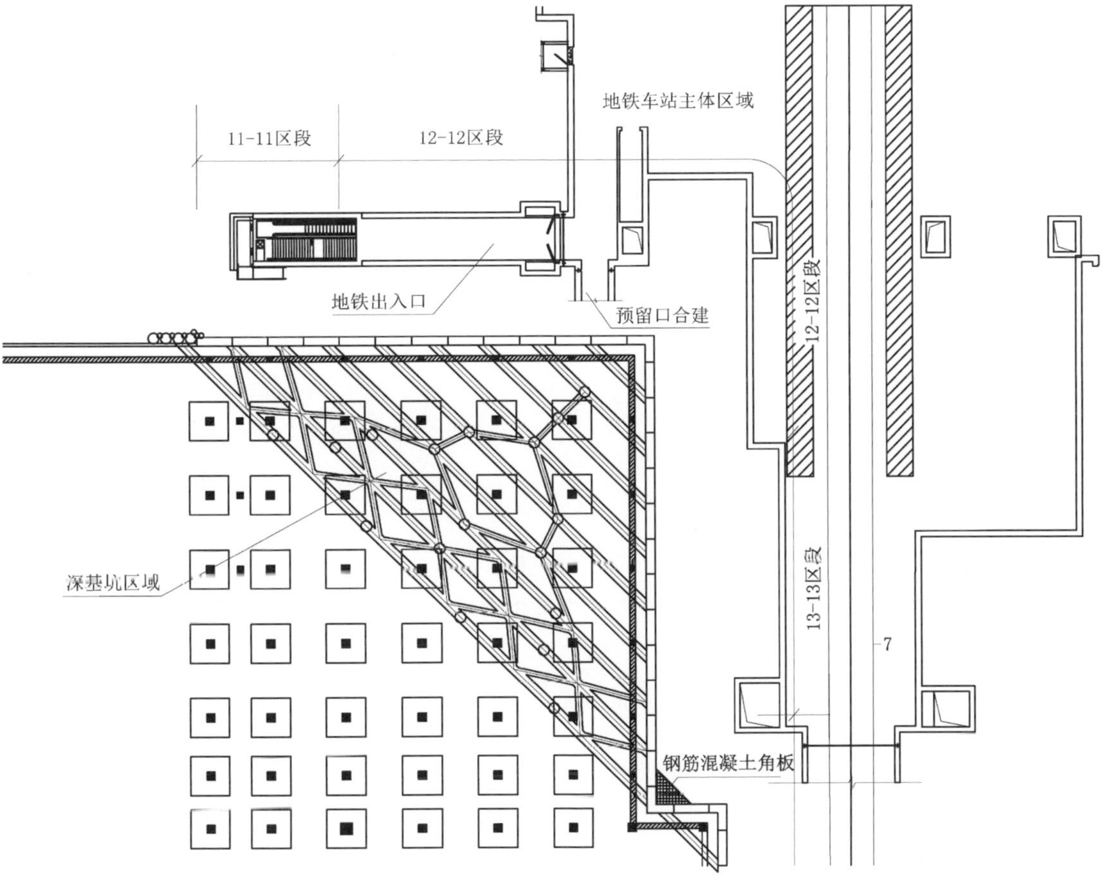

图5－1　A出入口周边场地情况

示。A 出入口采用明挖法修建，基坑采用放坡、桩 + 预应力锚索支护结构形式，并在支护桩外围设置搅拌桩进行止水，如图 5 - 5 所示。在原设计图中，A 出入口结构下方地基采用搅拌桩进行加固处理，如图 5 - 6 所示，根据原控制规划，地铁周边规划为绿地，可不实施地基加固处理，故未对 A 出入口下方地基进行搅拌桩加固处理。

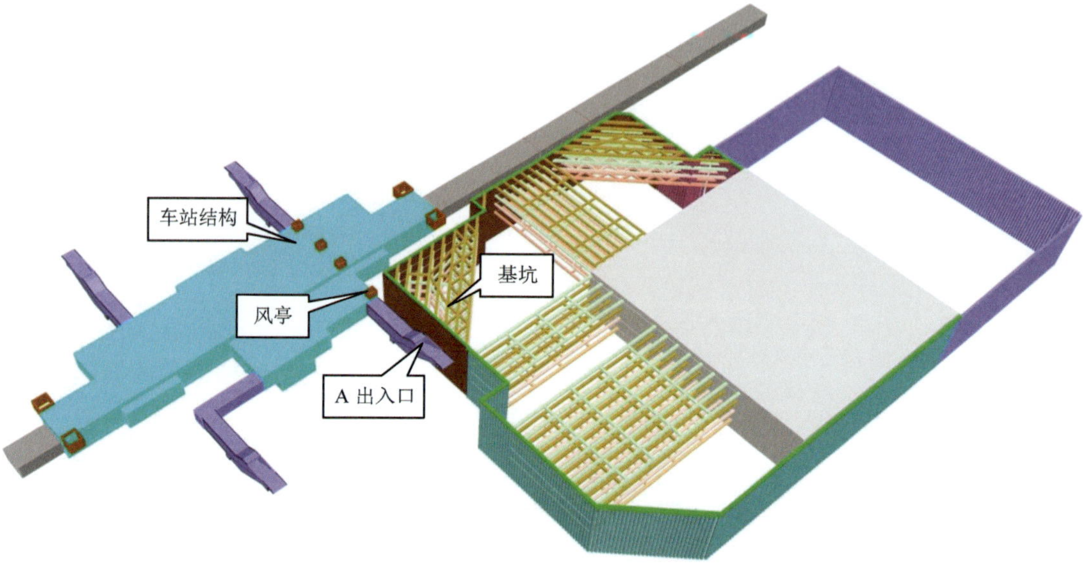

图 5 - 2　A 出入口结构与邻近基坑的三维效果图

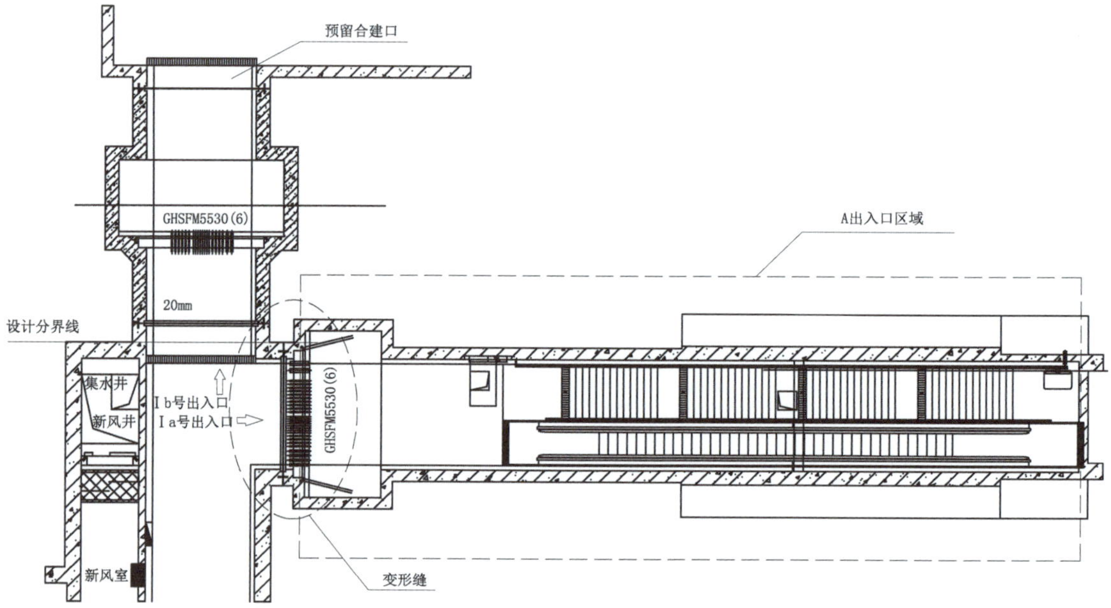

图 5 - 3　A 出入口结构及拟合建通道平面图

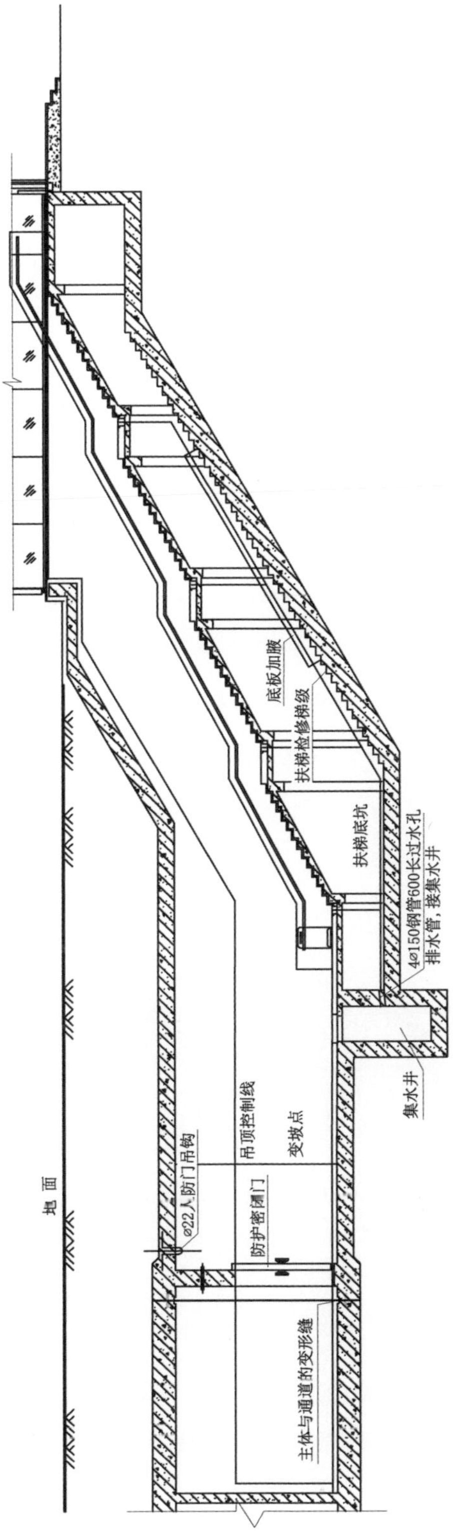

图 5-4　A出入口结构剖面图

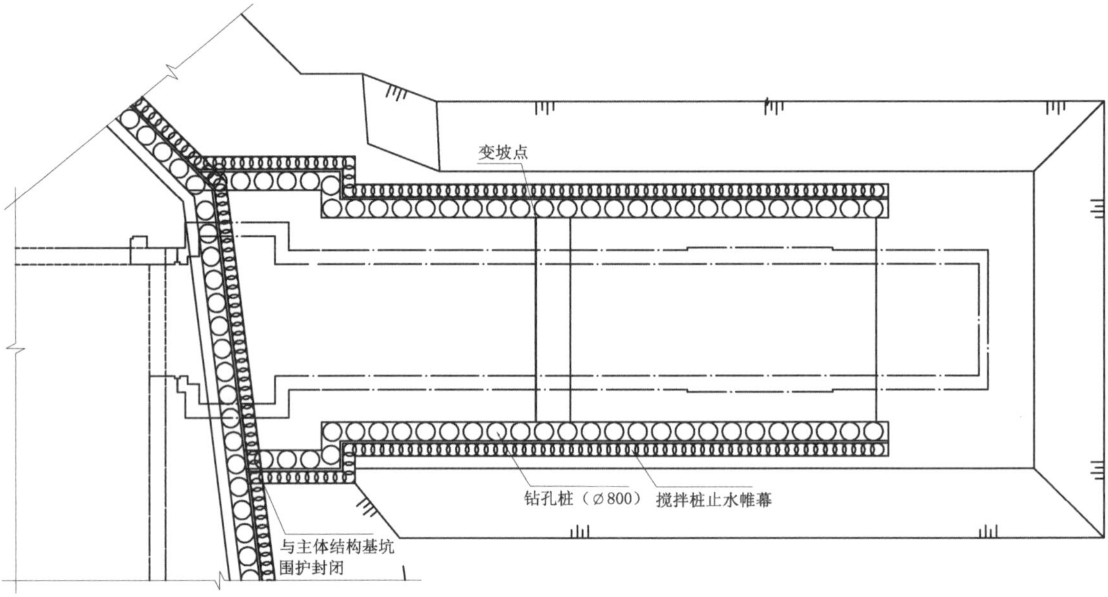

图 5－5　A 出入口基坑支护结构平面

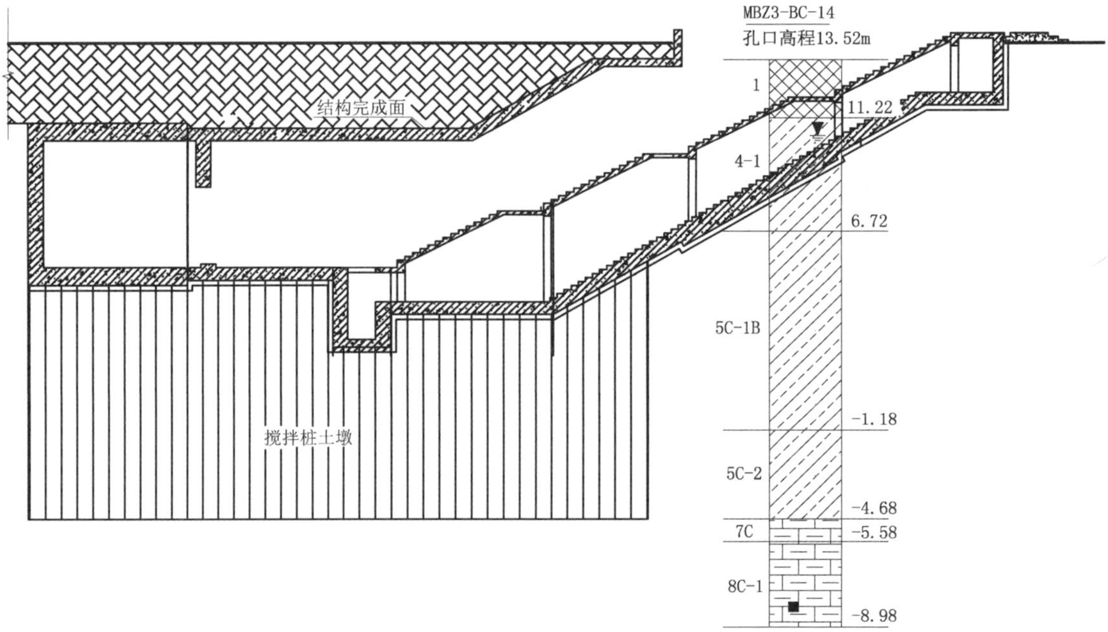

图 5－6　A 出入口下方地基采用搅拌桩加固处理（原设计图纸，最后未实施）

5.1.2　深基坑基本情况

邻近的深基坑开挖深度约为19.85 m，基底标高为-6.35 m，基坑外侧标高为13.5 m。基坑北侧紧邻A出入口结构，基坑与A出入口的最小水平净距离约为6.8 m，A出入口结构底板标高约为3.4 m，比基坑基底浅约9.8 m，如图5-7、图5-8所示。

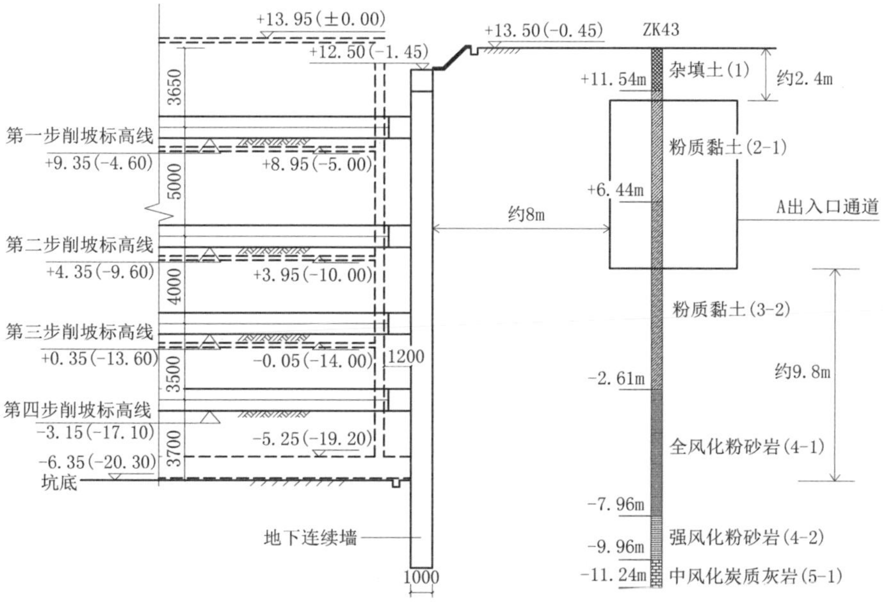

图5-7　基坑北侧靠近A出入口电梯部位的剖面图

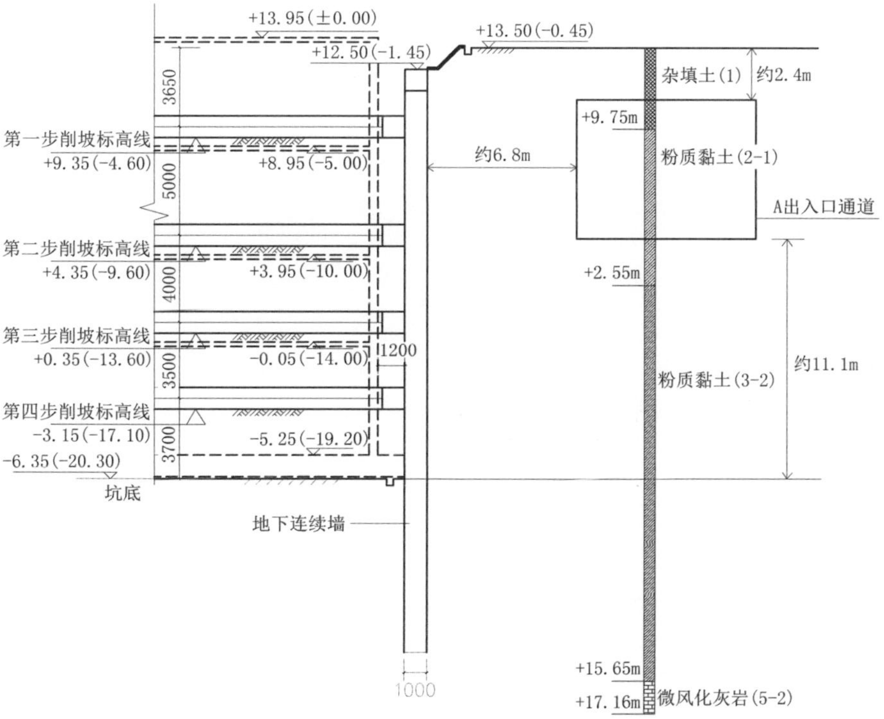

图5-8　基坑东北侧靠近A出入口人防部位的剖面图

5.1.3 工程地质条件

从图 5－9 可知：A 出入口结构下方存在深厚的黏土地层。覆盖层自上而下依次为人工填土层、粉质黏土层以及岩层，A 出入口结构主要在粉质黏土层，基坑大部分处于粉质黏土层。

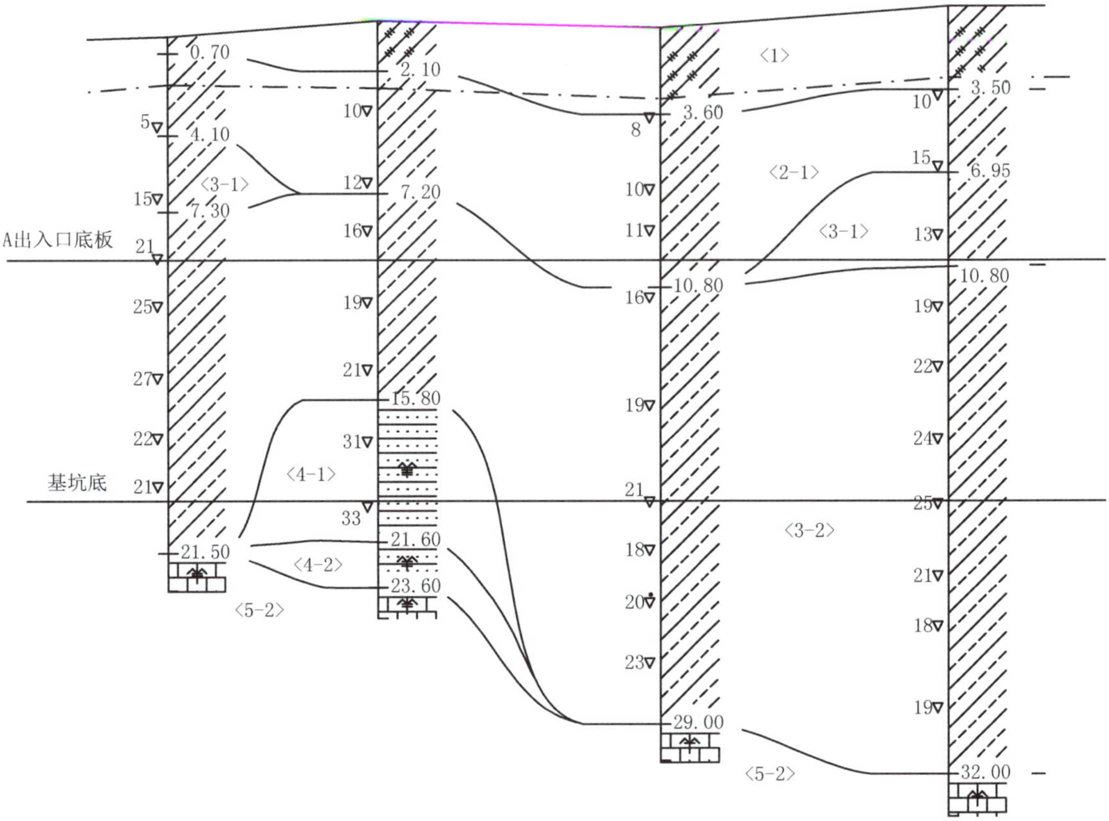

〈1〉人工填土层；〈2－1〉粉质黏土层；〈3－1〉粉质黏土层；〈3－2〉粉质黏土层以及岩层；〈4－1〉粉质黏土层；〈4－2〉粉质黏土层；〈5－2〉残积土层

图 5－9 紧邻 A 出入口基坑北侧的工程地质剖面

5.2 A 出入口主要病害情况

1. 变形缝部位严重水平错位

GB 50108—2001《地下工程防水技术规范》中的强制条款规定：用于沉降的变形缝其最大允许沉降差值不应大于 30 mm。当计算沉降差值大于 30 mm 时，应在设计时采取措施。A 出入口与地铁车站主体结构之间的变形缝部位目前已出现了严重水平错位，如图 5－10～图 5－12 所示。

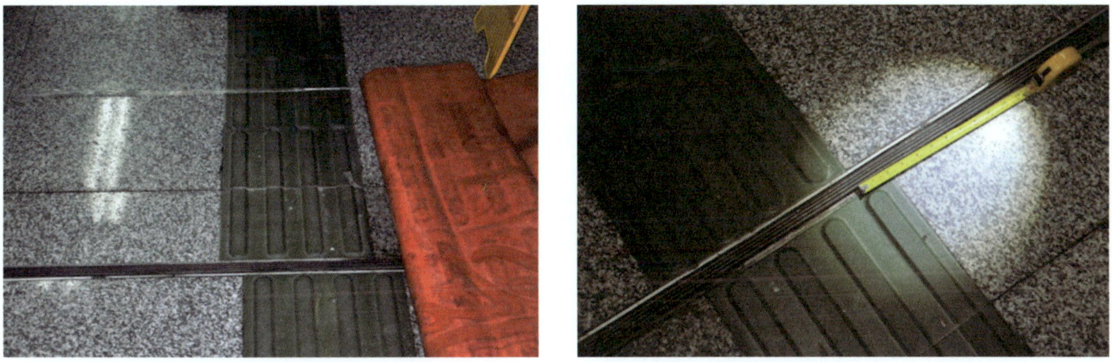

图 5－10　变形缝部位盲人导向带水平错位的典型照片

图 5－11　变形缝部位侧墙水平错位的典型照片

图 5－12　变形缝部位踢脚错位的典型照片

现场调查发现：盲人导向带水平错位约为 50 mm；侧墙下方部位水平错位约为 30 mm，侧墙 2. 5 m 高处的水平错位约为 52 mm；结合 A 出入口结构横断面尺寸，假定 A 出入口结构发生刚性转角，则可推算出结构顶板部位的水平错位约为 72 mm。变形缝部位的水平错位已大于变形缝的最大允许控制值 30 mm，将可能严重影响变形缝部位的长期密封防水性能。

2. 变形缝附近地面通道明显隆起

变形缝附近的地面通道出现了明显的隆起现象，将影响行人行走的舒适度。如图 5－13 所示。

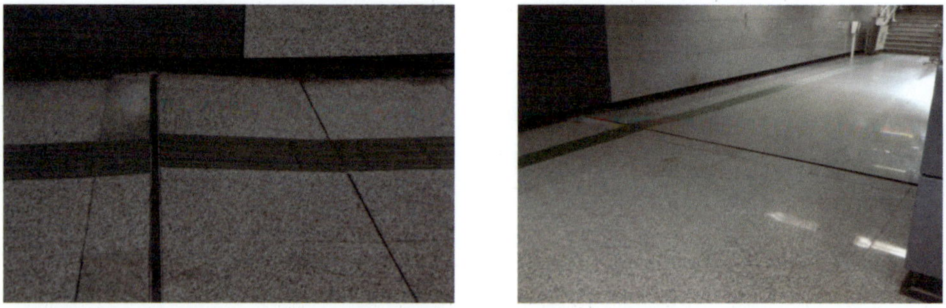

图 5－13　变形缝附近部位地面通道明显隆起的典型照片

3. 变形缝附近侧墙混凝土结构保护层严重剥落

变形缝附近侧墙混凝土结构保护层出现了严重的剥落现象，如图 5－14 所示。若变形缝附近的顶板结构出现保护层剥落现象，则将严重威胁到行人安全。

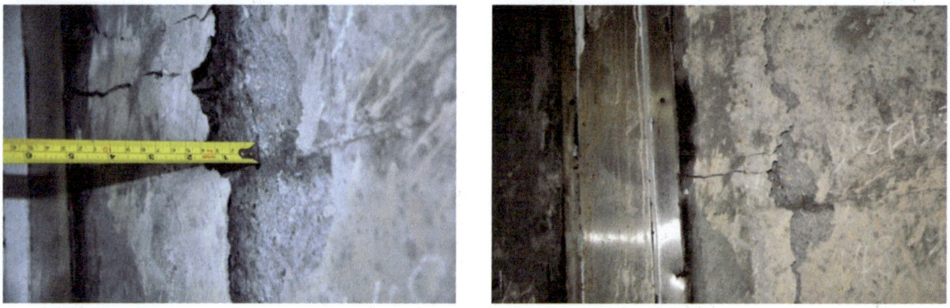

图 5－14　变形缝附近侧墙混凝土结构保护层严重剥落的典型照片

4. 变形缝密封胶和衬垫板严重脱落

变形缝侧墙部位的密封胶和衬垫板发生了严重的脱落现象，如图 5－15 所示。若变形缝顶板部位的密封胶和衬垫板发生脱落，也将威胁到行人安全。

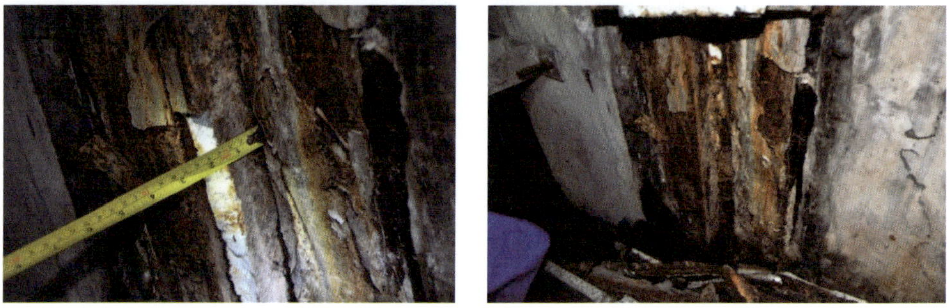

图 5－15　变形缝部位密封胶和衬垫板严重脱落的典型照片

5. A 出入口结构明显倾斜

侧墙下方部位水平错位约为 30 mm，侧墙 2.5 m 高部位的水平错位约为 52 mm。结合 A 出入口结构横断面尺寸，如图 5－16 所示，假定 A 出入口结构发生刚性转角，则可推算出 A 出入口结构的倾斜角度约为 0.5°，结构顶板部位的水平错位约为 72 mm，如图 5－17 所示。

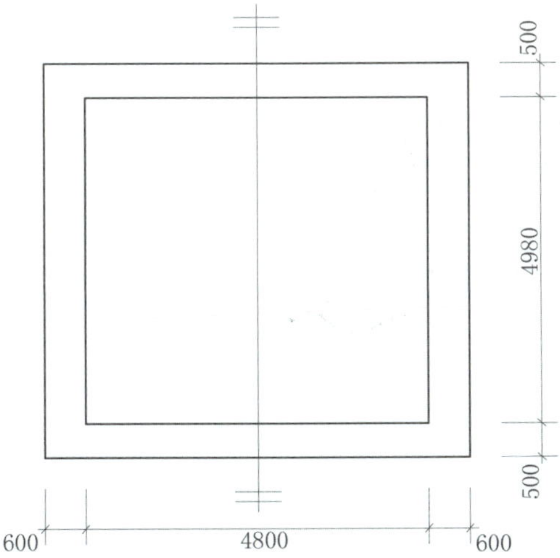

图 5－16 A 出入口结构横继面尺寸

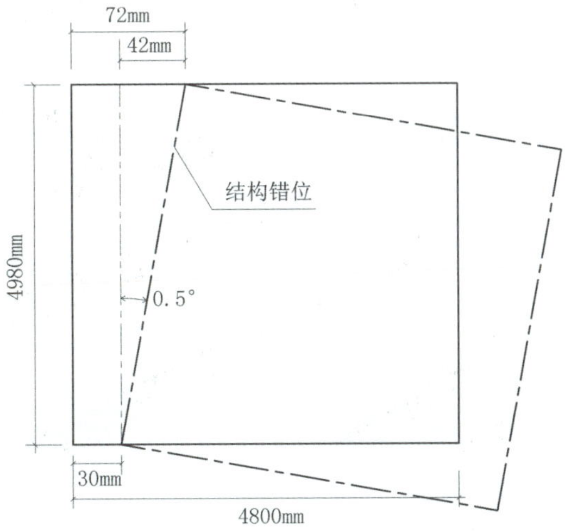

图 5－17 倾斜及水平错位计算值

6. A 出入口通道顶板下方局部脱落

图 5－18 为 A 出入口通道结构顶板下方发现的脱落部位，图 5－19 脱落下来的防水板材料，推测为当时顶板浇筑混凝土时在顶板下方预留下的小块防水板。

图 5－18 A 出入口顶板下方的脱落部位

图 5－19 A 出入口顶板下方脱落的材料

7. A 出入口地面的病害现象

A 出入口地面出现的主要病害现象，如图 5－20 所示。

（a）入口处台阶部位发生错位　　（b）入口部位过大沉降

（c）地面开裂现象　　（d）围墙开裂

图 5－20　地面出现的主要病害现象

5.3　诱发 A 出入口病害的主要原因分析

通过开展 A 出入口周边施工情况调查、相关监测数据分析、深基坑施工影响的三维模拟分析、水位下降诱发沉降计算等，探讨了诱发 A 出入口病害的主要原因。

5.3.1　A 出入口周边施工情况调查

图 5－21 为近年来地铁车站 A 出入口场地的周边状况。截至 2013 年 8 月 8 日的现场调查，基坑东北角区域目前已开挖至基底并完成地下室底板浇筑，正准备拆除下方的第四道支撑，以方便施作地下室结构，现场施工进展照片如图 5－22 所示。基坑东侧正在拆除上方的第一道支撑，如图 5－23 所示。

远离 A 出入口的东侧基坑正在进行桩基础施工，并准备浇筑靠近地铁隧道侧的角撑。A 出入口北侧近期未发现有施工作业。

5.3.2　相关监测数据分析

1. 监测点布置

图 5－24 为出入口及紧邻的基坑东北侧监测平面布置图。其中，CX5 和 CX4 为地连墙水平侧向位移监测点；SW2 为基坑北侧地下水位监测点；DW11、DW10 为出入口附近的

(a) 2010 年 10 月

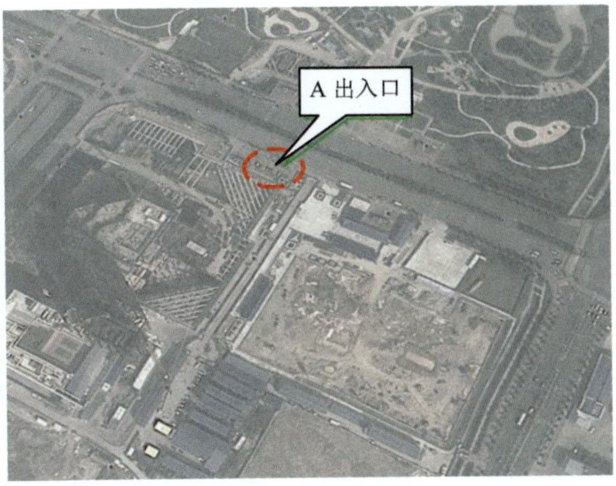

(b) 2012 年 3 月

图 5－21　近年来 A 出入口场地周边状况

图 5－22　A 出入口南侧基坑施工进展照片（2013 年 8 月 8 日）

图 5－23　基坑东侧施工进展照片（2013 年 8 月 8 日）

地面沉降位移监测点；FT9～FT16 为出入口的沉降和水平位移监测点。

2. 出入口监测数据分析

紧邻出入口的南侧基坑于 2011 年 8 月开始施工地连墙，而出入口内的监测工作是在发现其产生病害后的 2013 年 6 月底才开始进行的，因此，其监测结果仅能作为参考，不

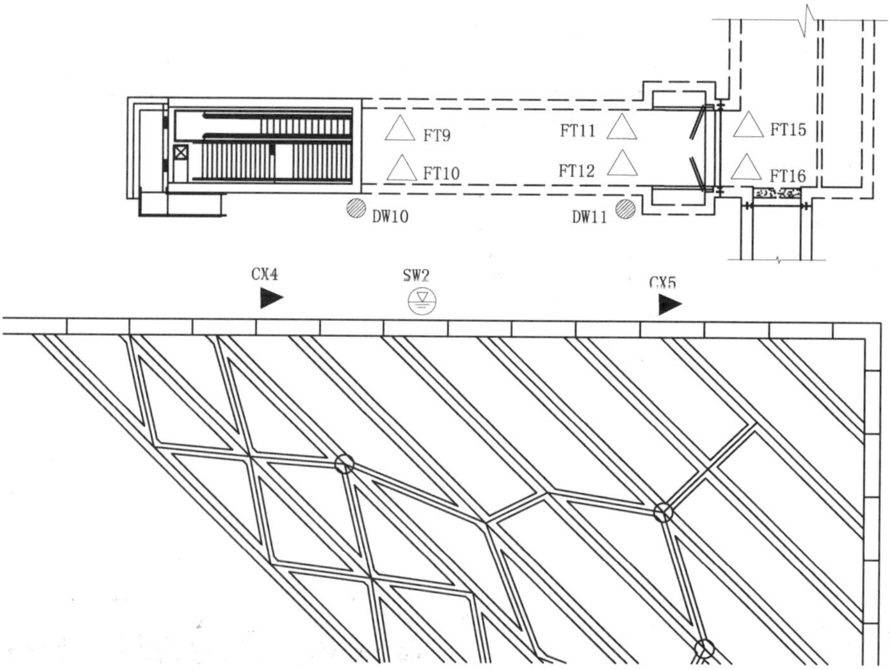

图 5－24　出入口及紧邻的基坑东北侧监测平面布置图

能完整地反映出入口在整个施工过程中的位移变化过程。

图 5－25 为出入口的水平和沉降位移曲线，从图 5－25 可知：位于车站内（即变形缝右侧）的测点的水平和沉降位移均较小，其中最大水平位移为 2.7 mm，最大沉降为－1.8 mm，这主要由于地铁车站主体结构下方设置了桩基础。而出入口内的测点的最大水平位移为 2.1 mm，竖向沉降量较大，最大沉降达到了－15.0 mm。结合现场从 2013 年 6 月至 2013 年 9 月的施工记录，可推断出入口产生较大沉降的主要原因为基坑远离出入口侧大量抽排地下水导致出入口周边地层水位下降。

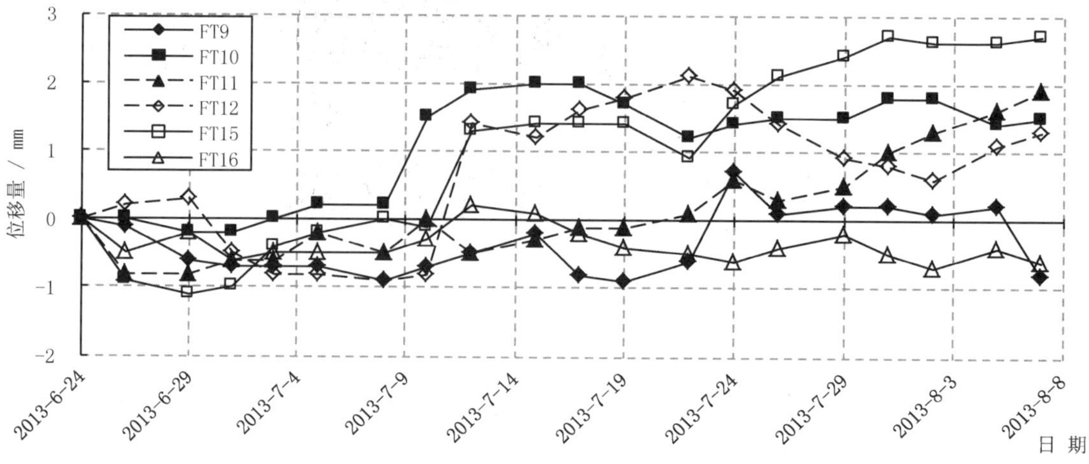

（a）水平位移

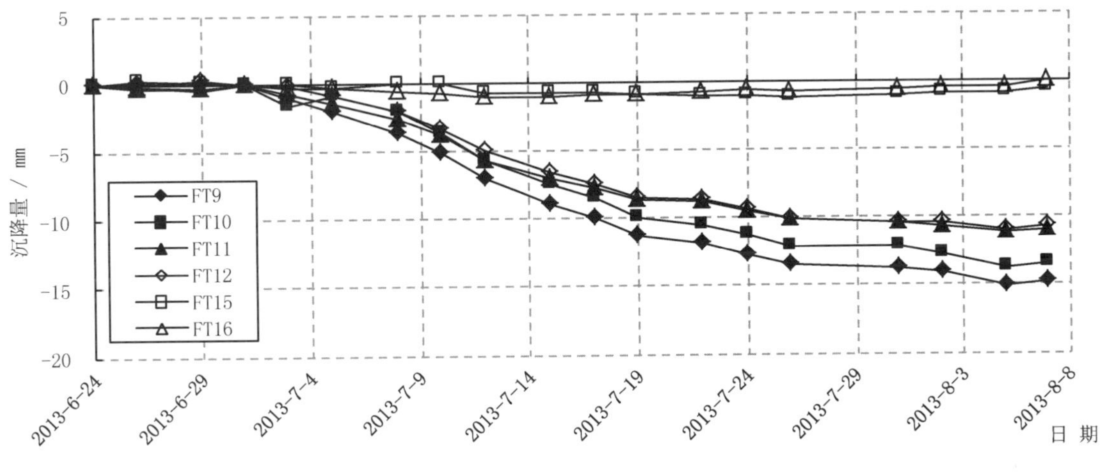

（b）沉降位移

图 5－25　出入口的水平和沉降位移曲线

3. 基坑东北侧监测数据分析

从图 5－26 可看出地连墙 CX4、CX5 测点的最大水平侧向位移分别为 16 mm、17 mm，并都位于墙顶部位。其中，出入口结构顶板对应标高位置处的最大水平侧向位移为 13 mm。

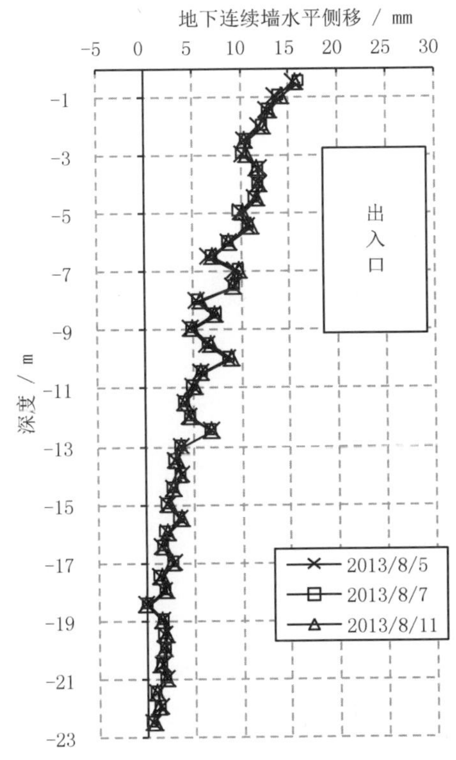

（a）CX4 测点

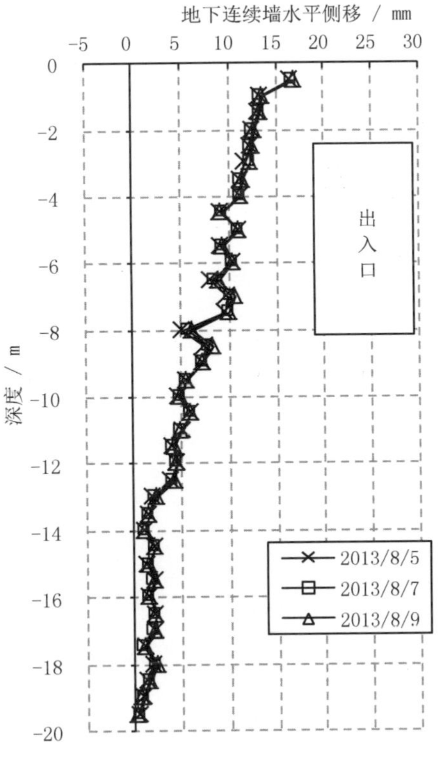

（b）CX5 测点

图 5－26　东北侧地下连续墙的水平侧向位移

由图5－27、图5－28可知：施工期间该区域地下水位的最大下降幅度为－1.2 m，最大抬升幅度为1.2 m，地面的最大沉降为－9.9 mm。

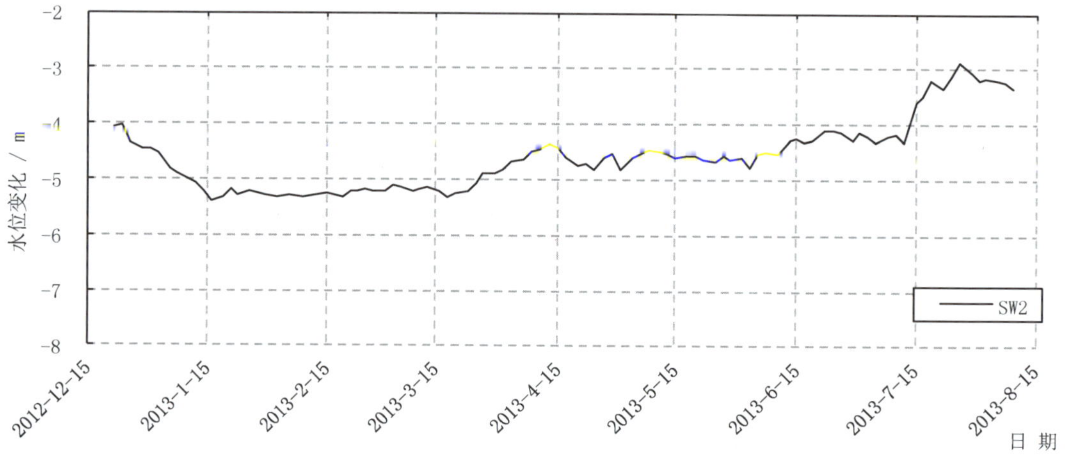

图5－27　基坑东北侧地下水位变化曲线

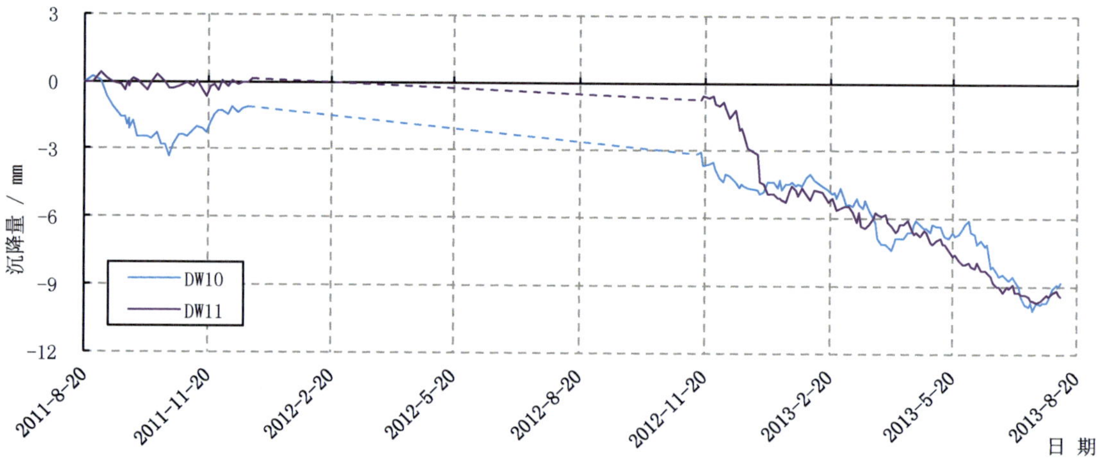

图5－28　基坑东北侧的地面沉降曲线

通过对上述出入口及基坑东北侧的监测数据的分析，地下连续墙在浇捣完成后至东北侧开挖至基底并浇筑完底板的施工过程中所产生的最大水平侧向位移仅为17 mm，该值比现场调查并推断出的出入口结构的最大水平错位值72 mm要小得多。因此，可初步判断出入口结构在地下连续墙浇捣完成前已发生了较大的水平侧向位移。

5.3.3　基坑开挖至基底并浇筑底板对A出入口位移影响的三维模拟分析

根据出入口和深基坑支护结构设计及施工特点，并结合出入口产生病害的位置，选择基坑东北角进行三维模拟分析，如图5－29所示。

东北角深基坑开挖至基底并浇筑底板施工对A出入口位移影响的三维动态施工模拟的

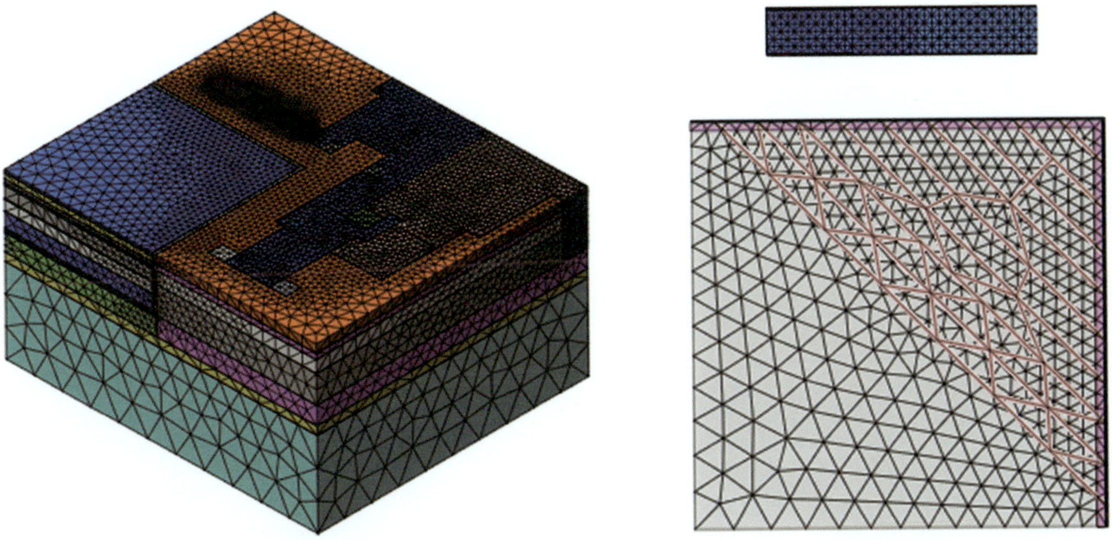

(a) 整体模型　　(b) 基坑东北角与出入口位置关系

图 5－29　基坑的三维有限元整体模型

主要流程为：①场地初始应力分析；②修建地铁结构；③依次施作基坑支护结构并开挖土体至基底；④施作地下室底板（东北侧基坑目前阶段的施工进展）。

表 5－1 为基坑施工过程中基坑北侧地下连续墙和 A 出入口的水平侧向位移汇总。由表 5－1 可知：(1) 东北侧深基坑开挖至基底并完成底板浇筑时，东北侧地连墙的最大水平侧向位移为 18.2 mm，这与基坑东北侧地连墙的最大水平侧向位移的监测结果（CX4 为 16 mm、CX5 为 17 mm）较为吻合，从侧面证明了地连墙监测数据是较为可信的；(2) 深基坑开挖至基底并完成底板浇筑时，出入口的最大水平侧向位移计算值为 10.4 mm，远小于最大水平错位值 72 mm，证明了 5.3.2 节的推论是成立的。

表 5－1　北侧连续墙和 A 出入口的水平侧向位移汇总　　单位：mm

计算工况 \ 计算结果	基坑北侧连续墙	A 出入口
施作第三道支撑	－18.0	－9.0
施作第四道支撑	－18.2	－10.3
施作地下室底板	－18.2	－10.4

5.3.4　地连墙施工对 A 出入口影响的三维模拟分析

靠近 A 出入口的基坑东北侧采用地连墙围护结构，地连墙施工可能对出入口造成一定的影响。为此，建立了出入口与紧邻侧地连墙的三维有限元计算模型模拟了地连墙正常施工对出入口的影响，如图 5 - 30 所示。

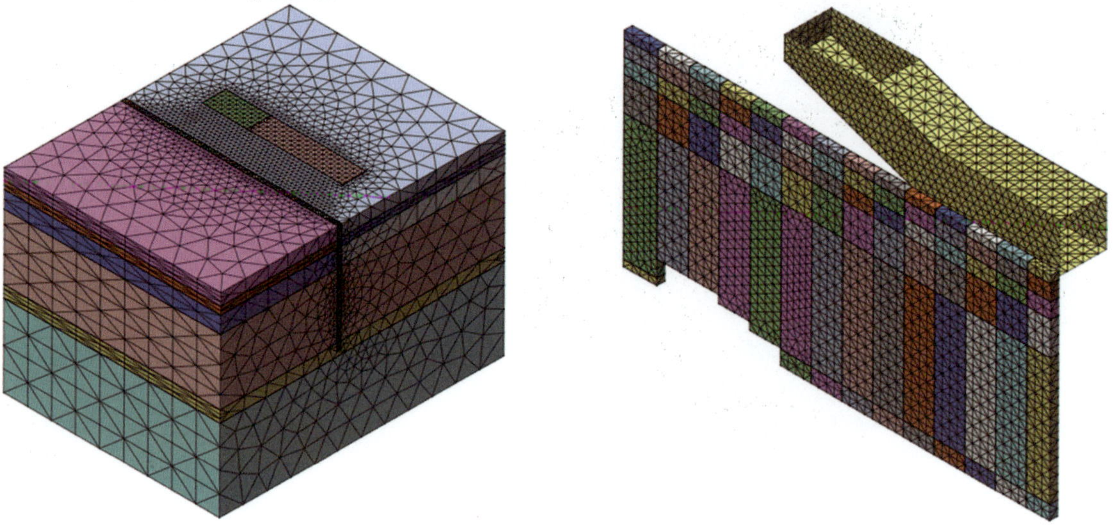

（a）整体模型　　（b）连续墙与出入口空间位置

图 5 - 30　地连墙与出入口的三维有限元模型

地连墙成槽、浇捣施工对出入口影响的三维动态施工模拟的主要流程为：场地初始地应力分析；施作出入口结构；第一段地连墙成槽（槽段长度为 4 m，宽度为 1 m）；进行第一槽段地连墙混凝土浇筑；第二段地连墙成槽；进行第二槽段地连墙混凝土浇捣；按上述顺序依次成槽、浇捣其他槽段的地连墙。通过数值计算，得到地连墙成槽、浇捣施工过程中出入口的最大总位移为 0.8 mm。

因此，认为正常的地连墙的成槽、浇捣施工过程诱发出入口的总位移可控制在 1.0 mm 以内，不是诱发出入口产生病害的主要原因。

表 5 - 2　地连墙施工过程 A 出入口的最大位移量　　单位：mm

计算结果	A 出入口的最大位移量		
	水平位移	竖向位移	总位移
施工完成第十四段槽段	0.54	-0.47	0.72

注：“+”表示出入口水平位移；“-”表示出入口竖向沉降。

5.3.5　地连墙成槽施工扰动锚索的概念分析及三维模拟计算分析

根据 5.3.4 节地连墙正常的成槽、浇捣施工对出入口结构位移影响的数值模拟结果以及地连墙成槽过程未坍塌的施工记录，同时结合基坑东北侧地连墙与出入口原支护结构间的相对位置关系，可基本推定地连墙成槽施工扰动锚索是诱发出入口产生过大位移的主要原因。

1. 地连墙成槽施工扰动锚索的概念分析

基坑北侧地下连续墙距离 A 出入口较近，地下连续墙成槽施工将不可避免地扰动 A 出入口原基坑支护结构中的预应力锚索，且主要扰动范围为锚索的自由段，将诱发 A 出入口支护桩朝基坑侧发生一定程度的水平侧向位移，如图 5－31 所示。

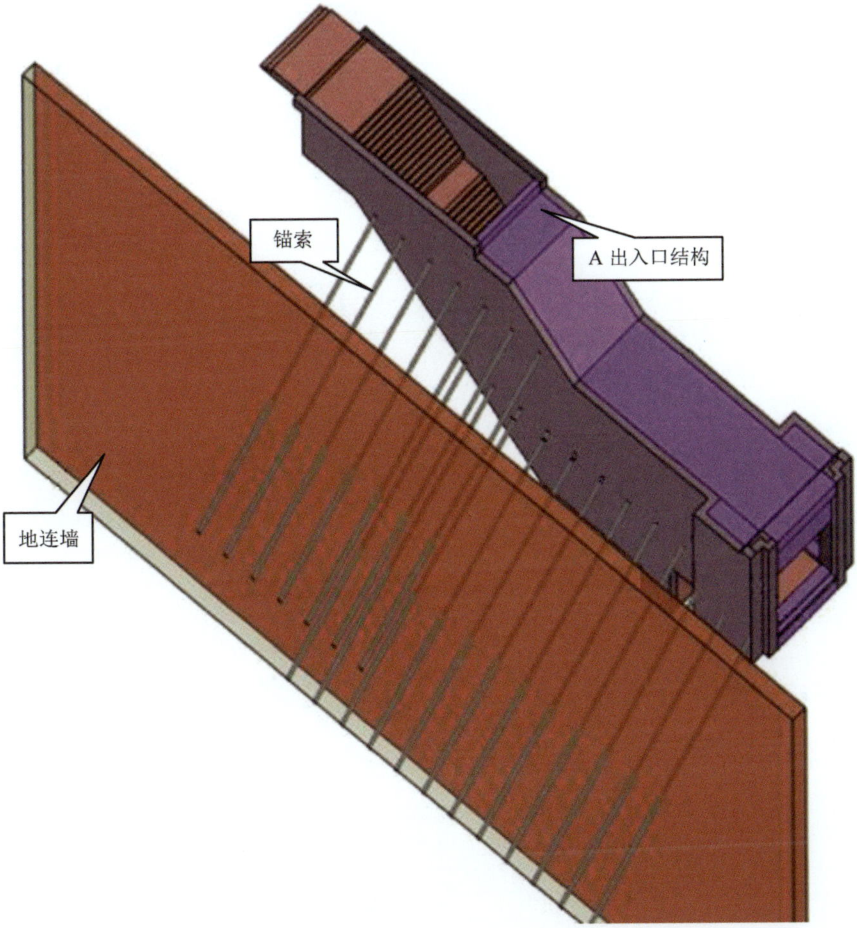

图 5－31　A 出入口原基坑支护结构中的锚索与地连墙关系效果图

在悬臂桩、桩＋一道预应力锚索、桩＋二道预应力锚索支护形式下，地连墙成槽施工扰动锚索对 A 出入口的位移影响，将是问题的关键所在。从图 5－32 的概念图可知：在地下连续墙成槽施工过程中，成槽机械必定会拽拉锚索的自由段，导致 A 出入口原基坑南侧支护桩扰动，并朝基坑侧发生水平侧向位移，导致原支护桩与 A 出入口结构之间的回填土发生松动甚至可能脱空现象，因此，A 出入口结构在其北侧土压力的水平推动作用下，将朝基坑方向发生一定程度的水平侧向位移，且原基坑设置的锚索越多，产生的不利影响将越大，因此，导致 A 出入口与地面连接部位的水平侧向位移较小，A 出入口与通道变形缝连接部位的水平侧向位移较大。

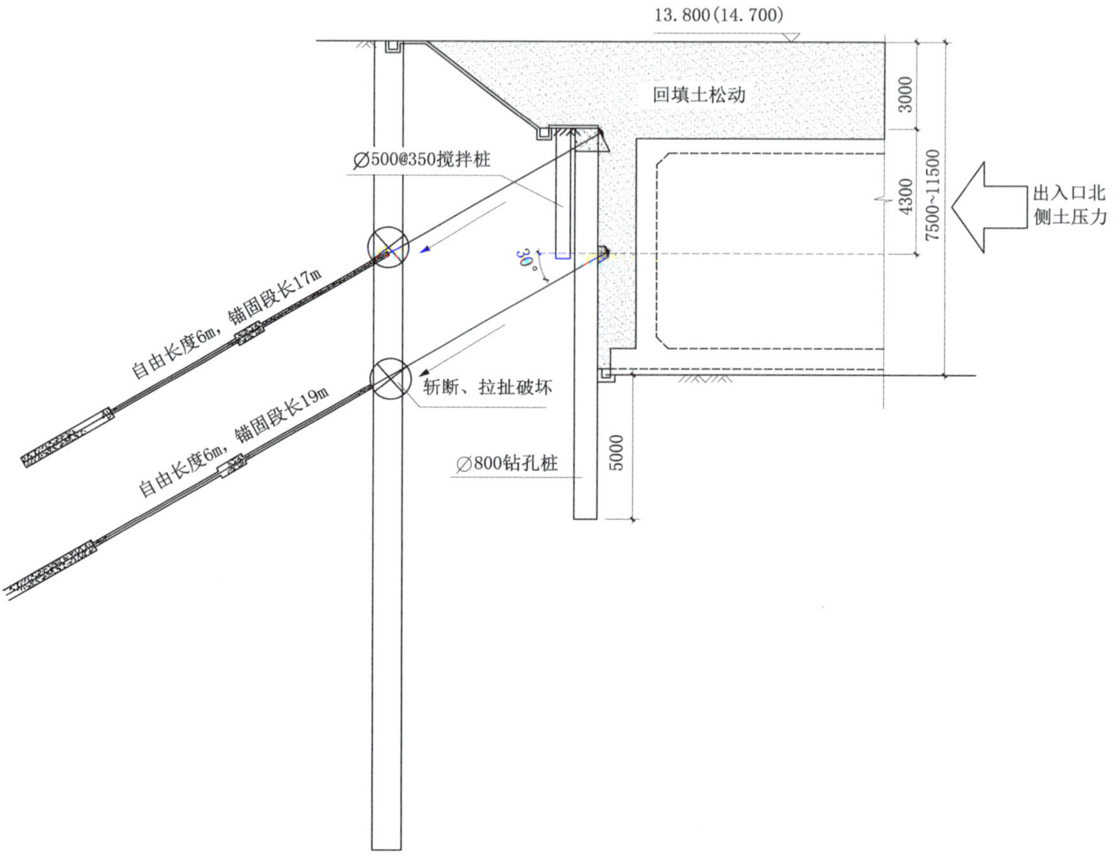

图 5－32　桩＋二道锚索支护形式下地连墙成槽对 A 出入口位移影响概念图

2. 地连墙成槽施工扰动锚索的数值模拟分析

鉴于在地下连续墙成槽施工过程中可能产生对 A 出入口原基坑南侧支护桩扰动，导致原支护桩与 A 出入口结构之间的回填土发生松动甚至可能脱空现象，因此，针对 A 出入口结构及原基坑支护结构特点及施工特点，采用三维有限元软件模拟回填土发生严重脱空对地铁车站 A 出入口结构所产生的不利影响，重点分析地铁车站 A 出入口结构的位移。根据 A 出入口及其原基坑支护结构的特点，建立的三维有限元计算模型如图 5－33 所示。

回填土脱空对出入口影响的动态施工模拟的主要流程有：①初始地应力分析；②施作出入口原基坑支护；③施作出入口结构；④回填土发生脱空。图 5－34 为回填土脱空时出入口的水平侧向位移云图，图 5－35 为根据计算结果得到的出入口的倾斜角分析图。

通过以上的计算分析可知：①出入口周边回填土发生脱空时，诱发出入口结构的最大水平侧向位移为 36.2 mm；②回填土发生脱空时，数值模拟计算得到出入口结构发生的转角为 0.5°，与现场实测结果一致，表明数值计算结果具有较强的可信度。

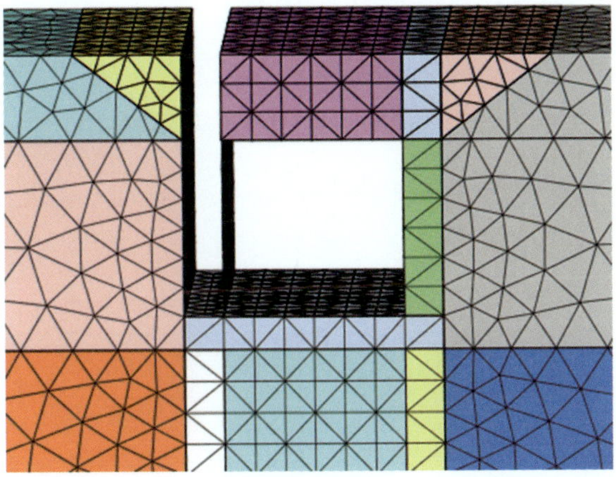

图 5－33　回填土发生严重脱空时 A 出入口位移预测的三维模拟模型

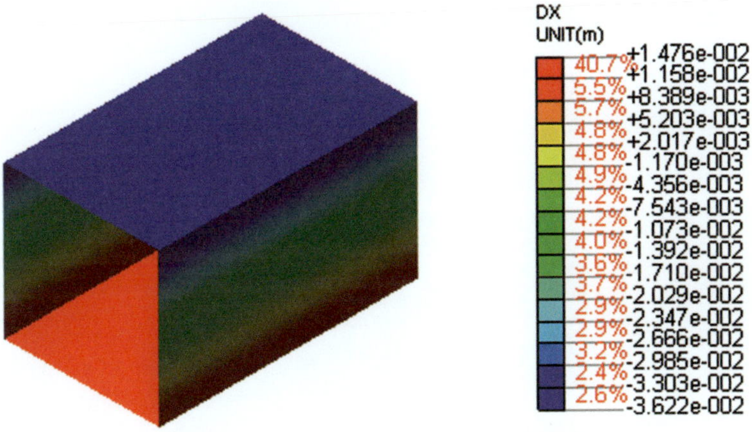

图 5－34　出入口结构的水平侧向位移云图

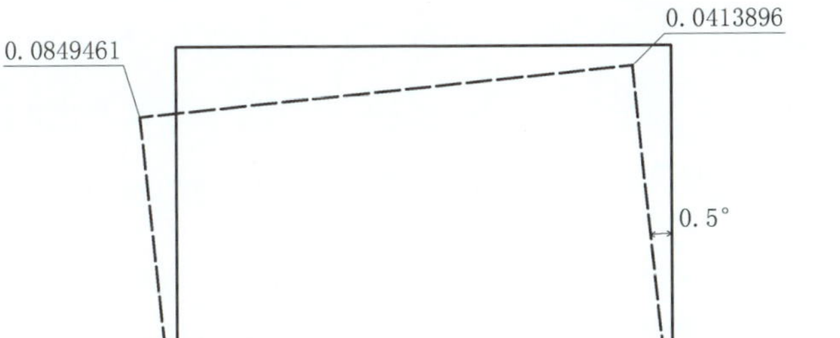

图 5－35　出入口的倾斜角分析

5.3.6 水位下降诱发 A 出入口沉降的计算分析

深基坑施工将诱发周边区域地层水位下降，可能导致出入口下方土体发生压缩变形，从而产生沉降。为此，根据出入口的相关设计及周边的工程地质情况，针对其下方地层采用搅拌桩加固处理和未进行地基处理的两种情形，对比计算了不同水位下降幅度时的沉降量。如表 5－3 所示。

表 5－3　水位下降诱发 A 出入口的沉降量

计算结果 加固与否	水位下降 1.0 m	水位下降 2.0 m	水位下降 4.0 m
采用搅拌桩加固处理（mm）	1.6	3.2	6.4
未进行地基处理（mm）	13.3	26.6	52.3

进行水位下降诱发出入口结构沉降的简化计算时，作如下假设：

（1）近似认为出入口结构的沉降量等于下方土体的压缩量；

（2）水位下降造成地铁车站出入口下方单位面积上的荷载增量为：

$$\Delta\sigma = \gamma_{W}\Delta H$$

式中：ΔH 为水位下降幅度。

（3）利用下面的近似公式求土层沉降量；

$$s = \sum \frac{\Delta\sigma}{E_s}h_i$$

（4）鉴于 7 号、8 号地层压缩模量较大，可假设水位下降不引起加固层底端 7 号、8 号地层的沉降。

由水位变化的监测结果（图 5－27）可知，邻近出入口结构附近区域的地下水位最大下降了－1.2 m（鉴于地下水位监测工作比基坑开始施作地连墙的时间晚了一年半，因此，该监测结果的真实性值得商榷），根据表 5－3 中的结果，可推断此时出入口结构产生的沉降量约为－16.0 mm。

对比出入口下方进行地基加固和未进行地基处理两种情况下沉降量的计算结果，也可看出，提前对出入口下方进行搅拌桩加固处理对于限制其后期沉降位移具有十分显著的作用。

5.3.7 小结

通过开展出入口场地周边施工情况调查、相关监测数据分析和系统的数值模拟分析，以及水位下降诱发沉降计算，推断诱发出入口结构病害的主要原因为：

（1）诱发出入口发生较大水平侧移的主要原因之一是东北角深基坑开挖施工诱发出入

口结构侧向卸载。基坑开挖至基底并完成底板浇筑施工对出入口位移影响的数值模拟分析结果表明：深基坑开挖至基底并完成地下室底板浇筑施工诱发出入口的最大水平侧向位移计算值为10.4 mm。基坑东北侧地连墙测斜的监测数据表明：紧邻出入口的地连续墙的CX4、CX5的最大水平侧向位移分别为16 mm、17 mm，其中出入口结构对应标高位置的最大水平侧向位移约为13 mm。综合以上两方面分析，认为东北侧深基坑完成底板浇筑施工诱发出入口的最大水平侧向位移应小于13 mm，这也说明造成出入口发生较大水平错位的原因不止这一个。

（2）诱发出入口发生较大水平侧向位移的主要原因之二：地连墙成槽施工过程中成槽机械拽拉锚索自由段，使出入口原基坑南侧支护桩朝基坑侧发生水平侧移，诱发原支护桩与出入口结构间的回填土发生松动，导致其在北侧水平土压力作用下朝基坑方向发生了水平侧移。地连墙成槽施工扰动锚索对出入口位移影响的数值模拟分析结果表明：出入口周边的回填土发生脱空时，诱发出入口的最大水平侧向位移计算值为36.2 mm。

（3）诱发出入口结构发生较大沉降的主要原因为区域场地的地下水位下降且出入口下方未进行地基处理。水位下降诱发出入口沉降的计算分析结果表明：出入口下方地层未进行地基处理时，水位每下降1.0 m，将诱发出入口产生的沉降量为－13.3 mm。紧邻出入口的水位监测数据表明，SW2测点的最大水位下降幅度为－1.2 m，推算最大沉降为－16.0 mm。而地面沉降测点的监测数据表明，出入口附近地面的最大沉降为－15.0 mm。

5.4　地铁保护经验及事故教训

1. 针对该地铁车站A出入口病害事故取得的主要经验

（1）第4章中已提到过该场地进行过规划上的调整，正因如此，导致该项目的基坑距离地铁车站A出入口的净距只有6.8m。因此，以后遇到类似的规划问题导致外部作业与地铁出入口结构净距较小时，应预先对出入口结构进行注浆加固，以减小其施工对出入口结构以及地铁正常运营产生的影响。

（2）本案例中的地铁车站及出入口在修建时，考虑到规划上要与周边物业间进行连接，因此在A出入口旁预留了一个合建口，确保了该项目地下室与车站进行连接施工时，不会影响到紧邻地铁车站及出入口的结构安全和正常运营。

（3）病害出现后，地铁经营单位立即要求建设单位针对A出入口进行了彻底的安全隐患排查，排除一切可能危及行人的安全隐患，如出入口通道上方的装饰、吊顶、顶板部位可能存在的脱落物件等，并及时对A出入口进行临时性修复和采取安全保护措施。同时，立即暂停了东北侧基坑的继续施工，并组织召开了多次专家会，初步分析了诱发病害的相关原因，提出了相关应急控制措施。此外，还加强了针对 A 出入口结构的相关监测工作，及时掌握了 A 出入口的位移发展情况，并在基坑的后续施工过程加强了现场巡查工作。对基坑支护结构与 A 出入口之间的土体采取注浆措施，控制了 A 出入口位移的继续发展，采用素混凝土回填东北角基坑地连墙与地下室外墙之间的施工间隙，确保有效控制 A 出入口的继续位移发展。

（4）根据项目设计和施工的特点，建设单位按照地铁经营单位的要求，计划待东北角基坑和地下室施工完成后，或在项目通道合建施工完成后，再综合考虑对 A 出入口变形缝部位进行彻底的修复和治理，以确保变形缝部位的长期密封防水性能。

鉴于地铁出入口结构属于车站附属结构，浅埋出入口结构的安全问题一直未能引起足够的重视。这次事故也给我们敲响了警钟，告诫以后再遇到类似情况时，必须加强出入口的日常检查，同时还应要求建设单位工前制定相关的专项保护措施和应急预案，以确保地铁出入口结构的安全。

2. 针对本次地铁车站出入口的病害事故得到的几点教训

（1）根据政府相关部门于地铁出入口修建时的控制规划方案，地铁周边区域定位为绿地，因此，出入口在建设过程未实施设计图纸中的地基加固处理方案。然而，规划方案调整后，地铁周边进行了物业大开发，导致深基坑与地铁出入口之间的退让距离较小，同时由于下方地基未进行地基加固处理，给地铁出入口的保护带来了巨大压力和难度。

（2）地连墙施工过程中未及时针对出入口开展相关监测工作，从而未能及时有效地预防和控制出入口病害的发生和发展。同时，基坑的监测数据不能完整、准确地反映基坑整个施工过程中区域场地的地下水位变化，也给准确分析诱发出入口病害的原因带来了困难。

（3）东北角基坑支护设计方案中没有充分意识到地连墙成槽施工过程中斩断原支护结构中的预应力锚索可能诱发对出入口的位移影响，未能在工前采取注浆措施补偿出入口与原支护桩间可能发生松动的回填土体。

（4）基坑支护设计方案中未能采取有效的措施，以控制基坑施工诱发的区域地层水位的下降。

（5）地铁设施监控过程中未及时发现出入口出现的位移过大情况，从而错失了及时控制出入口位移继续发展的最佳时机。

第6章　软土地区某基坑施工诱发地铁盾构隧道病害事故案例

受邻近深基坑施工影响，某已贯通尚未铺轨的地铁区间盾构隧道出现了管片开裂、隧道渗漏水等病害。事故发生后，地铁经营单位等各方立即组织应急抢险，在隧道内架设了钢支撑作为临时加固措施，暂停了邻近基坑的继续施工，对基坑进行了部分回填，并在隧道位移稳定后对病害严重区段的隧道进行了钢板衬加固，确保了地铁隧道的结构安全和地铁的开通运营。

6.1　工程概况

6.1.1　深基坑基本情况

某软土地区深基坑开挖诱发邻近地铁隧道发生了较大的位移和隧道病害。图6－1为紧邻地铁隧道侧的C1—5、C1—6及C1—7地块平面关系图。在该区域最初的基坑设计中，将C1—6及C1—7地块合并为一个基坑，基坑开挖深度约为11 m，采用钻孔桩＋两道内支撑支护结构，支护结构总平面如图6－2所示。C1—5地块基坑支护也采用钻孔排桩＋两道内支撑支护结构，基坑开挖深度约11 m，支护结构平面如图6－3所示。

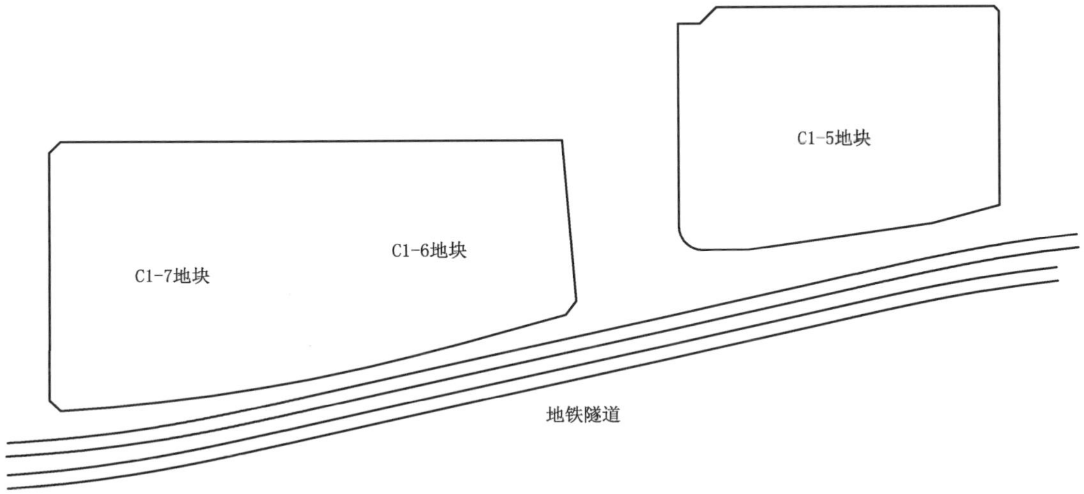

图6－1　紧邻地铁隧道的C1—5、C1—6及C1—7地块的平面关系

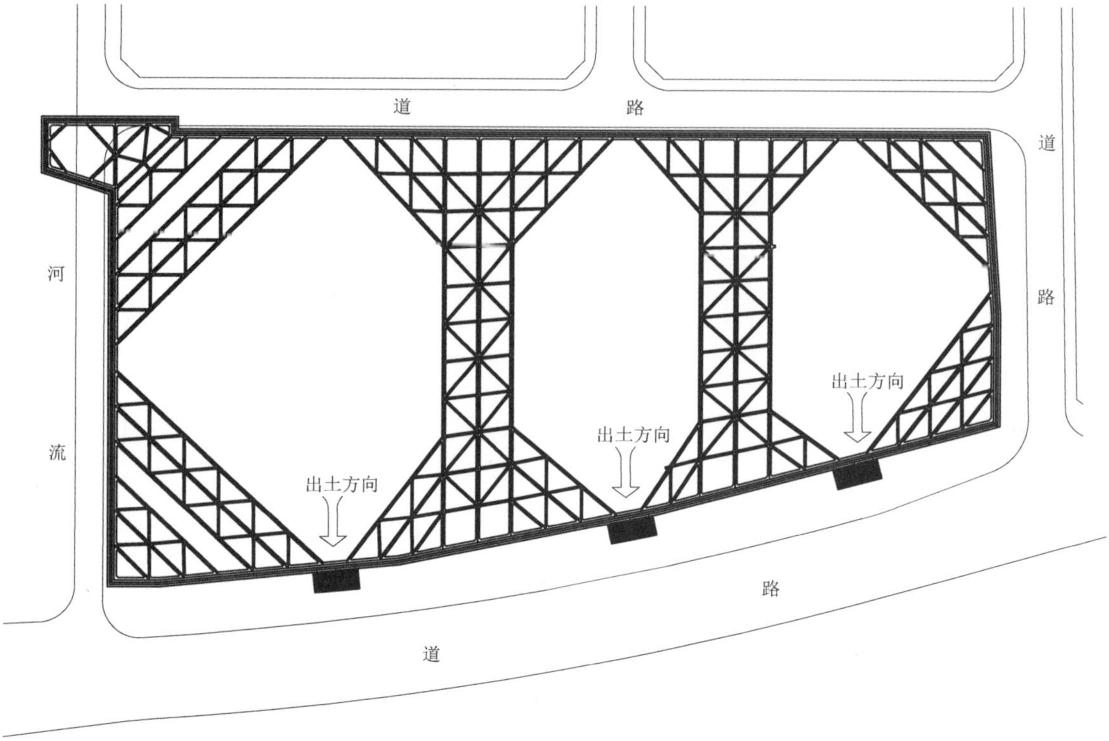

图 6－2　C1—6、C1—7 地块基坑支护结构总平面

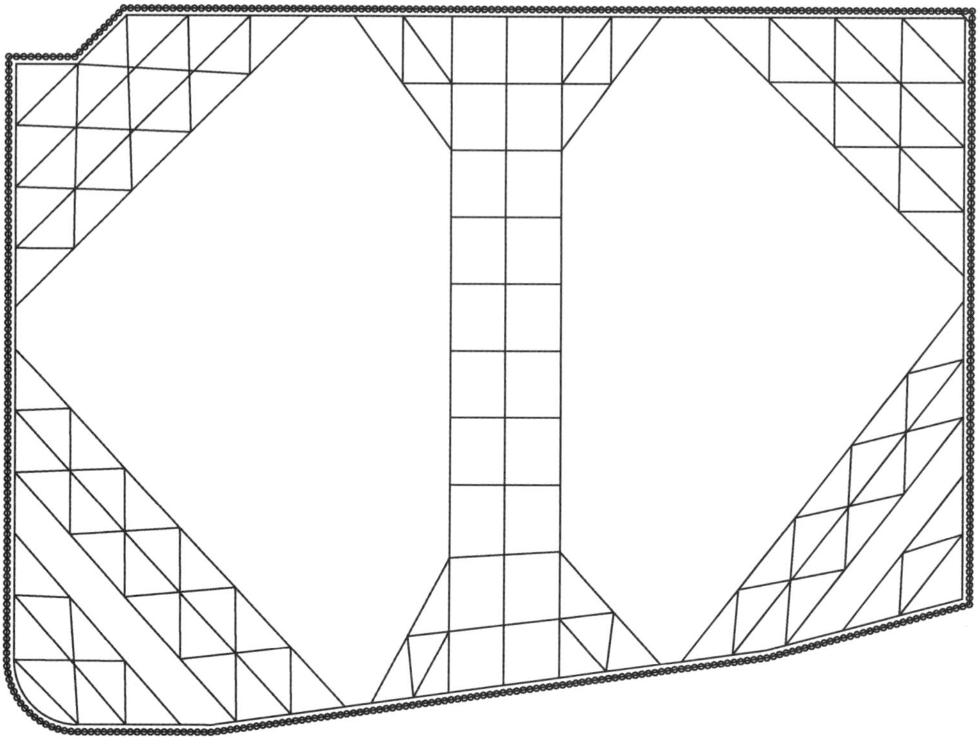

图 6－3　C1—5 地块基坑支护结构平面

C1—6、C1—7 地块基坑开挖过程中（C1—5 地块基坑尚未开挖），紧邻地铁隧道出现了管片破损、管片开裂、隧道渗漏水等病害，为控制地铁隧道病害的继续发展，经过专家论证，多次对在施工的 C1—6、C1—7 地块和尚未施工的 C1—5 地块的基坑支护结构形式进行了调整，同时对紧邻隧道侧的土体进行了被动区加固。如图 6－4 ～图 6－7 所示。

图 6－4　C1—6、C1—7 地块基坑施工现场

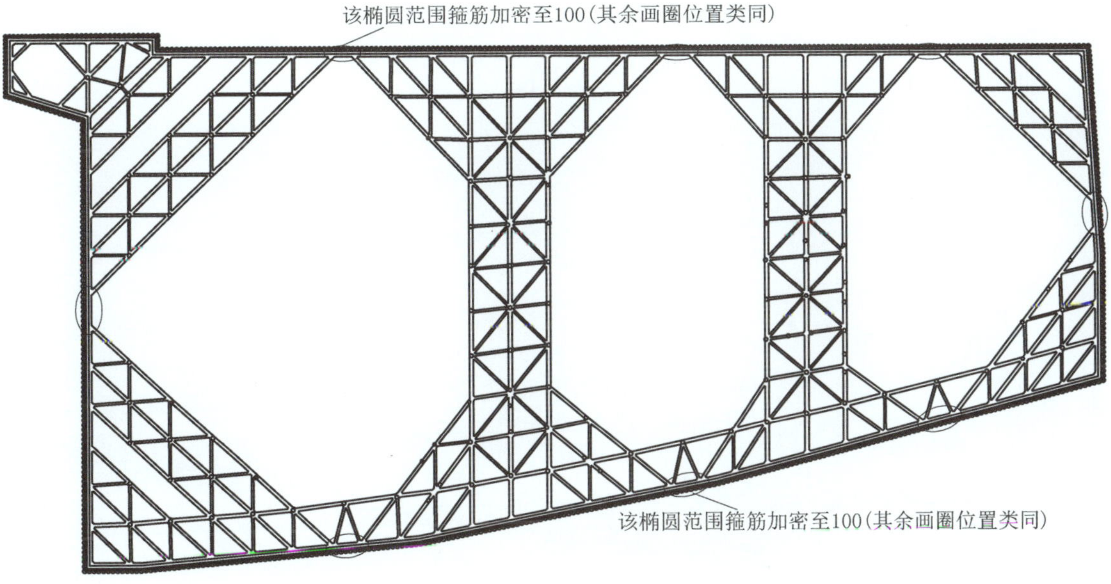

图 6－5　C1—6、C1—7 地块基坑最终支护结构平面图

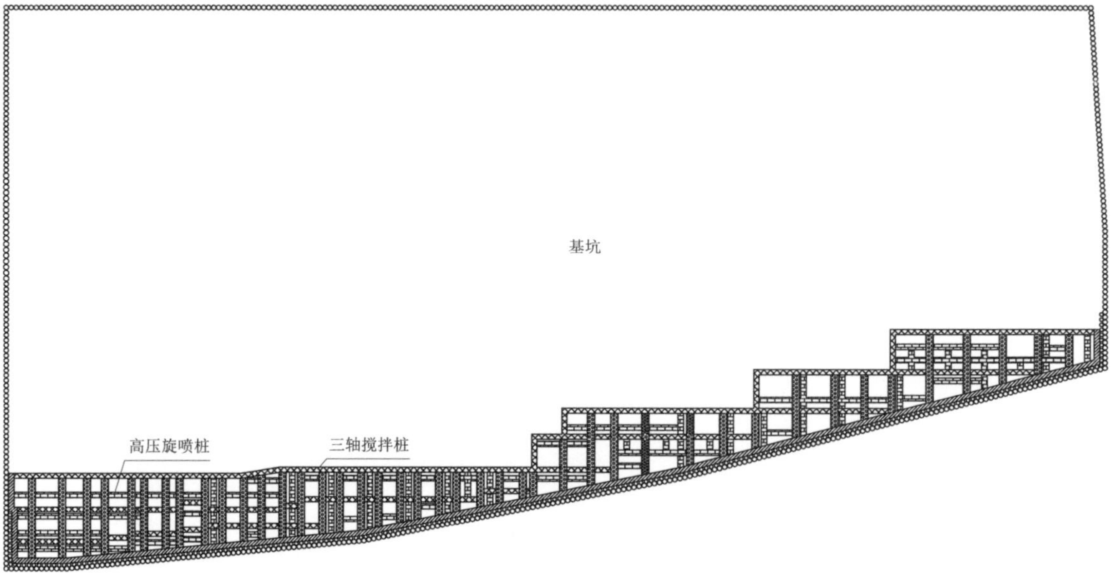

图6－6　C1—6、C1—7 地块基坑在靠近隧道侧的土体加固平面图

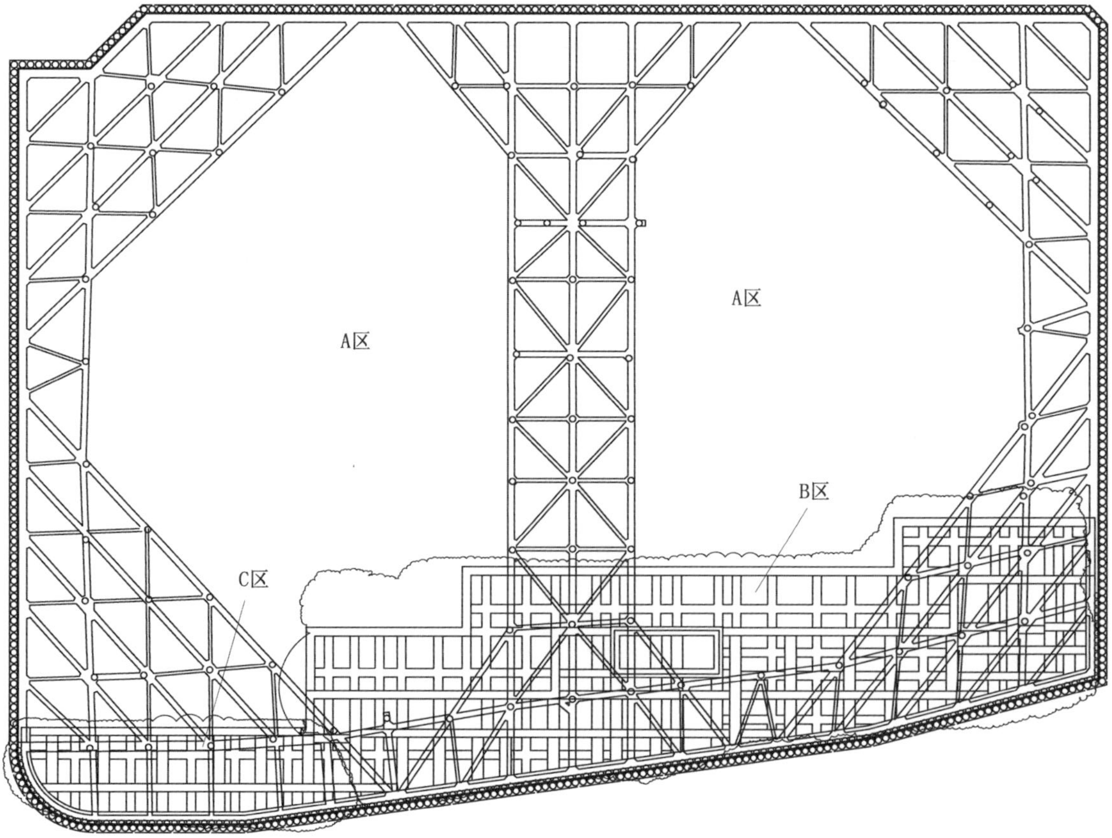

图6－7　C1—5 地块基坑最终支护及土体加固平面图

6.1.2 盾构隧道基本情况

紧邻 C1—5 以及 C1—6、C1—7 地块的地铁隧道为单洞单线圆形盾构隧道，线间距为 13 m～15 m 不等。隧道纵坡最大坡度为 25°，由于部分区间在规划道路以下，故按规划道路标高隧道埋深为 11 m～17 m，最小平面曲线半径为 600 m。

图 6－8 盾构隧道管片三维效果图

隧道采用盾构法施工，管片内径为 5500 mm，外径为 6200 mm，厚度为 350 mm，环宽为 1200 mm。每环管片纵向共 16 只 M30 螺栓，环向共 12 只 M30 螺栓。隧道采用通用楔形环错缝拼装。最小设计可拟合的曲线半径为 $R=200$ m，楔形衬砌环设计为双面楔形环，每环楔形角 20′37.59″。如图 6－8～图 6－10 所示。

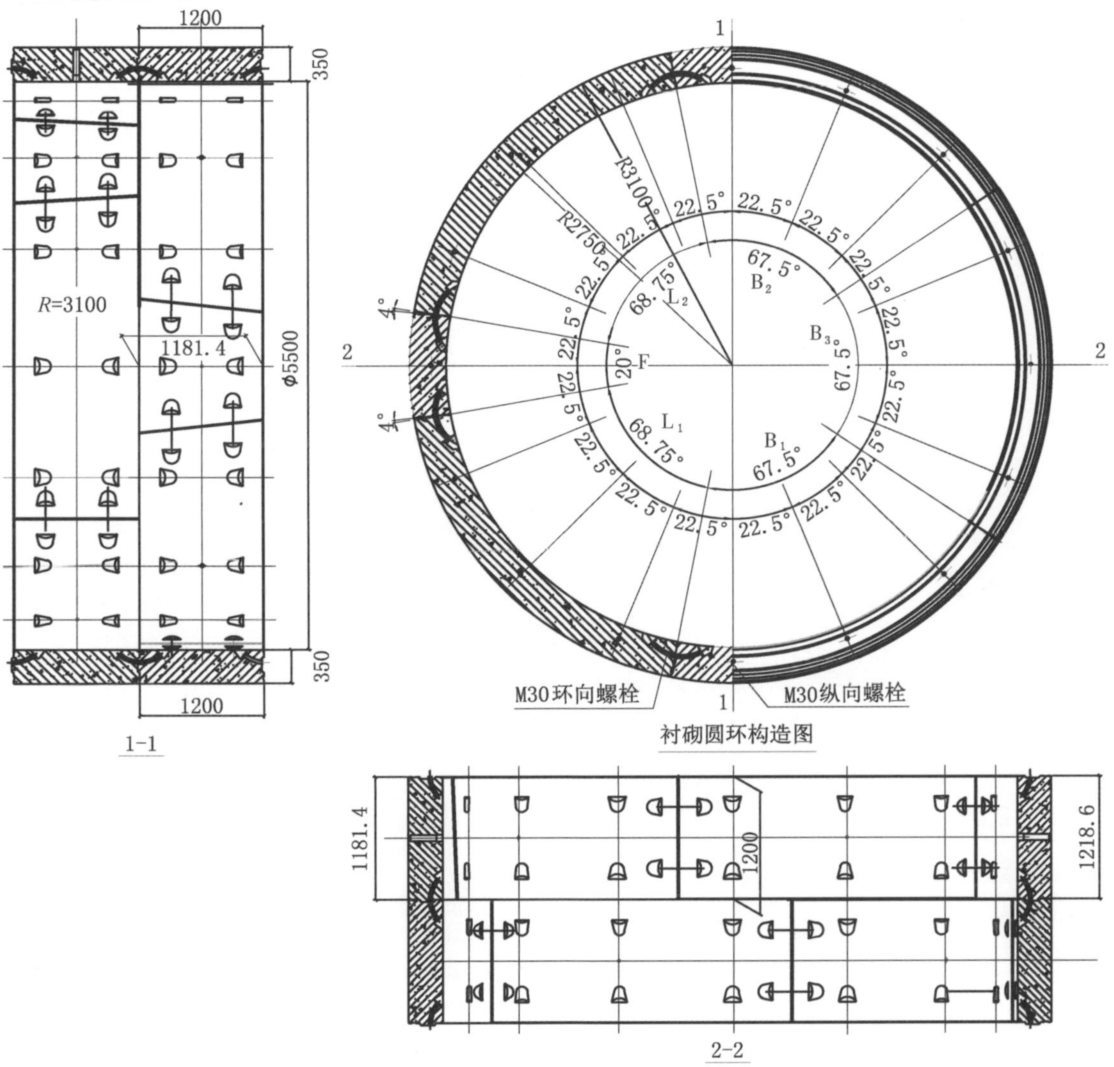

图 6－9 衬砌圆环构造图

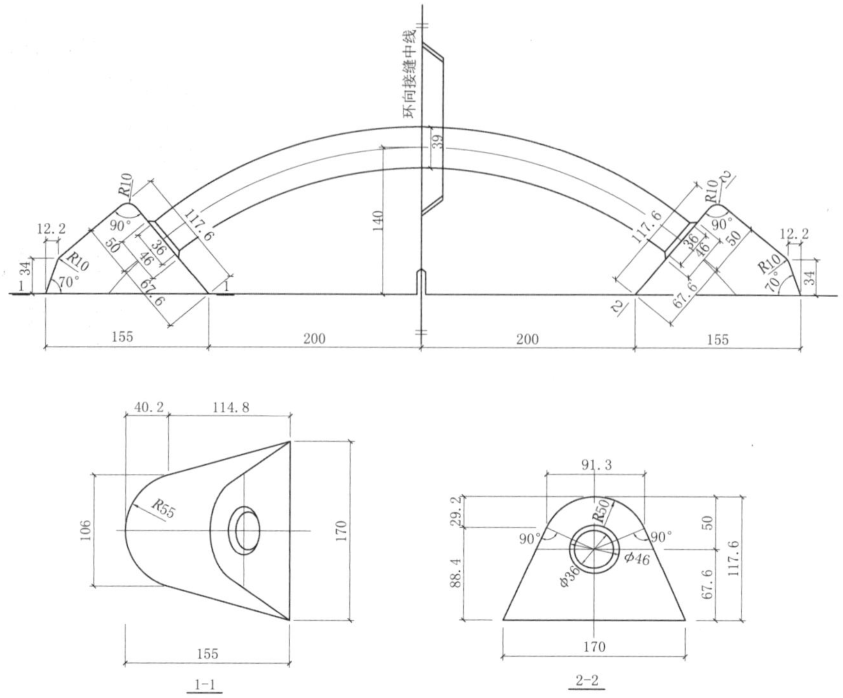

（a）环向螺栓手孔构造

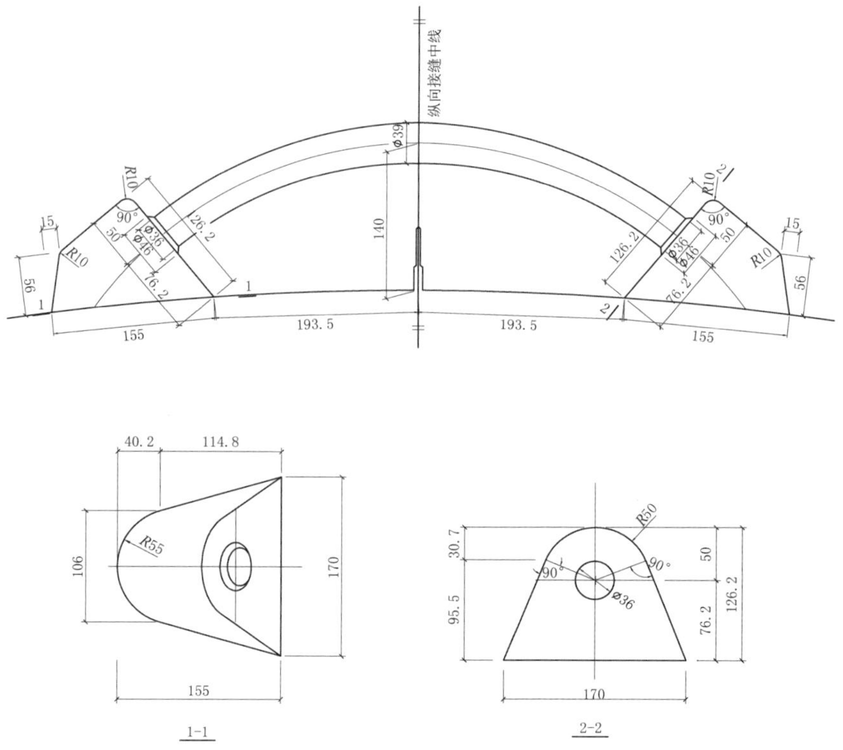

（b）纵向螺栓手孔构造

图 6－10　环向及纵向螺栓手孔构造图

6.1.3 工程地质

项目场地的地貌类型位属海相沉积平原类型，地势较为平坦，地面标高为2.40 m～3.00 m。场区的地下水由浅部土层中的潜水、砂性土中的微承压水及深部粉（砂）性土层中的承压水组成，其补给来源主要为大气降水与地表径流，其主要以蒸发形式排泄。

图6－11为项目场地的典型地质钻孔图，根据地基土成因类型、物理力学性质不同，将场地地基土划分成七大层若干亚层，其中①层为近现代人工填筑形成，②、③及④层属全新世海相沉积层，⑤、⑥和⑦层为海相、湖相沉积层，场地地基土具体的分析如下：

（1）①层细分为三个亚层：$①_{1-1}$层杂填土、$①_2$层灰黄色黏土和$①_3$层灰色淤泥质黏土。

$①_{1-1}$层杂填土：填料不均，结构松散～密实，疏密程度不一，一般厚度为1.0 m～2.0 m，填料含块石，块石粒径一般为10 cm～20 cm。

$①_2$层灰黄色黏土：俗称“硬壳层”，以软可塑状态为主，局部呈硬可塑状态，中压缩性，一般厚度为0.6 m～2.3 m，层顶埋深为0.4 m～2.2 m，层顶标高为0.22 m～2.00 m。

$①_3$层灰色淤泥质黏土：呈流塑状，高压缩性，高灵敏度，一般厚度为1.2 m～7.5 m，层顶埋深为1.6 m～4.8 m，层顶标高为－1.45 m～0.92 m。

（2）②层可划分为二个亚层：$②_{2-1}$层灰色淤泥和$②_{2-2}$层灰色淤泥质黏土。区间盾构隧道结构主要位于该层。

$②_{2-1}$层灰色淤泥：呈流塑状，高压缩性，高灵敏度，一般厚度为2.0 m～9.0 m，层位起伏相对较大，层顶埋深为5.0 m～10.0 m，层顶标高为－7.25 m～－2.49 m。

$②_{2-2}$层灰色淤泥质黏土：呈流塑状，高压缩性，高灵敏度，一般厚度为1.0 m～6.9 m，层位起伏相对较大，层顶埋深为7.0 m～15.0 m，层顶标高为－11.65 m～－4.60 m。

$①_3$层、$②_{2-1}$层和$②_{2-2}$层是本场地软土层。

（3）③层划分为二个亚层：$③_1$层灰色粉砂和$③_2$层灰色粉质黏土夹粉砂。区间盾构隧道部分基底位于此层。

$③_1$层灰色粉砂：呈稍密状态，中压缩性，一般厚度为1.7 m～5.3 m，层位相对稳定，层顶埋深为12.8 m～16.8 m，层顶标高为－14.05 m～－10.13 m。该土层含水量平均值为25.5%，孔隙比平均值为0.73，砂粒平均含量为73.5%，粉粒平均含量为17.4%，黏粒平均含量为9.1%，有效粒径d_{10}平均值为0.007 mm，d_{30}粒径平均值为0.079 mm，平均粒径d_{50}平均值为0.12 mm，限制粒径d_{60}平均值为0.13 mm，d_{70}粒径平均值为0.1 4 mm，不均匀系数C_u平均值为18.4，级配系数C_c平均值为6.9，级配属良好。

$③_2$层灰色粉质黏土夹粉砂：呈软塑状，中压缩性，一般厚度为1.6 m～6.5 m，层位

层号	岩土描述	标高(m)	深度(m)	厚度(m)
①$_{1-1}$ 杂填土	由碎石、块石、黏性土等组成，结构松散～密实但均匀不一	1.58	1.20	1.20
①$_{2}$ 黏土	灰黄色，土质均匀，切面光滑，呈油脂光泽，干强度高，韧性高，无摇震反应	0.78	2.00	0.80
①$_{3}$ 淤泥质黏土	灰色，土质不均，含少量有机质，夹薄层粉砂，切面光滑，有光泽，干强度中，韧性中，无摇震反应	-4.22	7.00	5.00
②$_{2-1}$ 淤泥	灰色，土质不均，局部为淤泥质黏土，含少量有机质，切面光滑，有光泽，干强度中，韧性中，无摇震反应	-8.22	11.00	4.00
②$_{2-2}$ 淤泥质黏土	灰色，土质均匀，切面光滑，呈油脂光泽，干强度中，韧性中，无摇震反应	-12.02	14.80	3.80
③$_{1}$ 粉砂	灰色，土质不均，夹薄层黏性土，含云母	-13.72	16.50	1.70
③$_{2}$ 粉质黏土夹粉砂	灰色，土质不均，局部粉性较重，切面较光滑，无光泽，干强度中，韧性中，无摇震反应	-18.22	21.00	4.50
④$_{1-2}$ 粉质黏土	灰色，土质不均，局部夹薄层粉土，含少量有机质，切面较光滑，无光泽，干强度高，韧性高，无摇震反应	-24.02	26.80	5.80
④$_{2}$ 黏土	灰色，土质不均，局部夹薄层粉土，含少量有机质，切面光滑，有光泽，干强度高，韧性高，无摇震反应	-28.42	31.20	4.40
⑤$_{1}$ 粉质黏土	灰绿、草黄色，含铁锰质结核，夹薄层粉土，切面较光滑，无光泽，干强度高，韧性高，无摇震反应	-31.12	33.90	2.70
⑤$_{2}$ 粉质黏土	灰黄色，土质不均，夹薄层粉土，局部为黏土，切面较光滑，无光泽，干强度高，韧性高，无摇震反应	-37.72	40.50	6.60
⑤$_{3}$ 粉质黏土与黏质粉土互层	灰黄色，土质不均，层理结构，切面粗糙，无光泽，干强度低，韧性低，摇震反应中等	-40.02	42.80	2.30
⑥$_{2}$ 粉质黏土	灰色，土质不均，夹薄层粉土，局部为黏土，切面较光滑，无光泽，干强度高，韧性高，无摇震反应	-42.32	45.10	2.30

图例比例 1:200；深度标尺(m)

取样深度(m)	W (%)	Gs	γ (kN/m^3)	e	Sr (%)	W_1 (%)	W_P (%)	I_P	I_L	a_{1-2} (MPa^{-1})	E_{S1-2} (MPa)	直剪(固快) C (kPa)	直剪(固快) ϕ (度)
2.40	44.6	2.76	17.5	1.242	99	43.0	21.7	21.3	1.08	0.80	2.80	13.9	13.0
4.50	40.0	2.74	17.8	1.108	99	38.8	20.7	18.1	1.07			15.0	12.3
6.50	52.4	2.75	16.9	1.437	100	40.8	21.8	19.0	1.61	1.07	2.28	12.5	11.7
8.50	56.2	2.76	16.5	1.566	99	44.6	23.5	21.1	1.55			10.1	10.8
10.50	54.7	2.76	16.5	1.542	98	46.3	25.6	20.7	1.41	1.27	2.00	8.8	10.9
12.60	49.6	2.75	16.8	1.406	97	42.6	23.4	19.2	1.36			11.4	11.8
14.60	51.4	2.76	16.6	1.473	96	44.1	22.6	21.5	1.34	1.19	2.08	10.9	10.6
17.00	28.2	2.72	18.8	0.816	94	28.0	17.1	10.9	1.02			18.5	20.1
19.00	27.5	2.72	18.8	0.806	93	27.2	16.9	10.3	1.03				
21.00	29.9	2.72	18.5	0.869	94	27.5	16.1	11.4	1.21			17.5	20.8
23.80	33.2	2.72	18.1	0.958	94	34.2	20.7	13.5	0.93	0.47	4.17	16.7	17.4
26.80	32.2	2.72	18.1	0.944	93	30.9	17.7	13.2	1.10			16.5	17.4
30.00	45.0	2.76	17.0	1.313	95	45.8	24.0	21.8	0.96	0.90	2.57	14.7	12.8
33.00	21.7	2.72	19.8	0.639	92	30.7	17.9	12.8	0.30			43.0	17.7
36.00	30.5	2.74	19.0	0.843	99	38.4	20.3	18.1	0.56	0.26	7.09	35.6	13.8
39.00	34.4	2.72	18.4	0.945	99	36.2	22.5	13.7	0.87			28.6	17.6
42.00	32.2	2.71	18.4	0.906	96	28.8	21.5	7.3	1.47	0.26	7.33	4.7	28.8
45.10	35.9	2.72	18.3	0.977	100	33.8	21.4	12.4	1.17			18.5	17.8

图 6－11　典型地质钻孔图

相对稳定，层顶埋深为 15.6 m～20.3 m，层顶标高为 －17.49 m～－13.12 m。

（4）④层划分为二个亚层：④$_{1-2}$层灰色粉质黏土和④$_{2}$层灰色黏土。

④$_{1-2}$层灰色粉质黏土：呈软塑状，中压缩性，一般厚度为 2.0 m～15.0 m，层位起伏

较大，层顶埋深为18.6 m～25.0 m，层顶标高为－22.07 m～－16.04 m。

④$_2$ 层灰色黏土：呈软塑状，高压缩性，一般厚度为1.2 m～13.0 m，层位起伏较大，层顶埋深为22.0 m～37.0 m，层顶标高为－35.99 m～－19.60 m。

（5）⑤层划分成三个亚层：⑤$_1$ 层暗绿色、灰黄色黏土，⑤$_2$ 层灰黄色粉质黏土和⑤$_3$ 层灰黄色砂质粉土。

⑤$_1$ 层暗绿色、灰黄色黏土：呈硬可塑状，中压缩性，层位起伏相对较大，一般厚度为1.4 m～8.5 m，层顶埋深为24.4 m～38.0 m，层顶标高为－34.65 m～－22.00 m。

⑤$_2$ 层灰黄色粉质黏土：呈软可塑状态，中压缩性，层位起伏相对较大，一般厚度为1.3 m～10.9 m，层顶埋深为31.0 m～42.0 m，层顶标高为－40.19 m～－28.58 m。

⑤$_3$ 层灰黄色砂质粉土：呈中密状，中压缩性，一般厚度为1.2 m～7.1 m，层位相对稳定，层顶埋深为33.3 m～40.6 m，层顶标高为－37.96 m～－30.53 m。

（6）⑥层细分为二个亚层：⑥$_2$ 层灰色粉质黏土和⑥$_3$ 层灰色黏土。

⑥$_2$ 层灰色粉质黏土：呈软塑状，中压缩性，一般厚度为0.5 m～5.9 m，层位相对稳定，层顶埋深为34.5 m～44.5 m，层顶标高为－42.47 m～－31.73 m。

⑥$_3$ 层灰色黏土：呈软塑状，中压缩性，层位相对起伏较大，一般厚度2.6 m～5.9 m，层顶埋深37.0 m～47.4 m，层顶标高－44.87 m～－34.23 m。

（7）⑦$_2$ 层灰色粉质黏土：呈软塑状，中压缩性，仅局部揭露。

上述各地层具体的工程特性情况如表6－1所示。

由图6－12、图6－13可以看出，区间盾构隧道直接涉及的地层有②$_{2-1}$层灰色淤泥、②$_{2-2}$层灰色淤泥质黏土、③$_1$ 层灰色粉砂、③$_2$ 层灰色粉质黏土夹粉砂和④$_{1-2}$层灰色粉质黏土，工程地质条件较为复杂。下面将就该区间盾构隧道直接涉及的地层进行详细的叙述及分析。

盾构隧道周边地层由流塑～软塑状黏性土和稍密状态的粉砂组成。②$_{2-1}$层灰色淤泥和②$_{2-2}$层灰色淤泥质黏土属于广泛分布海相沉积的厚层软土，其具天然含水量大于或等于液限，天然孔隙比大于或等于1.0，压缩性高，强度低，灵敏度高，透水性低等特点，在外力作用下易扰动且强度降低，而且往往会出现沉降长期不收敛；另外，鉴于上述土层属高灵敏度土，开挖扰动易产生结构破坏，强度降低，重新固结导致隧道产生过大沉降或不均匀沉降。③$_1$ 层灰色粉砂呈中密状态，易产生流沙。③$_2$ 层灰色粉质黏土夹粉砂和④$_{1-2}$层灰色粉质黏土呈软塑状态，隧道处在软硬不同土性地层上，盾构隧道的纵向不均匀沉降不可忽视，尤其是隧道底部下卧土层特性及分层突变处等都会有较明显的差异沉降。区间隧道所处主要地层详细的试验参数如表6－2所示。

表6－1　场地地基土特性一览表

<table>
<tr><th>土层序号</th><th>土层名称</th><th>成因类型</th><th>层厚范围（m）</th><th>平均厚度（m）</th><th>状态</th><th>压缩性</th><th>密实度</th></tr>
<tr><td>①$_{1-1}$</td><td>杂填土</td><td>人工填筑</td><td>0.4～4.8</td><td>1.96</td><td>/</td><td>/</td><td>/</td></tr>
<tr><td>①$_{2}$</td><td>黏土</td><td>冲湖积</td><td>0.6～2.3</td><td>1.15</td><td>软可塑为主</td><td>中</td><td>/</td></tr>
<tr><td>①$_{3}$</td><td>淤泥质黏土</td><td rowspan="3">海相</td><td>1.2～7.5</td><td>3.99</td><td rowspan="3">流塑</td><td rowspan="3">高</td><td>/</td></tr>
<tr><td>②$_{2-1}$</td><td>淤泥</td><td>2.0～9.0</td><td>5.33</td><td>/</td></tr>
<tr><td>②$_{2-2}$</td><td>淤泥质黏土</td><td>1.0～6.9</td><td>2.67</td><td>/</td></tr>
<tr><td>③$_{1}$</td><td>粉砂</td><td rowspan="2">冲湖积</td><td>1.7～5.3</td><td>3.48</td><td>/</td><td rowspan="3">中</td><td>稍密</td></tr>
<tr><td>③$_{2}$</td><td>粉质黏土夹粉砂</td><td>1.6～6.5</td><td>3.64</td><td>软塑为主</td><td>/</td></tr>
<tr><td>④$_{1-2}$</td><td>粉质黏土</td><td>海相</td><td>2.0～15.0</td><td>5.35</td><td rowspan="2">软塑</td><td>/</td></tr>
<tr><td>④$_{2}$</td><td rowspan="2">黏土</td><td>海相</td><td>1.2～13.0</td><td>5.49</td><td>高</td><td>/</td></tr>
<tr><td>⑤$_{1}$</td><td rowspan="2">冲湖积</td><td>1.4～8.5</td><td>4.60</td><td>硬可塑</td><td rowspan="6">中</td><td>/</td></tr>
<tr><td>⑤$_{2}$</td><td rowspan="3">粉质黏土</td><td>1.3～10.9</td><td>4.63</td><td>软可塑</td><td>/</td></tr>
<tr><td>⑤$_{3}$</td><td rowspan="3">海相</td><td>1.2～7.1</td><td>2.93</td><td>/</td><td>中密为主</td></tr>
<tr><td>⑥$_{2}$</td><td rowspan="3">未穿透</td><td rowspan="3">未穿透</td><td rowspan="3">软塑</td><td>/</td></tr>
<tr><td>⑥$_{3}$</td><td>黏土</td><td>/</td></tr>
<tr><td>⑦$_{2}$</td><td>粉质黏土</td><td>冲湖积</td><td>/</td></tr>
</table>

表6－2　区间盾构隧道所处地层参数一览表

<table>
<tr><th rowspan="2"></th><th rowspan="2">土层名称</th><th colspan="3">十字板剪切试验</th><th colspan="3">无侧限抗压试验</th></tr>
<tr><th>C_u（kPa）</th><th>C'_u（kPa）</th><th>S_t</th><th>q_u（kPa）</th><th>q'_u（kPa）</th><th>S_t</th></tr>
<tr><td>①$_{3}$</td><td>淤泥质黏土</td><td>23.9</td><td>4.2</td><td>5.7</td><td>43.1</td><td>8.6</td><td>5.0</td></tr>
<tr><td>②$_{2-1}$</td><td>淤泥</td><td>22.3</td><td>4.1</td><td>5.4</td><td>29.8</td><td>7.1</td><td>4.2</td></tr>
<tr><td>②$_{2-2}$</td><td>淤泥质黏土</td><td>27.3</td><td>4.7</td><td>5.8</td><td>40.1</td><td>8.4</td><td>4.8</td></tr>
<tr><td>备注</td><td colspan="7">1. C_u——原状土十字板剪切强度；C'_u——重塑土十字板剪切强度；S_t——土灵敏度
2. q_u——板原状土无侧限抗压强度；q'_u——重塑土无侧限抗压强度</td></tr>
</table>

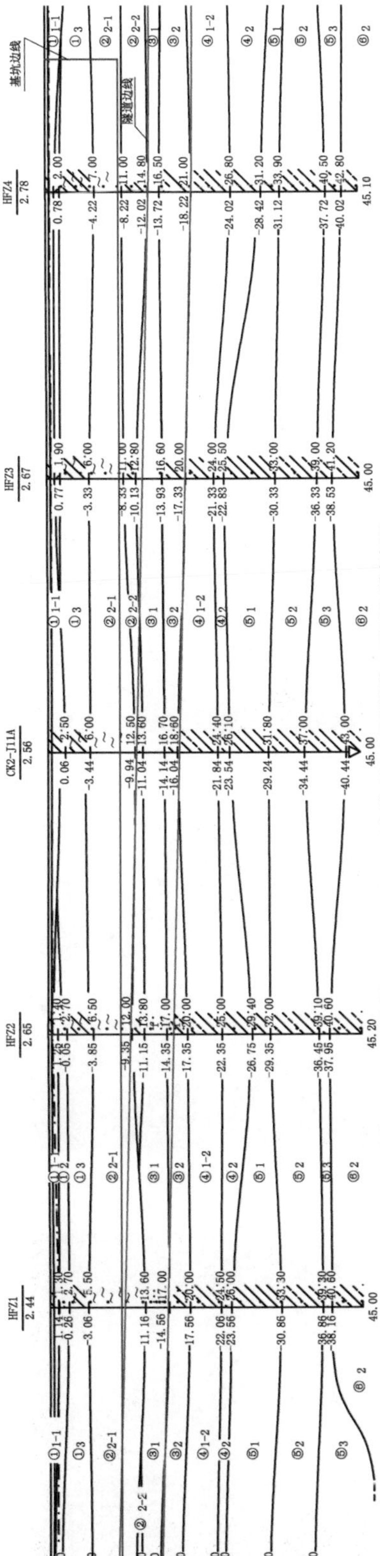

图 6－12　紧邻C1—6、C1—7地块的区间隧道工程地质剖面

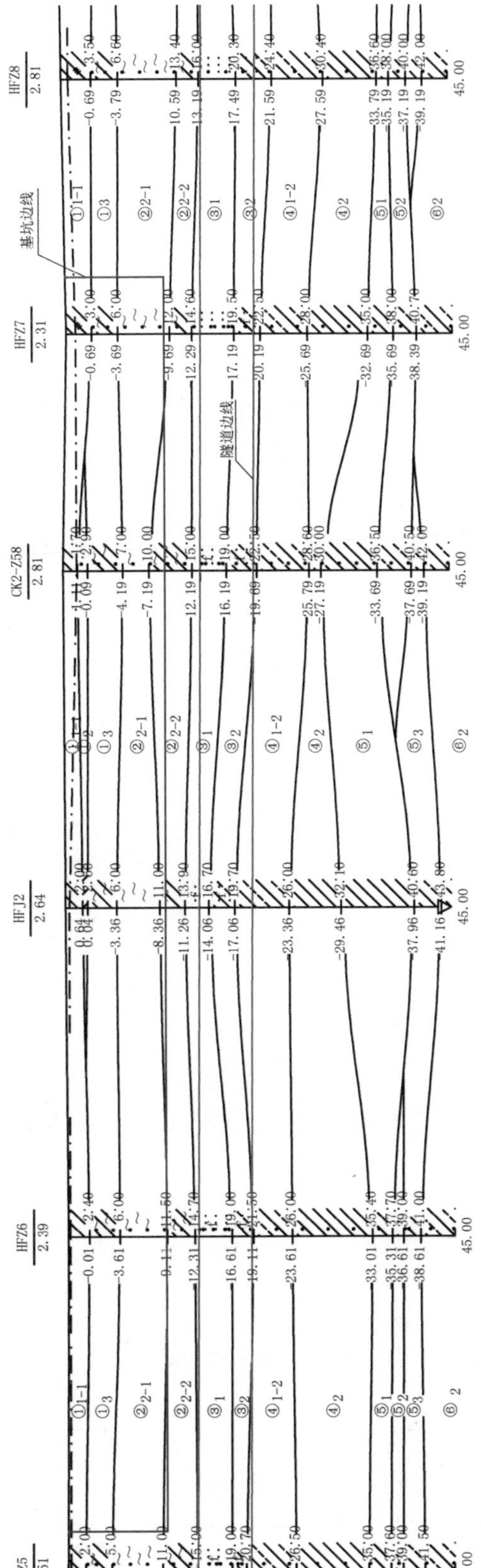

图 6－13　紧邻C1—5地块的区间隧道工程地质剖面

6.2 盾构隧道主要病害情况

2012 年 3 月 24 日至 3 月 27 日现场调查发现：在靠近 C1—6、C1—7 地块一侧的地铁区间盾构隧道出现了诸多病害现象。现根据收集的相关资料，对典型的隧道病害情况如管片开裂、接缝渗漏水等进行汇总。如图 6－14 ～图 6－16 所示。

1. 管片开裂

如图 6－14 所示，由于受到侧方深基坑施工的影响，紧邻基坑侧的左线隧道的管片出

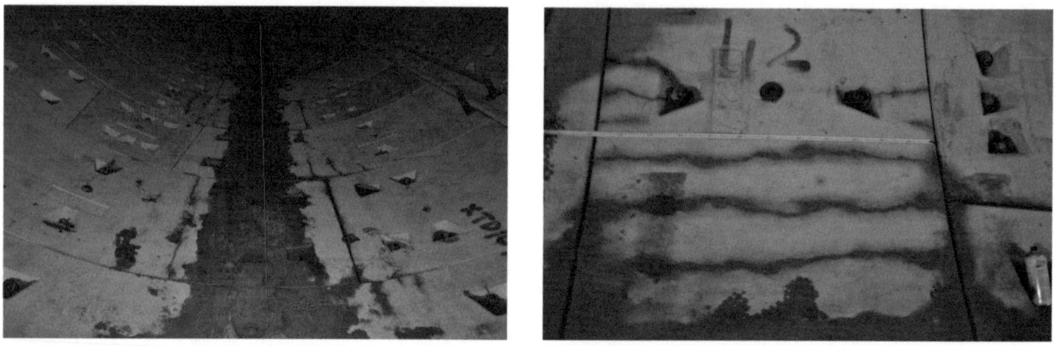

（a）贯通的大裂缝

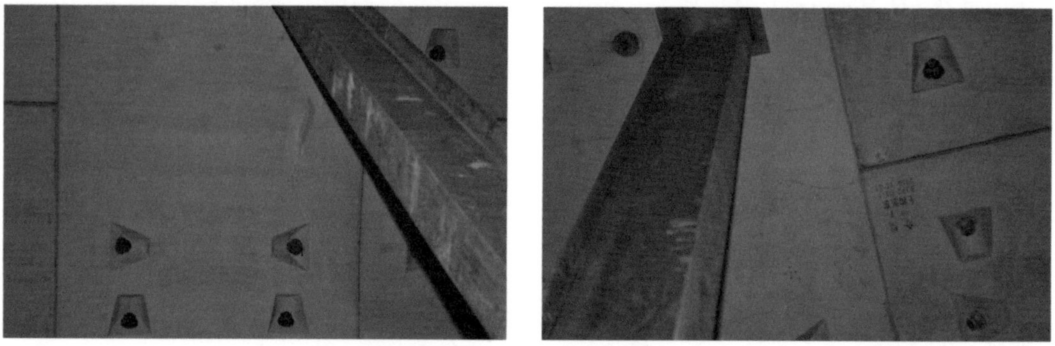

（b）环顶多而杂的小裂缝

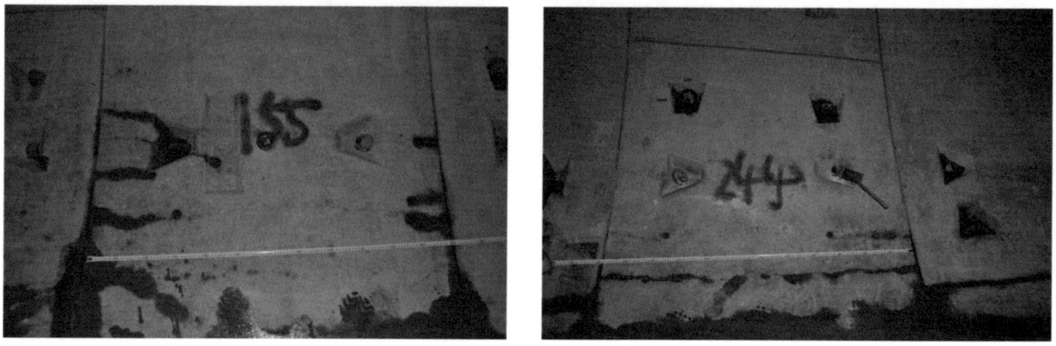

（c）螺栓手孔部位裂缝

图 6－14　管片开裂情况

现了众多贯通的大裂缝，还伴随有渗漏水情况出现。此外，在隧道衬砌结构顶部也出现许多杂乱的细小裂缝，分布规律不明显。同时，在部分管片的螺栓手孔部位也发现了不同程度的裂缝情况。

2. 接缝渗漏水

现场调查发现，区间隧道的渗漏水现象较为普遍，渗漏水情况较为严重，如图6－15、图6－16所示。图6－16为管片渗漏水随时间发展情况，从3月24日至3月27日四天时间里，管片渗漏水病害情况明显加重。

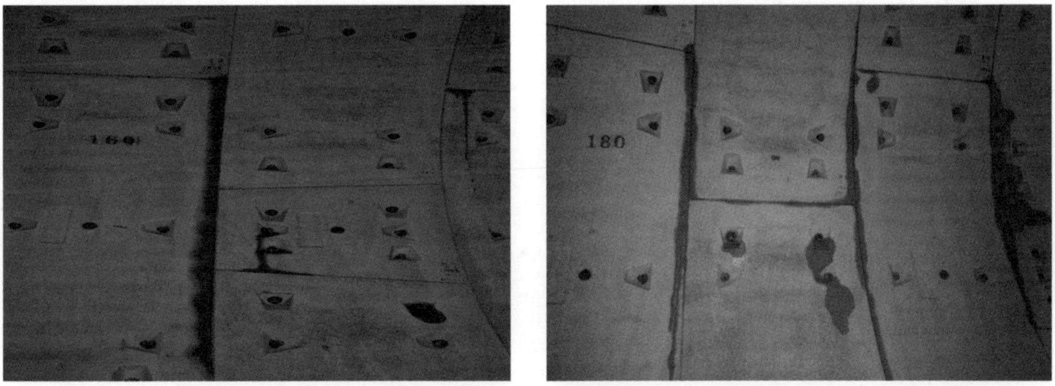

图6－15　接缝渗漏水情况

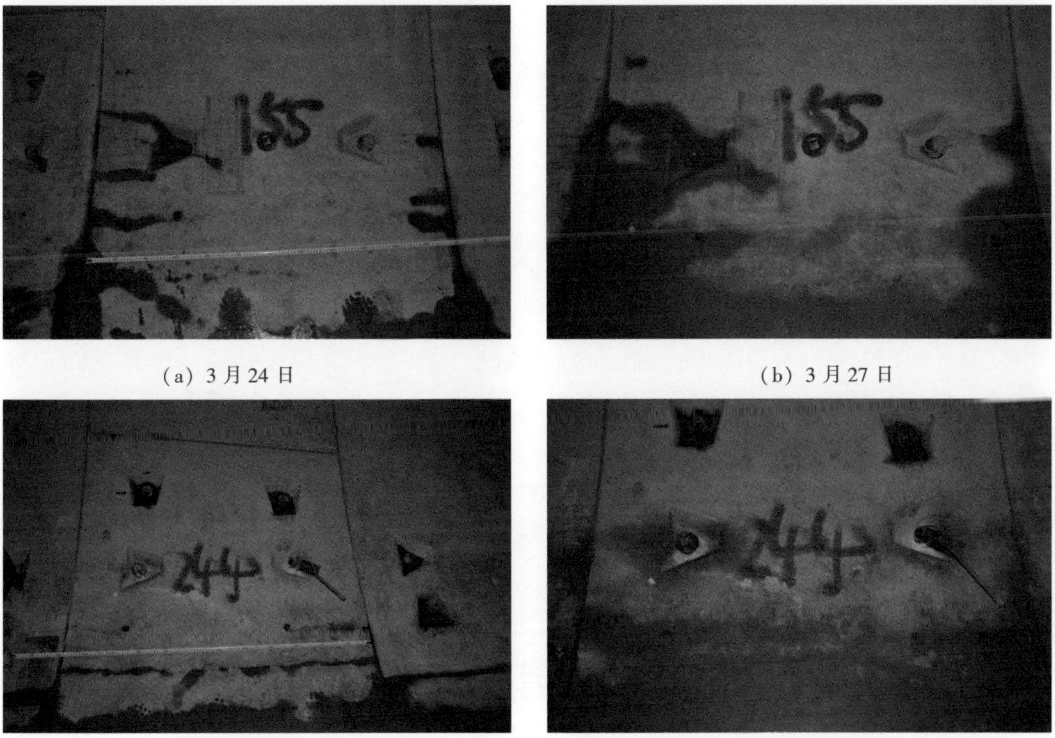

(a) 3月24日　(b) 3月27日

(c) 3月24日　(d) 3月27日

图6－16　管片渗漏水随时间发展情况

6.3 事故主要原因分析

1. 周边施工情况调查

纵观地铁区间隧道贯通后场地周边的主要施工历程，经调查发现主要为 C1—6、C1—7 地块的深基坑工程施工，如图 6 - 17 所示。

图 6 - 17　C1—6、C1—7 地块基坑施工现场照片

2. 隧道结构受力影响因素分析

鉴于该区段盾构隧道已产生管片局部破损、管片开裂等病害，为探讨诱发地铁隧道产生病害的影响因素，需进行隧道的结构计算分析。为此，在考虑隧道结构为盾构管片和螺栓连接而成的基础上，采用修正惯用法，对隧道结构的受力影响因素进行了系统的计算分析。

为深入分析各种典型工况下管片环结构的受力，采用修正惯用法，针对隧道侧向土压力减小、隧道周边土层抗力系数折减等工况下管片环结构的受力进行了计算分析。由表 6 - 3 可知：侧向土压力对管片环的结构弯矩影响显著，隧道侧向土压力减小（侧方卸载）将对管片环结构产生显著的不利影响；地层抗力的减小，改变了管片环结构的边界条件，将对盾构隧道管片结构的受力带来一定的不利影响。

表 6 - 3　典型工况下管片环结构的最大受力汇总

计算工况	隧道结构受力		
	轴力(kN/m)	剪力(kN/m)	弯矩(kN·m/m)
侧向荷载不折减（正常）	550	69	131
侧向土压力折减 0.9	553（3）	78（9）	150（19）
侧向土压力折减 0.7	557（7）	97（28）	187（56）
侧向土压力折减 0.5	559（9）	117（48）	225（94）

续表 6－3

计算工况	隧道结构受力		
	轴力(kN/m)	剪力(kN/m)	弯矩(kN·m/m)
侧向土压力折减 0.3	563 (13)	136 (67)	263 (132)
侧向土压力折减 0.1	567 (17)	155 (86)	301 (170)
地层抗力折减 10	556 (6)	92 (23)	175 (44)
地层折减 10 且侧向土压力折减 0.5	568 (18)	156 (87)	299 (168)

注：侧向土压力折减为 0.9，表示侧向土压力为静止侧向土压力的 0.9 倍，以此类推，括号中是与正常状态对比的增量。

3. 实测数据分析

事故段左线隧道于 2011 年 5 月 26 日贯通，于 2011 年 6 月 1 日对成型隧道内监测点进行全线贯通监测。2011 年 6 月 1 日数据表明：隧道内监测点累计变形量均未超过累计报警值且累计变化量较小。在这以后，邻近左线隧道的 C1—6、C1—7 地块深基坑开始施工，接着隧道内出现了大范围的纵向贯通裂缝且伴随有渗漏水。

表 6－4　截至 2012 年 3 月 29 日左线区间隧道监测数据统计表

监测项目	累计最大值（2011. 6. 1 至 2012. 3. 29）
隧道沉降	221 环：－24. 6 mm
竖向收敛	241 环：－23 mm
横向收敛	241 环：24 mm

注：“－”为下沉、向内；“＋”下沉为抬升、向外。

由表可知，自 2011 年 6 月 1 日至 2012 年 3 月 29 日，左线盾构隧道的最大竖向沉降量为－24. 6 mm，竖向最大收敛为－23 mm，隧道横向最大收敛为 24 mm。

通过对隧道周边施工情况调查，结合隧道结构受力影响因素的计算结果以及隧道实测位移分析，可得到如下结论：

（1）邻近深基坑开挖导致地铁隧道侧方土压力卸载和隧道侧方地层抗力降低，从而诱发地铁隧道发生水平侧向位移和竖向沉降。

（2）隧道病害及相关监测数据分析结果表明，隧道病害严重区段、隧道竖向沉降和水平侧向位移均与紧邻的 C1　6、C1—7 地块基坑的开挖时间、开挖范围存在明显的相关性。

（3）管片开裂及渗漏水发展过程与邻近基坑开挖范围及开挖时间存在明显的相关性。

因此，推断诱发地铁盾构隧道管片开裂及渗漏水等病害的主要原因为邻近的 C1—6、C1—7 地块的深基坑施工。

6.4 C1—5 地块基坑施工诱发隧道位移的预测分析

紧邻的 C1—5 地块深基坑在盾构隧道的侧方开挖土体，容易导致该段隧道侧向卸载诱发隧道位移，可能影响地铁隧道的正常使用，甚至危及地铁隧道的结构安全。

鉴于 C1—6、C1—7 地块基坑开挖已导致邻近的地铁隧道出现了管片破损、管片开裂、隧道渗漏水等病害，为控制隧道继续位移、防止隧道病害进一步恶化，针对尚未开挖的 C1—5 地块进行基坑三维动态施工模拟预测分析，为更好地保护地铁隧道和 C1—5 基坑的设计与施工提供参考。

为此，采用地层结构法，应用三维有限元软件建立三维精细模型，初步计算分析了 C1—5 基坑施工对紧邻地铁区间隧道结构的位移影响，如图 6－18、图 6－19 所示。

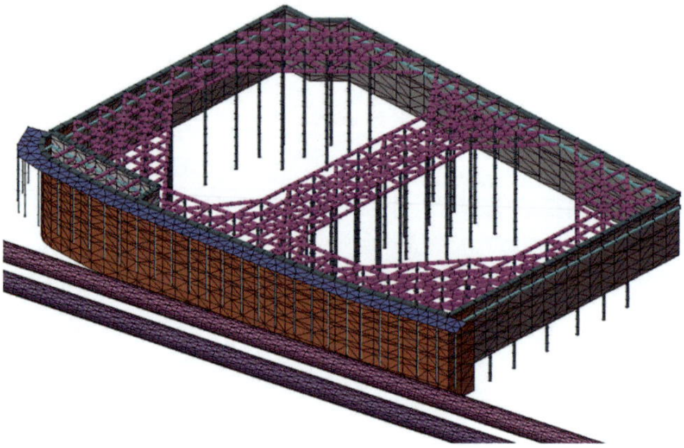

图 6－18　地铁隧道与基坑支护结构的三维有限元模型

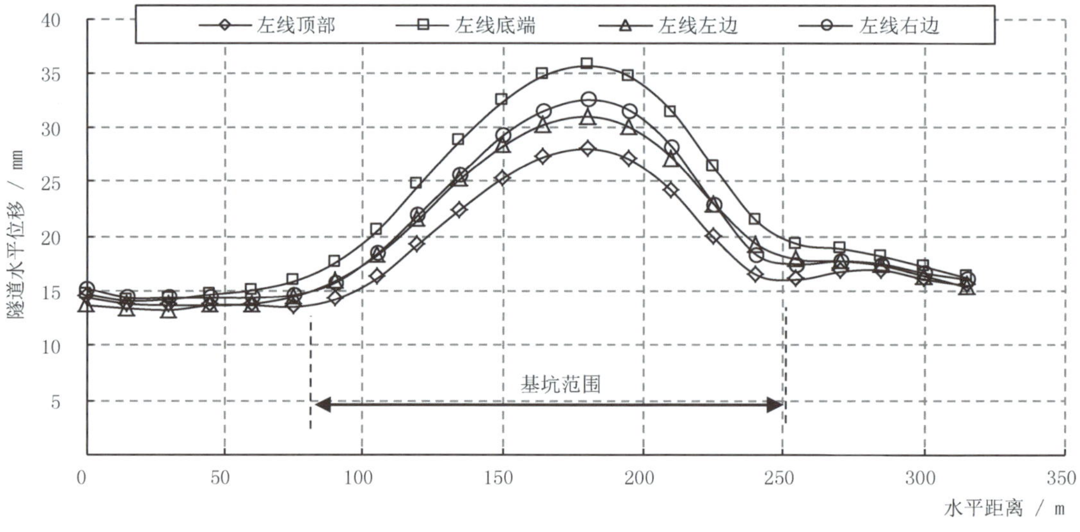

图 6－19　开挖至基底时左线隧道的水平位移曲线

从以上计算结果可知：深基坑开挖卸载导致地铁隧道侧方土压力卸载及隧道侧方地层约束降低，导致隧道超基坑侧发生水平侧向位移；按目前初步设计方案，预测 C1—5 基坑施工诱发临近隧道的水平位移约为 36 mm，超过控制值 20 mm。因此，应加强 C1—5 基坑支护结构设计和施工控制，并加强基坑拆、换撑的施工控制。

6.5 盾构隧道钢支撑临时加固处理及加固效果分析

1. 钢支撑临时加固处理

2012 年 3 月 29 日至 4 月 1 日期间在隧道内 30 ～ 400 环架设了钢支撑进行临时加固。如图 6 - 20、图 6 - 21 所示。

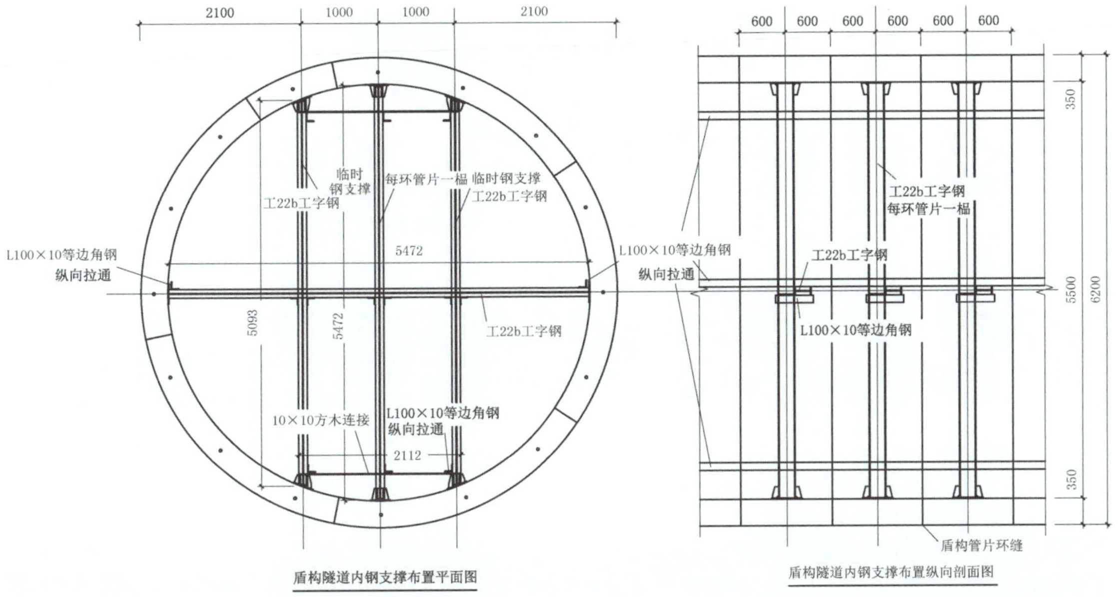

图 6 - 20　盾构隧道内钢支撑加固详图

图 6 - 21　盾构隧道内钢支撑临时加固的现场照片

2. 临时钢支撑加固效果的三维模拟分析

为分析钢支撑加固盾构隧道的效果，采用荷载结构法，应用有限元软件建立三维数值模型，对比分析了采用钢支撑加固和不加固条件下盾构隧道的继续抗变形能力。如图6－22、表6－5所示。

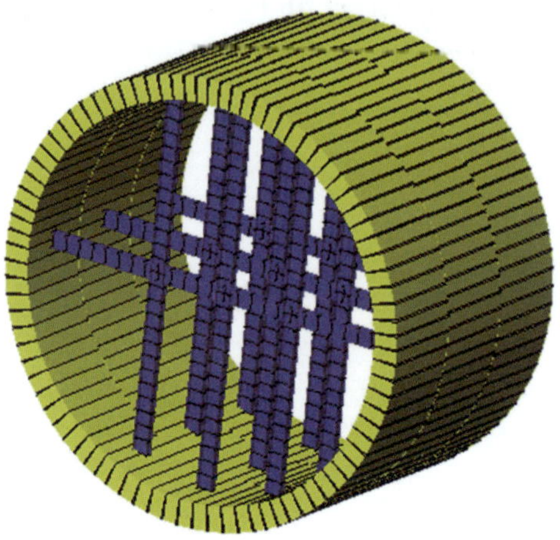

图6－22　隧道内钢支撑加固三维模型

表6－5　采用钢支撑加固和不加固条件下盾构隧道的变形计算值

计算工况	管片结构总变形（mm）	
	加钢支撑	不加钢支撑
荷载不折减（正常）	/	29.6
侧向土压力折减0.7	29.7	35.5
侧向土压力折减0.5	29.7	39.5
侧向土压力折减0.3	29.8	43.5

从表6－5的计算结果可知：在隧道内采取钢支撑进行临时加固处理后，不同计算工况下管片环的最大总变形均有所减小。因此，认为在隧道内架设临时钢结构加固，将有利于控制侧向继续卸载条件下盾构隧道的变形控制，有利于隧道结构安全控制。

6.6　应急处理实施效果分析

针对盾构隧道出现的管片破损、管片开裂、隧道渗漏水等病害，采取了相应的应急抢险措施进行处理：2012年3月29日至4月1日期间对隧道内30～400环架设了临时钢支撑；3月29日对紧邻隧道沿线的C1—6、C1—7地块基坑进行了部分回填；4月5日对360环附近隧道进行了注浆实验。

隧道的后期监测自2012年3月21开始。如图6－23～图6－25、表6－6所示。

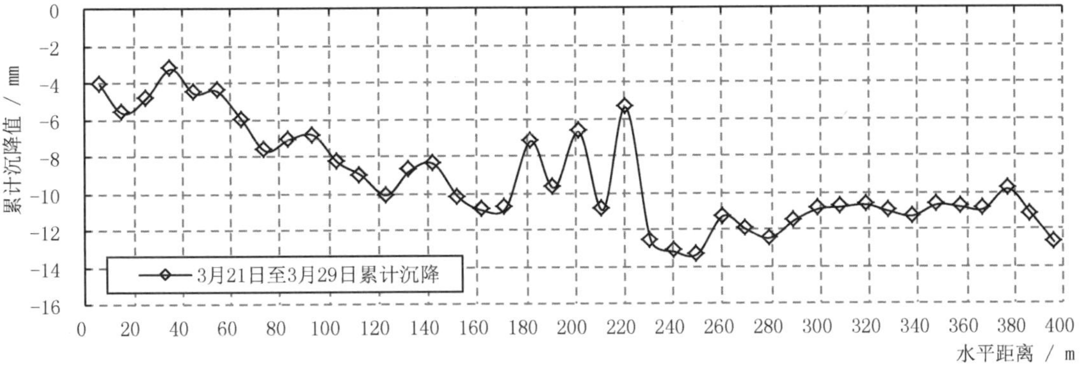

（a）21—29 日隧道沉降累计变化（支撑架设前）

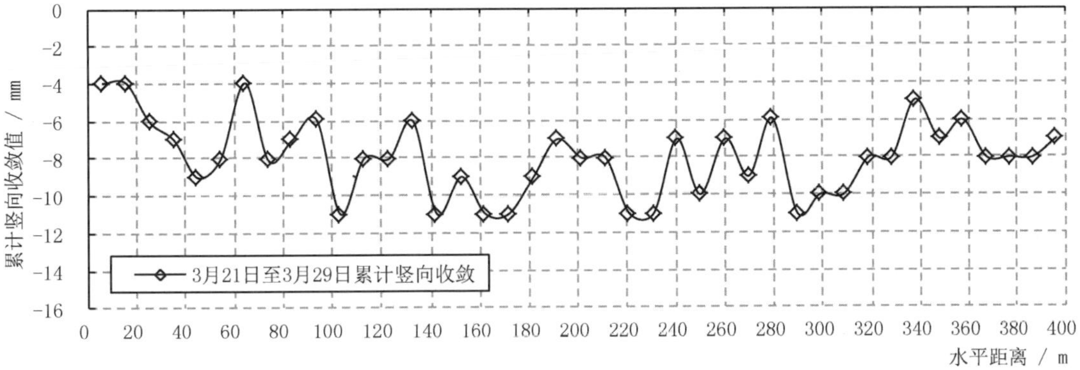

（b）21—29 日竖向收敛累计变化（支撑架设前）

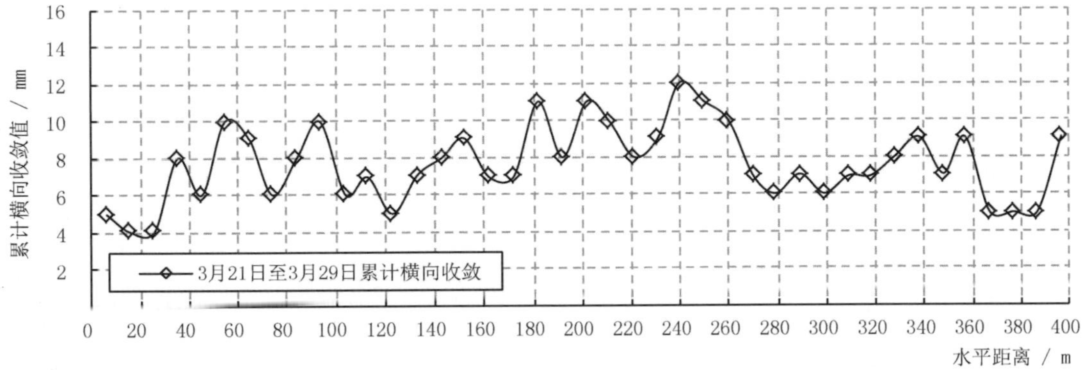

（c）21—29 日横向收敛累计变化（支撑架设前）

图 6－23　钢支撑架设前（基坑回填前）隧道累计变化曲线

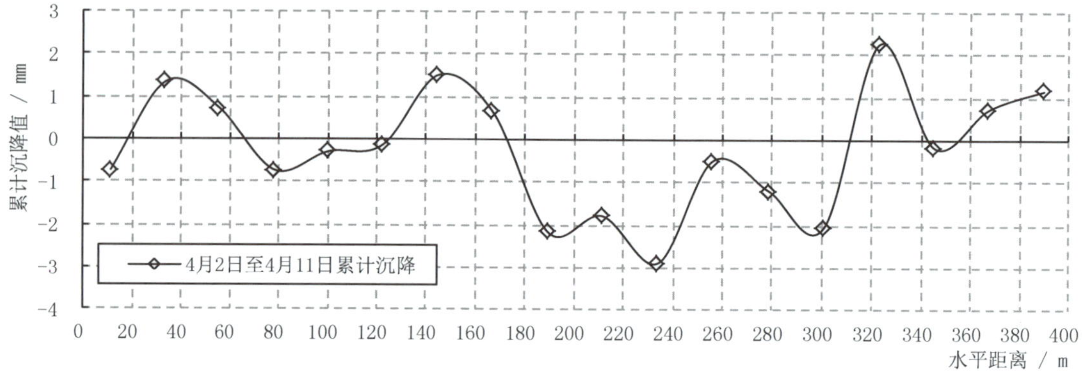

(a) 支撑架设后隧道沉降累计变化（4 月 2—11 日）

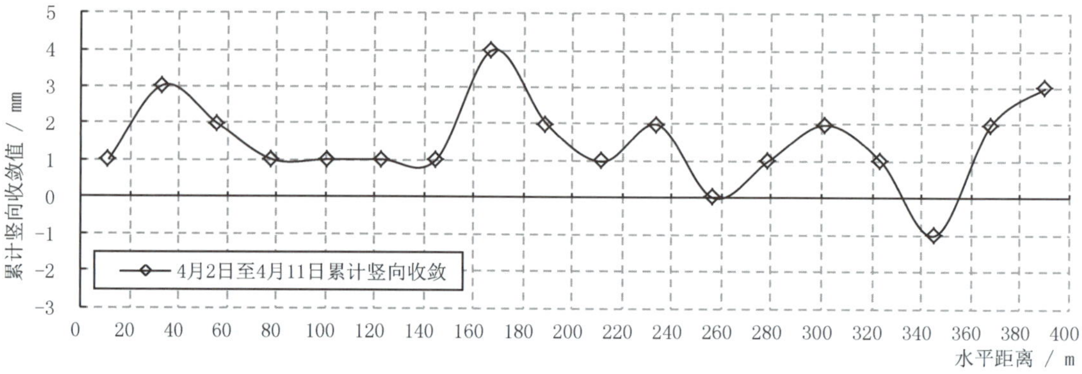

(b) 支撑架设后竖向收敛累计变化（4 月 2—11 日）

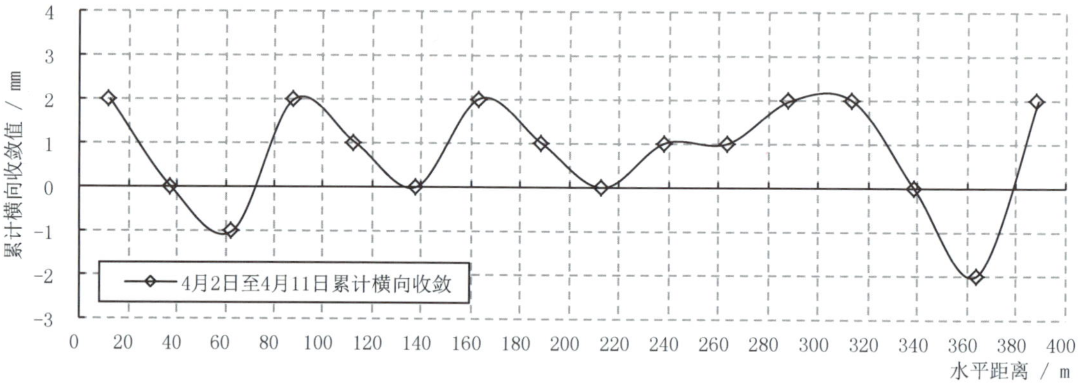

(c) 支撑架设后横向收敛累计变化（4 月—11 日）

图 6－24　钢支撑架设后（基坑回填后）隧道累计变化曲线

表 6－6　左线盾构隧道架设钢支撑前、后的监测数据对比　　单位：mm

监测项目	支撑架设前最大累计变化量 9 天变量（3.21～3.29）	支撑架设后最大累计变化量 10 天变量（4.2～4.11）
隧道沉降	－13.4	－2.9
竖向收敛	－11	4
横向收敛	12	2

注："－"为下沉、向内；"＋"为抬升、向外隧道沉降变化曲线。

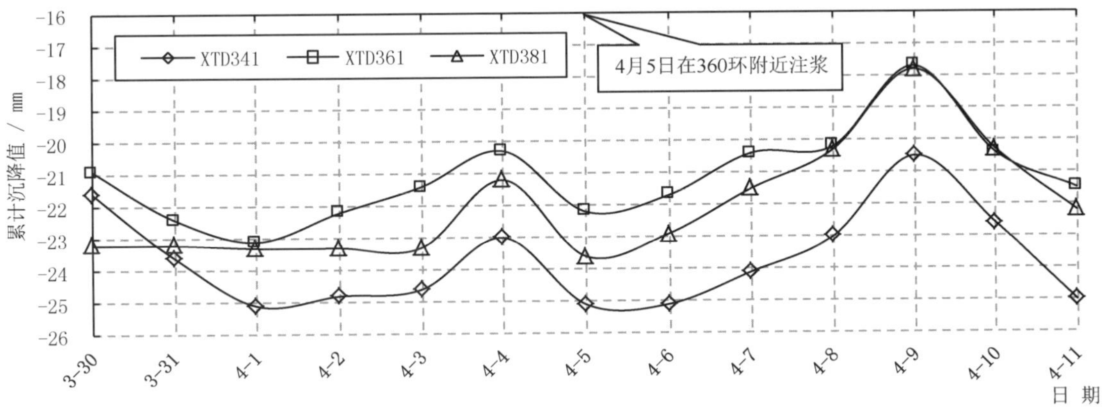

（a）注浆前后隧道沉降变化曲线图

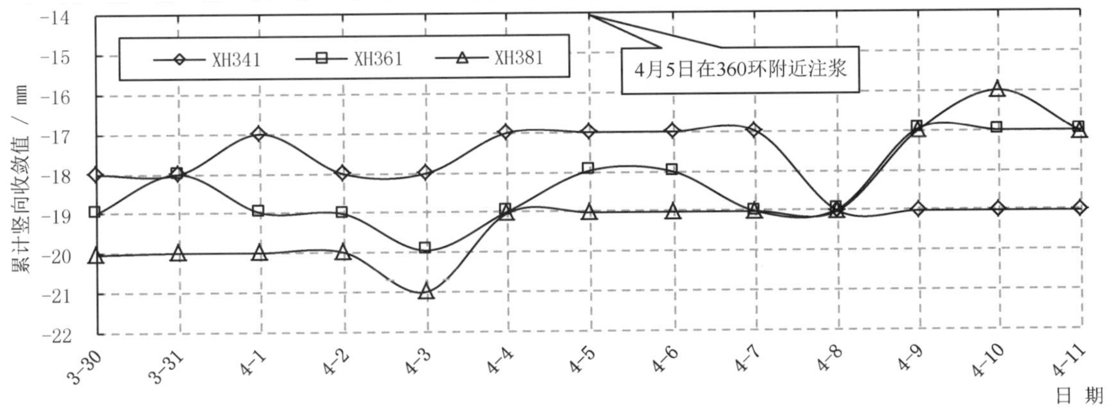

（b）竖向收敛变化曲线图（注浆前后）

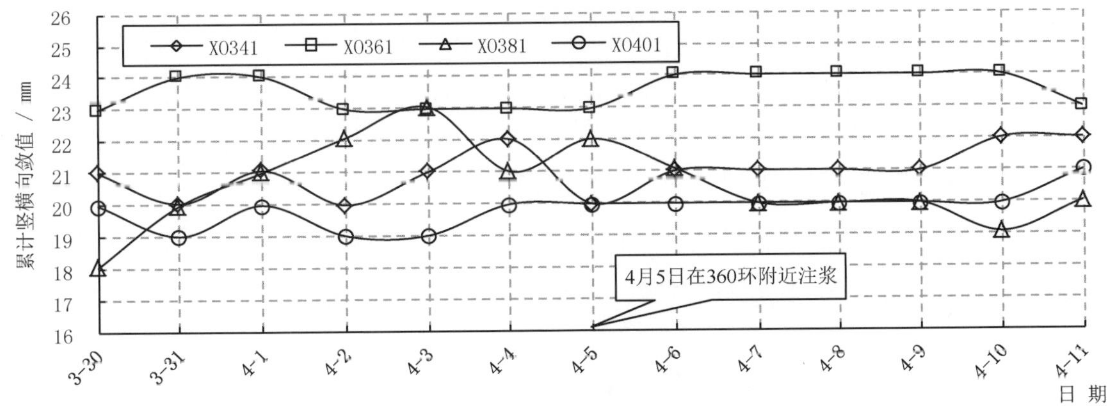

（c）横向收敛变化曲线图（注浆前后）

图 6－25　360 环附近注浆前后累计变化曲线图

从以上数据及变化曲线可以看出：隧道内架设钢支撑前（基坑回填前），隧道整体沉降较大，且一直呈下沉趋势，下沉趋势较大地段集中在161～401环；竖向收敛和横向收敛较大地段集中在141～281环（竖向直径减小，横向直径增大）。隧道内架设钢支撑后（基坑回填后），隧道整体沉降及竖向收敛、横向收敛变化均较小，变化速率逐渐趋于稳定，10天累计变量（4月2日至4月11日）最大值分别为：-3mm、4mm、2mm。由此可知，在隧道内架设临时钢支撑加固和采取基坑回填反压措施，有效控制了盾构隧道的继续位移和变形。

2012年4月4日晚及4月5日白天对360环附近进行注浆后，本段隧道（以341、361、381环为例）沉降变化为先抬升后下沉，至4月11日累计变量与4月5日基本持平；隧道竖向及横向收敛在注浆前后无明显变化（小于2mm）。

6.7 地铁保护经验及事故教训

1. 针对该地铁盾构隧道病害事故取得的主要经验

（1）隧道病害出现后，立刻针对隧道位移、隧道横向、纵向收敛等开展了相关监测工作，及时掌握隧道位移及断面收敛的发展趋势。

（2）立即采取了安全应急抢险措施，如基坑内侧回填土反压、隧道内架设临时钢支撑加固、部分管片环底部进行注浆加固等，及时控制了隧道病害的继续发展。

（3）针对诱发地铁隧道病害的主要原因进行了分析和论证，评估了地铁盾构隧道结构的安全现状，为后续的隧道病害治理提供了依据。

（4）鉴于隧道出现的病害情况，在侧方C1—6、C1—7地块基坑施工过程中，主管部门召开了多次专家会，针对已施工的C1—6、C1—7地块以及尚未施工的C1—5地块的基坑设计进行了修改和完善，加强了靠近地铁隧道侧的支撑布置，并对靠近隧道侧的土体进行了加固处理，有效控制了隧道病害的继续发展。

2. 针对该地铁盾构隧道病害事故的主要教训

（1）该市的地铁保护工作刚起步，相关建设及规划部门等未能充分认识到物业大开发可能对邻近地铁隧道产生重大的不利影响，未能根据工程地质条件和工程特点等对邻近基坑提出合理的水平退让距离，并提出相应的地铁安全控制标准。这是导致病害事故发生的主要原因之一。

（2）基坑设计未充分考虑对邻近已建成地铁隧道的安全保护，从而导致深基坑施工诱发邻近地铁隧道位移过大，盾构隧道结构出现管片开裂等病害。

（3）地铁隧道周边为软土地层，地质条件极差。根据地铁隧道建设经验，在盾构推进施工前，应对隧道周边土层进行预注浆加固处理，而本案例盾构隧道施工前未对周边土层进行加固处理。

（4）基坑施工全过程未开展地铁隧道位移监测工作，未能实时掌握地铁隧道的安全状态。

（5）基坑未开展第三方监测工作，导致在地铁隧道病害出现前，无相应的地下水位变化、深层水平位移、地面沉降和水平位移等监测数据，从而未能及时有效地预防地铁隧道病害的发生。

第7章 其他地铁结构保护典型事故案例简介

7.1 某地铁盾构隧道被违法勘探凿穿事故

7.1.1 事故概况

2012年10月21日上午9时21分，某地铁区间盾构隧道被违法勘探凿穿，如图7－1所示，导致大量泥浆涌入隧道，且一截约3 m长的钻管掉入隧道，撞上正在运行的地铁列车。事故导致两辆列车受损，造成部分地铁区间停运2次共计75分钟。直至12时8分，地铁恢复正常行车。事故造成近百名乘客因此受阻误机，严重影响了市民的正常出行。所幸事故未造成人员伤亡。

7.1.2 事故发生的原因

经调查，某公司于1988年在该地块上建设加油站，至1997年因经营不善关闭，地块荒废。2011年该公司将地块出租给某商人。2012年10月12日该商人委托某勘察有限公司开展地质勘探，如图7－2所示，没有履行报批手续，也未向市地铁总公司申报。经初步认定，这是一起地铁隧道上方违法地块违法勘探造成的地铁运营安全事故。

图7－1　地铁隧道被凿穿

图7－2　地铁隧道上方的违法勘探

7.1.3 应急处理措施

事故发生后，市领导立即做出指示，要求迅速采取有效措施，尽快排除险情，确保地铁运营安全。一是马上启动应急预案，确保地铁正常运行；二是立即停止对地铁有影响的勘察工程，分析原因，杜绝类似事故；三是建委立即研究建筑施工地质勘查等工程在实施过程中如何落实对地铁设施的保护措施，确保地铁安全。具体措施为：

（1）勒令施工单位停止施工，采取临时处置措施，列车在事故点限速 15 km 通过，将事故对地铁的影响降到最低。

（2）迅速制定排险修补方案，如图 7－3 所示，在当晚地铁运营结束后组织实施，确保第二天地铁运营前排除隐患。

（3）对全市地铁沿线施工情况进行全面排查，举一反三，消除隐患。

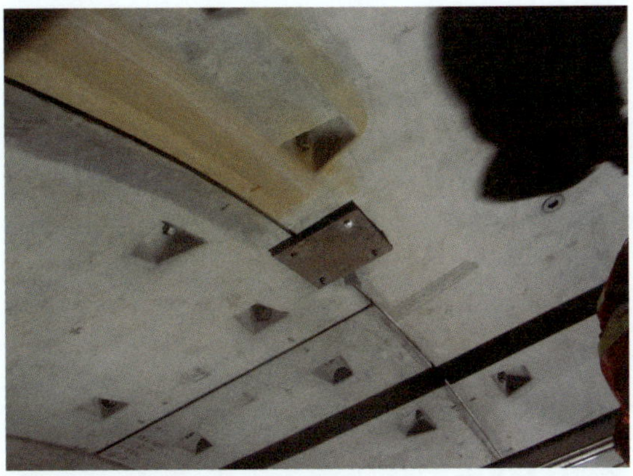

图 7－3　地铁隧道被凿穿处的修补照片

7.1.4 后续针对性措施的出台

为了保护城市轨道交通设施安全，切实加强工程勘探及地下工程实施管理，保障城市轨道交通建设的顺利进行和安全运营，市城乡建设委员会于 2012 年 10 月 23 日、24 日连续下发了《关于加强地铁控制保护区内工程勘探及地下工程管理的通知》和《关于进一步开展城市轨道交通保护区内在监建筑工程安全管理专项检查的通知》。通知明确要求：

（1）加强对工程勘探的管理。建设单位和个人开展工程勘探、基坑工程、地下管线等工程之前，应到市地铁设施保护办公室核查勘探范围是否在城市轨道交通控制保护区内。

（2）加强对基坑工程、地下管线等地下工程的管理。对位于控制保护区内的项目，应当制定城市轨道交通设施安全保护方案，并在施工过程中严格实施。

（3）建立健全城市轨道交通控制保护区内勘探和地下工程的巡查预警机制。

（4）抓好地铁安全保护宣传教育。

（5）建立地铁安全保护的社会监督机制。

（6）进一步开展城市轨道交通控制保护区内在监建筑工程施工安全管理专项检查。

7.2 某未运营地铁盾构隧道被 PHC 桩基击穿事故

7.2.1 工程概况

某地铁支线区间采用盾构法施工。管片形式为单层衬砌，衬砌厚350 mm，环宽为1.2 m，衬砌环间采用通缝拼装。管片采用6分块方案，衬砌环全环由小封顶块F，2块邻接块L1，L2，2块标准块B1，B2和1块拱底块D构成。管片环与环间采用17个M30纵向直螺栓连接，块与块间以12个M30环向直螺栓连接。该段区间走向平直纵坡为0.78%缓坡，区间隧道顶部覆土深度约14 m。

7.2.2 事故经过

2009年1月，该地铁支线在结构贯通8个月后，准备铺轨前期工作时，发现隧道上、下行线管片分别被地面施工的桩基击穿。隧道下行线局部有桩体和落土，而上行线有20余环管片完全被土体掩塞，如图7－4所示。

图7－4　隧道被击穿并被土掩塞

该高速铁路施工单位采用先梁后拱的施工工艺，施工阶段临时支承采用PHC桩基，桩长23 m，但未避开隧道。PHC桩施工击穿11号线隧道区间管片，致使隧道损坏。根据临时支承桩位图，并经现场放样确认，PHC桩基与11号线安亭支线区间平面位置关系如图7－5所示。其中16～20号桩位于隧道上行线上方，26～30号桩位于隧道下行线上方。

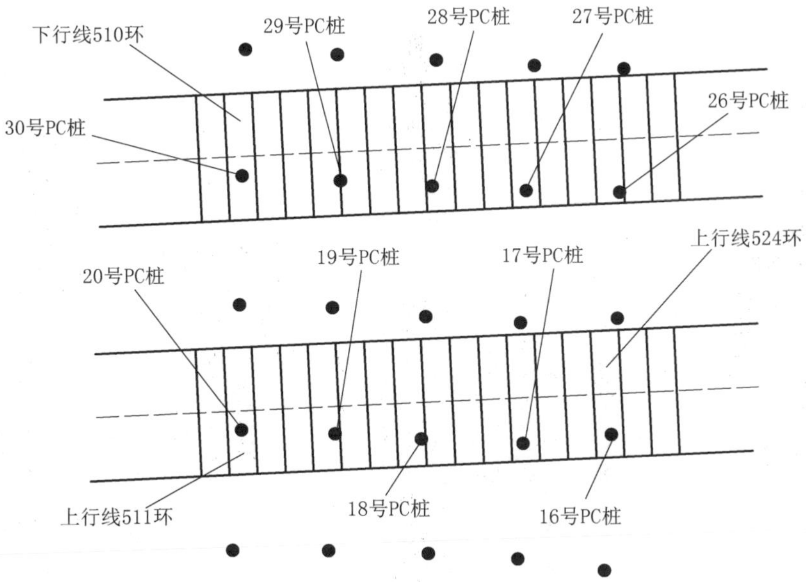

图 7-5　PHC 桩与 11 号线区间平面位置关系

7.2.3　管片受损情况

事故发生后，通过地面钻孔探摸及桩体完整性检测等方法，得到了管片破损的初步结论为：上行线上方 5 根桩中，由于 PC 桩施工时的垂直偏差，16～20 号桩直接与隧道管片接触的点位与地面桩位存在一定的位移。有 2 根未击穿衬砌、3 根击穿隧道顶部，20 号桩可能击穿隧道底部；516～518 环、520～524 环出现邻接块被击破，管片破坏情况如图 7-6 所示（颜色越深，损坏程度越大）。

7.2.4　后续修复方案

鉴于下行线隧道只有 510 环管片一邻接块被 PC 桩击穿折断，其他环管片表现出不同程度裂缝、错台和混凝土剥落等，隧道结构整体仍是稳定体系。据此，提出局部加固、局部替换的修复方案。具体操作方法如下：

（1）对 510 环管片上半拱部土层进行局部加固。考虑到隧道周围软土层含水量大的特性，同时尽量减轻加固工作对已破损隧道的扰动，采用地面垂直冻结法加固。

（2）冻结加固完成后，截除隧道内的 PC 桩，拆除 510 环破损邻接块和封顶块，现浇 400 mm 厚钢筋混凝土圆弧板结构。现浇结构与原管片环向、纵向通过植筋连接。

（3）考虑到隧道的整体耐久性要求，提出了在破损管片位置中部增设内衬钢环的方案。设置的内衬钢环既要达到增加衬砌整体性、可靠性的目的，又要尽量减轻钢板的重量，以利于安装使用，因此选择厚度为 20 mm 与管片同宽的钢板。钢环在现场测量放样后

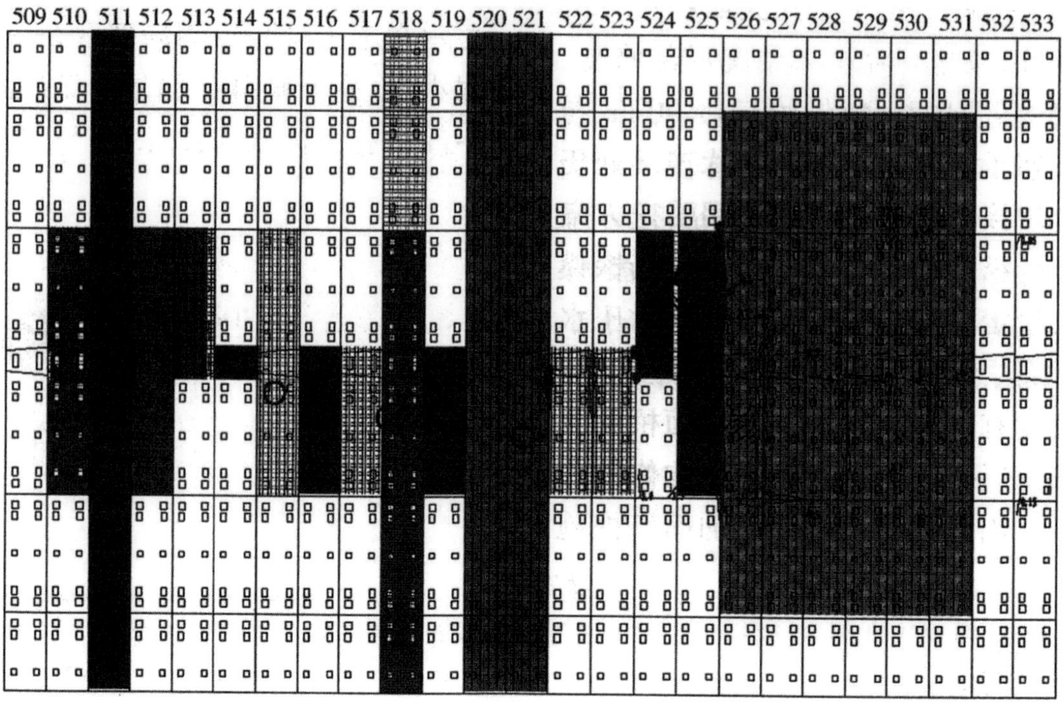

图 7-6 管片损坏情况展开图

加工，以保证与衬砌内壁的贴合，并通过锚筋与管片相连。为使钢环与衬砌之间形成一个整体结构，向两者之间的空隙压注亲水性环氧浆液。钢环暴露而涂布环氧富锌底漆和无溶剂超厚膜型环氧涂料以保证其耐久性要求。

（4）下行线隧道事故段其他环管片根据环、纵缝张开量、错台量、裂缝大小、管片变形大小等，按上述方法增设内衬钢环或仅作环氧树脂注浆修补处理。

由于上行线区间隧道 514 行线区间环全部被泥土堆积堵塞，无法调查管片具体破损情况；且隧道的下卧土层为承压水层，而隧道上覆土层由于土层塌陷进行过多次回填，已有较大扰动；同时还需兼顾该地铁线路通车工期和该高铁桥梁施工工期，也就是说修复施工和高铁桥梁施工需同时进行。因此，基于上述因素，提出了 4 个修复方案：

方案一：纵向放坡明挖修复，即在拟修复段隧道两侧作 SMW 支护，而两端放坡的基坑开挖方案；

方案二：四周支护明挖修复，即在拟修复段隧道四周作 SMW 支护的基坑开挖方案；

方案三：旋喷加固暗挖修复，即对拟修复段隧道周围土体旋喷加固后，对隧道实施暗挖修复；

方案四：冻结加固暗挖修复，即对拟修复段隧道周围土体冻结加固后，对隧道实施暗挖修复。

在综合考虑了安全、经济、工期等因素后，最终确定采用方案四即冻结加固暗挖修复方案。其优点是在对隧道受损破坏程度不完全清楚的条件下能灵活应对；冻结加固效果能在修复工作实施之前予以确认；修复工作对地面环境，特别是京沪高铁施工影响较小。具体修复工序如下：

（1）在被堵塞隧道两端实施封堵墙，将堵塞段完全隔离开。

（2）从地面打孔向封堵段隧道内充填注浆，以防止隧道管片受施工、冻胀影响出现进一步破坏。

（3）对封堵段隧道周围土体实施冻结加固，设计平均温度不大于 -10℃。

（4）在确保冻结效果后拆除隧道两侧的封堵墙，由隧道两侧分 2 个工作面进行开挖。开挖时每挖除 1 环管片内的土体，立即架设临时支撑，直至堵塞段贯通。

（5）对贯通后的隧道进行破损调查、检测，根据破损程度确定后期结构修复方案。若管片如下行线那样仅局部环出现破损，则可采用下行线局部替换方式予以修复；若管片出现大范围破坏，局部修补已无济于事的情况下，拆除该段所有管片，重新现浇筑新的钢筋混凝土衬砌结构代替原管片。两方案在隧道开挖之前已作详细设计备用。

7.3　某地铁隧道上方违规堆土导致盾构隧道病害事故

7.3.1　事件概况

2013 年 1 月 18 日，因发现隧道结构有不正常现象，工建部人员继而发现某地铁区间隧道上方约 160 m 范围内地面有大量堆土，目测最高约 6 m，对应地铁隧道建设里程约 K18 +605，堆土与隧道关系简图如图 7 -7 所示，地面堆土情况如图 7 -8 所示。发现此情况后，工建部立即报告地铁设施保护办公室，并于 1 月 19 日凌晨组织实施隧道应急变形监测，监测数据显示堆土段隧道呈现较大的异常沉降，与最近一次 2012 年 11 月的监测结果比较最大单次沉降值达到 -22. 84 mm，与 2006 年的初测值比较累计沉降量为 -20. 40 mm，位于下行 ZDK18 +650. 425 处。

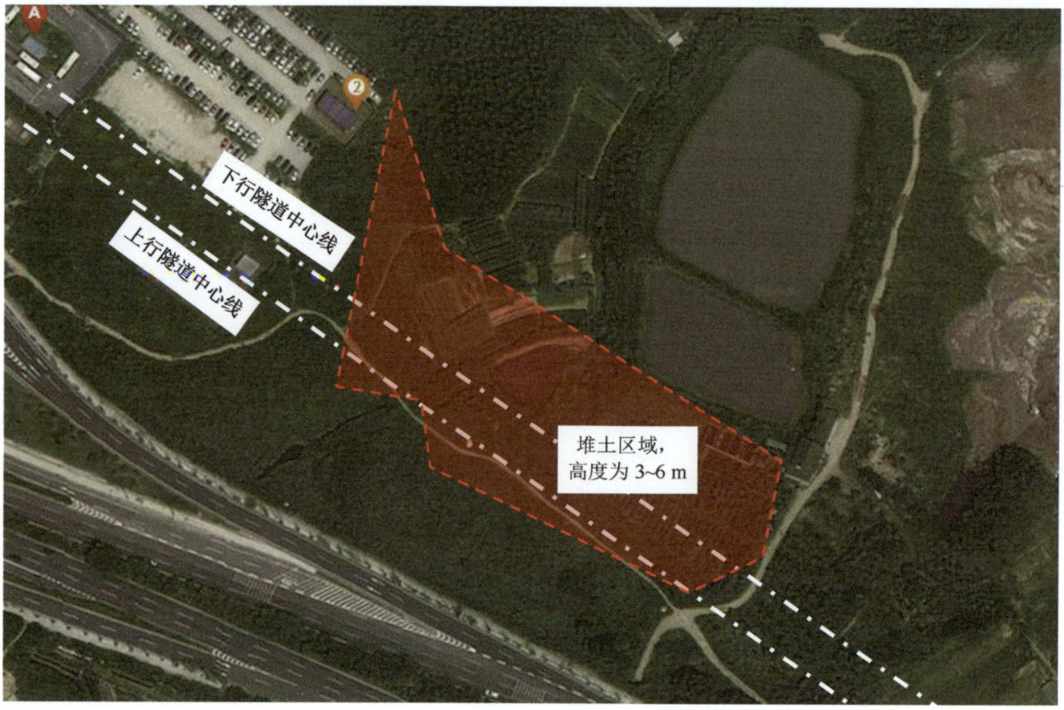

图 7－7　上方堆土与隧道关系

图 7－8　现场堆土情况

7.3.2　堆土对隧道结构的影响

1. 结构变形情况

1 月 19 日凌晨，工建部委托地铁院对该堆土段隧道进行了首次人工应急沉降监测，与 2012 年 11 月数据相比监测数据显示上行最大单次沉降量为 －14.10 mm，与 2006 年数据相比累计沉降量为 －16.20 mm，位于 YDK18＋706.19 处；与 2012 年 11 月数据相比下行最大单次沉降量为 －22.84 mm，与 2006 年数据相比累计沉降量为 －20.40 mm，位于 ZDK18＋650.425 处。

2. 管片嵌缝水泥砂浆松动情况

2013 年 1 月 19 日凌晨现场检查确认，堆土段隧道个别盾构管片环缝中嵌填的水泥砂浆有松动迹象。如图 7 - 9、图 7 - 10 所示。

图 7 - 9　拼缝抹灰情况

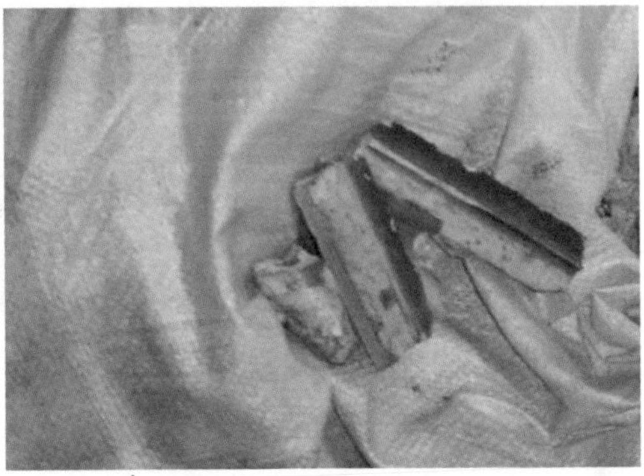
图 7 - 10　掉落的嵌缝水泥砂浆

3. 隧道结构及附属设施的现场检查情况

因 19 日凌晨测量发现堆土段隧道变形较大，1 月 20 日凌晨，运营总部对堆土段隧道内各专业设备设施进行了检查，检查结果如下：

（1）管片与水沟相接位置，上行线暂未发现异常，下行线右侧管片与水沟 K18 + 718 处发现细微剥离 0. 55 m，剥离宽度约 0. 5 mm。

（2）水沟与道床相接位置，上行线暂未发现异常，下行线左侧水沟与道床 K18 + 630 至 K18 + 727 处发现纵向剥离 97 m，剥离宽度最大约 2 mm，位于 K18 + 655；下行线右侧水沟与道床 K18 + 715 至 K18 + 733 处发现纵向剥离 18 m，剥离宽度最大约 0. 5 mm。

（3）下行线接触网定位点 ZM183—14 至 17 号（对应里程约 K18 + 675 至 K18 + 690）、ZM183—23 至 26 号（对应里程约 K18 + 720 至 K18 + 735）均下降 10 mm 左右，汉溪往市桥方向出站上下行 200 m 内其余接触网设备导高正常。

7. 3. 3　相关处理措施

事故发生后，某市地铁经营单位除责令相关肇事单位及时对地铁隧道上方进行卸土外，如图 7 - 11 所示，还第一时间采取了以下措施以确保已运营地铁的安全。

（1）该区段列车限速 60km/h 运行。

（2）组织对堆土影响范围的隧道结构进行变形及位移进行加密监测（水平位移、沉降位移、位移收敛、椭变度分析）。

（3）继续加强隧道结构和轨道及其他相关专业设备的检查。

(a) 1月20日卸土现场

(b) 2月1日卸土后场地

图 7－11　场地卸土照片

同时，为了确保地铁隧道长期的结构和运营安全，还制定了必要的后续应对措施，具体如下：

（1）对该堆土段隧道进行结构安全评估，主要包括：

①验算隧道结构的受力，评判其安全储备；

②评估道床的受损程度；

③结合设施受损情况提出可行的整治建议；

④对后续变形监测及行车措施提出建议。

（2）对道床剥离段进行整治；

（3）对椭变度超过 ±5‰ 的管片进行钢板加固。

7.4　某浅埋矿山法隧道二衬开裂事故

7.4.1　工程概况

某基坑开挖深度为 8.4 m～14.7 m，拟设两层地下室，局部为三层。基坑东北侧部分与地铁隧道的平面位置关系如图 7－12 所示。

基坑支护形式主要包括：放坡加土钉、双排桩、角撑和排桩加锚索。这里重点介绍基坑东北侧隧道二衬开裂段对应的支护结构形式。由图 7－13、图 7－14 可见，JK—1 区段采用 1200@1400 钻孔桩＋三道角撑支护；JK—2 区段采用 1200@1400 双排旋挖桩支护，前后排桩采用 1000 mm 厚的压顶板连接。JK—3 区段支护结构与 JK—2 区段基本相同。北侧 JK—1 区段开挖深度为 12.6 m，JK—2 区段为塔楼区，开挖深度为 10.2 m，JK—3 区段为裙楼区，开挖深度为 8.4 m。如图 7－15、图 7－16 所示。

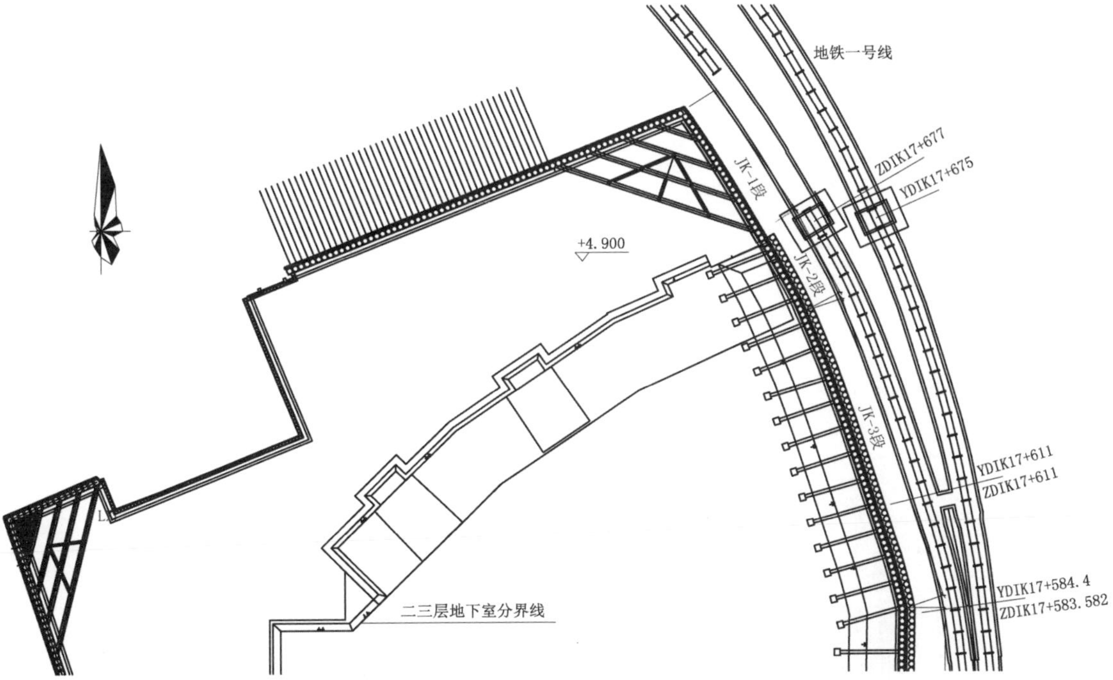

图7－12 基坑东侧支护结构与地铁隧道的平面关系

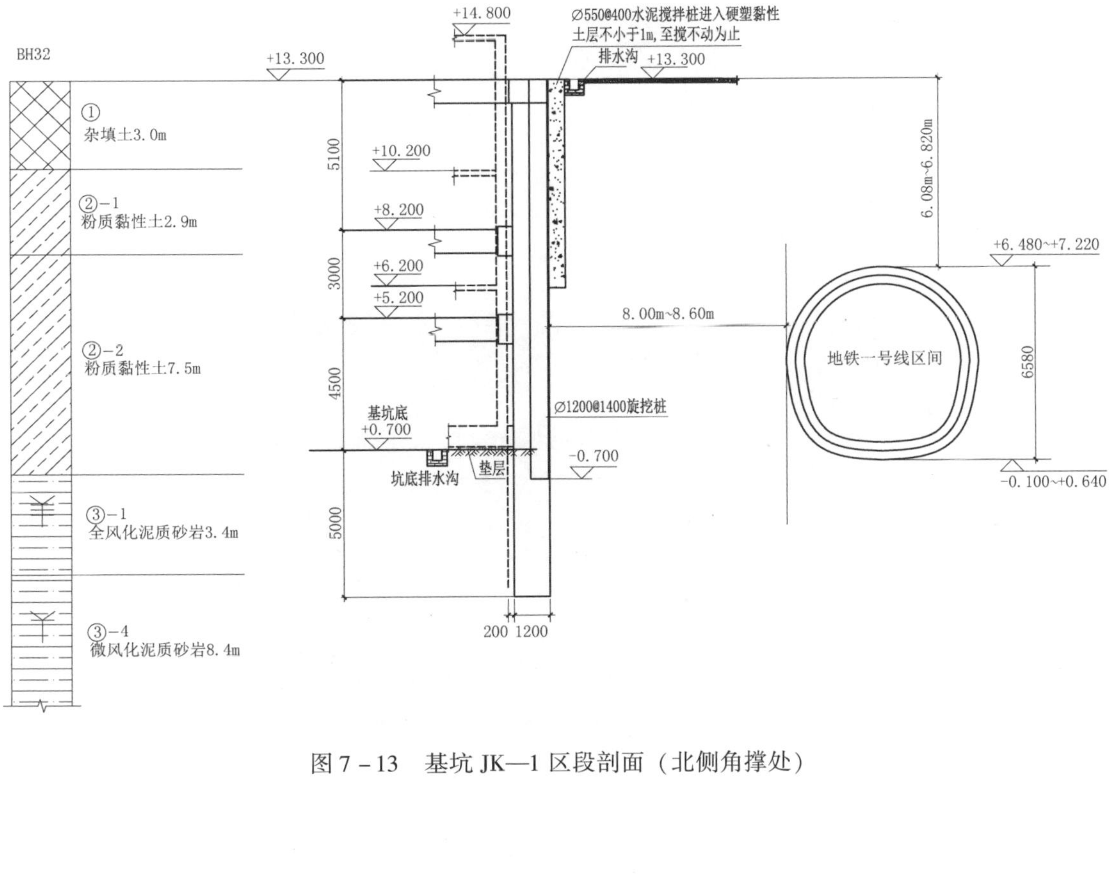

图7－13 基坑 JK—1 区段剖面（北侧角撑处）

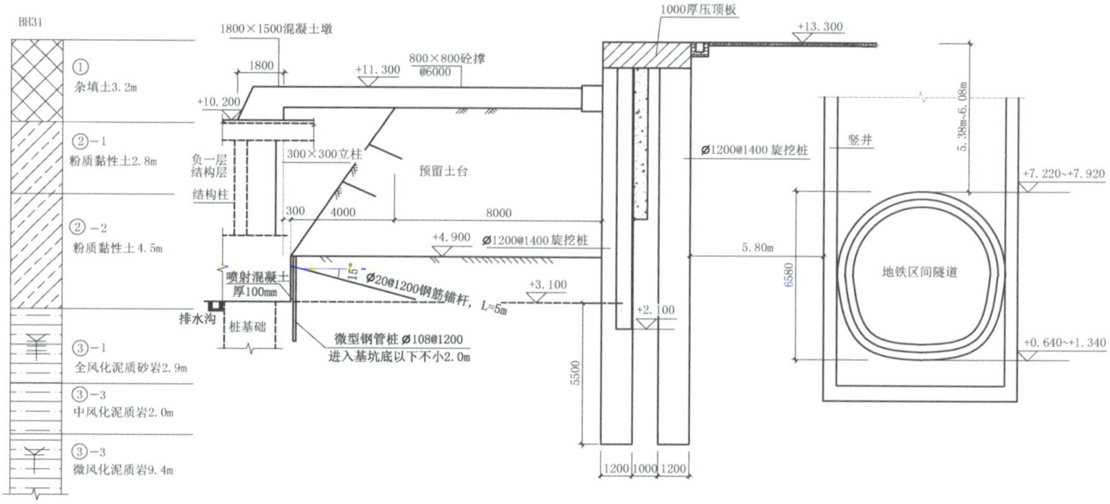

图 7－14　基坑 JK—2 区段剖面（北侧塔楼段）

图 7－15　基坑 JK—1 和 JK—2 区段现场照片

图 7－16　基坑 JK—3 区段现场照片

东侧紧邻的地铁区间隧道结构埋深较浅，为2.5 m～6.0 m，基坑围护结构外排桩外侧壁距离左线隧道结构外壁为5.8 m～13.6 m，其中临近JK—1、JK—2区段区间隧道结构形式为分离式浅埋暗挖马蹄形，采用复合式支护，包括有锚杆、初衬、二衬和防水层等。初期支护为厚300 mm的C20喷射混凝土、纵向间距为0.6 m的格栅钢架，且设置了长为3.5 m、直径为22 mm的砂浆锚杆；二衬为厚度300 mm的C25模注混凝土，未配筋。

7.4.2 隧道二衬开裂现场情况

基坑施工过程中，临近基坑侧的地铁区间隧道二衬结构出现两条较长的裂缝，均在隧道横断面对应的11点钟方向，且长度均是沿隧道纵向发展，如图7－17所示。裂缝存在位置：一条位于ZDK17＋660～ZDK17＋668，对应基坑的JK—2区段；另一条位于ZDK17＋700～ZDK17＋704，对应基坑北侧的JK—1区段。由地铁监测数据可知，隧道断面最大累计变化量为3.21 mm，其中裂缝附近最大侧移累计变化量为1.78 mm，方向均向东。隧道二衬裂缝宽度的监测数据表明，裂缝的最大宽度为1.32 mm。

图7－17 隧道二衬结构裂缝现场照片

7.4.3 隧道二衬开裂原因探讨

1. 地面超载对地铁隧道二衬结构的影响

通过对混凝土搅拌运输车和混凝土泵车资料及相关参数的调查分析，并结合项目的场地布置和材料堆放情况，认为：混凝土搅拌运输车和泵车是隧道侧上方产生严重超载的可能因素之一；隧道侧上方混凝土泵车作业时产生的振动，是诱发隧道二衬素混凝土开裂的可能影响因素之一；基坑JK—1、JK—2区段部位侧上方地面具备停放混凝土搅拌运输车和泵车的场地条件。

由表 7－1 可见，隧道上方地面发生超载时，临近的隧道衬砌结构弯矩、轴力和剪力均发生了一定程度的变化，且 JK—1 区段的变化更加明显，而 JK—2 区段由于双排桩对超载的分担作用，对应的隧道衬砌受力变化较小。因此，地面超载作用将会对下方一号线地铁隧道二衬结构造成一定的不利影响。

表 7－1　地面超载对应衬砌结构内力增量

计算工况	弯矩增量（kN·m/m）	轴力增量（kN/m）	剪力增量（kN/m）
JK—1 区段	19.3	5.6	18.4
JK—2 区段	8.4	4.3	3.9

2. 侧方卸载对隧道衬砌结构的影响

地铁隧道结构外壁距离 JK—1 和 JK—2 区段的基坑开挖边线距离较近，为 8.0 m～9.2 m。基坑的侧方开挖引起隧道侧方土体卸载，进而会影响到隧道二衬结构的受力变化。因此，根据基坑实际开挖情况，模拟分析在侧方卸载 10 kPa、20 kPa 情况下，隧道衬砌结构的受力变化。

由表 7－2 可见，随着隧道侧方卸载的不断增加，隧道衬砌结构的弯矩也在不断增加，增加量与卸载量基本成正比关系，这必然引起隧道二衬结构的受力及变形产生一定变化；因此侧方卸载作用对临近隧道二衬结构存在较大的不利影响。

表 7－2　两种工况对应的隧道衬砌结构弯矩增量

计算工况	最大弯矩增量（kN·m/m）	十一点位置增量
侧方卸载 10kPa	26	16
侧方卸载 20kPa	51.8	33

3. 水位变化对隧道衬砌结构的影响

地铁区间隧道为复合式支护结构，隧道初衬和二衬之间设有防水层，二衬承受全部的水压力和部分土压力。深基坑施工将不可避免地诱发基坑周边地下水位下降，从而影响二衬结构的受力和变形。而基坑 JK—1、JK—2 区段的水位观察孔已被破坏，无法得到明确的水位变化结果。因此，分别计算隧道上方土层水位下降 1 m，2 m，3 m 情况下衬砌结构的受力变化，以研究水位变化对隧道二衬结构造成的不利影响。

计算中对隧道二衬的受力模式进行适当简化，即只考虑承受全部水压力。通过衬砌结构（初衬＋二衬）的内力增量来反映水位变化对二衬的不利影响。由表 7－3 可见，随着隧道上方水位的不断下降，隧道二衬结构的弯矩不断增加，弯矩增加量基本与水位下降的幅度成正比关系，因此隧道上方水位的变化对隧道衬砌结构的受力影响较大。

表 7-3　水位下降对应的隧道衬砌结构弯矩变化

计算工况	最大弯矩增量（kN·m/m）	十一点位置增量
水位下降 1m	19.5	12
水位下降 2m	39.0	25
水位下降 3m	58.5	36

4. 基坑底部土体软化对隧道衬砌结构的影响

隧道二衬出现裂缝时项目基坑 JK—1、JK—2 区段已开挖到底，JK—2 区段的预留土台还未挖去，并且施作了水平支撑结构，而 JK—1 区段没有预留土台，且已施作第三道内撑，并未继续开挖，由于此段基坑的暴露时间较长，基底土体会在卸载或外界因素（如雨水等）作用下发生软化，进而引起基坑围护结构自身的侧移，对临近的地铁区间隧道结构造成一定影响。因此，分别将坑底土体弹性模量折减 10 倍和 100 倍进行计算，以此研究基底土体软化对临近地铁隧道结构产生的不利影响。

由表 7-4 可见，基底土体软化 1/10 和 1/100 两种情况下，隧道衬砌结构的位移和受力均未发生明显变化，说明基坑开挖暴露时间过长对临近地铁区间隧道结构的位移和内力变化影响不大。

表 7-4　基底土体软化前后对应的衬砌结构位移和内力增量

计算工况	水平位移增量/mm	沉降增量/mm	弯矩增量（kN·m/m）
未软化	0	0	0
软化 1/10	1.1	-0.3	2.2
软化 1/100	1.2	-0.4	2.4

7.4.4　基坑后续施工控制措施

1. 鉴于基坑 JK—1、JK—2 区段侧方地铁隧道已产生裂缝，且二衬未配筋，二衬结构的抗弯承载力较低，开裂对应的极限弯矩约为 26.7 kN·m/m，且基坑 JK—1 区段尚未进行第三层土体开挖，JK—2 区段尚未进行预留土台开挖，建议后续的基坑施工须采取相应的严格控制措施，严防隧道裂缝继续扩张，控制隧道结构受力继续恶化发展。

2. 隧道侧上方超载 40kPa 的计算结果表明，超载将对隧道二衬的结构弯矩产生较大的不利影响，建议严格控制基坑 JK—1、JK—2 区段侧上方地面的超载，禁止混凝土搅拌运输车和泵车在附近地面停放。

3. 鉴于混凝土泵车作业时产生的振动将对隧道结构产生不利影响，建议禁止在隧道侧上方附近范围内进行泵送混凝土作业，以控制振动对地铁隧道结构进一步产生不利影响。目前，通过架设栈桥结构，避免了混凝土泵车在隧道正上方作业。如图 7 – 18 所示。

图 7 – 18　混凝土泵车行走于栈桥上方的现场照片

4. 鉴于水位下降将对隧道二衬的结构弯矩产生较大的不利影响，建议基坑施工过程应采取有效措施，控制基坑外侧的水位下降幅度。

5. 鉴于隧道侧方卸载将对隧道二衬结构产生较大的不利影响，建议在基坑的拆换撑施工过程，应采取有效控制措施，降低侧方卸载诱发对隧道结构的不利影响。

6. 基坑 JK—1 区段自浇筑第三道角撑起已搁置约 10 个月，且未针对第三道支撑下方土层采取相应的控制措施，而土体软化的计算结果表明，土体软化将对隧道二衬结构弯矩产生一定程度的不利影响，为此，建议针对基坑 JK—1 区段，采取措施防止基坑内土层严重泡水，以避免土层发生严重软化。

7. 建议加强已开展的隧道位移自动监测和隧道裂缝宽度监测，建议增加隧道二衬的裂缝深度和隧道断面的收敛监测，以监控隧道结构的受力和变形发展趋势。

8. 鉴于基坑 JK—1、JK—2 区段的水位观察孔、测斜观测孔等监测点已被破坏，建议及时补充相关监测点，并加强该区段的地下水水位监测，加强基坑围护结构的测斜观测。

9. 为防止基坑 JK—1、JK—2 区段侧方地表裂缝部位的雨水入渗，建议采取相应措施封堵地面裂缝。

7.4.5　结论

综上所述，认为该项目基坑施工已对侧方地铁隧道的二衬结构产生了一定程度的不利影响，但目前阶段未危及地铁隧道的结构安全，不影响地铁的正常运营；建议在后续的基坑施工过程，应采取严格有效的控制措施，以降低后续基坑施工对地铁隧道结构产生进一步的不利影响。

第 8 章 总结

纵观总结出的地铁结构安全保护的经验及事故教训，必须在外部项目的规划报建、施工报建、施工过程、应急处置等关键环节加以控制，且在各环节中各相关单位必须按照相关法律法规的规定承担相应的地铁保护法律责任，建立健全城市轨道交通结构安全保护管理体系，从而确保地铁结构安全和运营安全。本章结合了广州地区相关经验对各个环节进行了阐述。

8.1 规划报建阶段和施工报建阶段

本书在前面分别对法律责任、保护对象、控制保护区和保护责任进行了描述，根据“在城市轨道交通控制保护区内进行上述典型的外部作业，作业单位应当制定安全防护方案，在征得运营单位同意后，依法办理有关行政许可手续”“有关行政管理部门依照法律、法规进行行政许可时，应当书面征求城市轨道交通经营单位的意见。城市轨道交通经营单位应该在有关行政管理部门规定的期限内给予书面答复”的要求，广州地铁公司在 2013 年制定及颁布了企业标准《广州市城市轨道交通结构安全保护技术标准及规定》和办事指引《广州地铁外部项目审批办事指南》，以此统一广州市城市轨道交通结构安全保护的技术标准，明确了外部作业报送地铁公司征询意见的要求，规范控制保护区外部作业的申请流程。

首先，在规划报建阶段，需合理控制外部地下工程、作业与地铁结构之间的空间关系，达到源头上控制其对地铁结构安全的影响。以外部作业不得影响地铁结构的正常使用功能、承载能力、耐久性和正常运营为原则，根据地铁结构的安全现状及其保护要求，结合地质状况等，控制地铁结构与地下工程之间的安全距离，避免或降低外部作业后期施工对地铁结构安全造成不利影响。

其次，在施工报建阶段，施工图的设计要充分考虑对地铁的保护，选择合理的支护结构和支撑体系，达到从技术上控制外部作业对地铁结构安全的影响，必须落实以下的控制要求：

（1）外部作业为基坑、矿山法隧道、盾构隧道、大型顶管四类工程时，应根据地铁结构（既有）与外部作业的接近程度及其工程影响分区两个条件，确定外部作业影响等级。外部作业影响等级划分为特级、一级项目及处于地质情况极差的二级项目等定义为重大影响外部项目。

（2）外部作业净距控制值规定：基础桩、基坑支护桩、锚杆和锚索末端、冲孔和浅孔爆破与地铁地下结构外边线之间的平面投影净距宜不小于 3 m、9 m、18 m、20 m。

（3）地铁结构安全控制指标主要包括：位移、变形、差异沉降、结构裂缝、相对收敛、变形曲率半径、管片接缝张开量、渗漏、附加荷载、振动速度、轨道横向高差、轨向高差、轨间距、道床脱空量。指标值应综合地铁结构特点、运营安全要求、外部作业特点、既有结构安全现状等因素确定。

（4）影响等级为特、一、二级的外部项目应对地铁结构进行安全评估。通过采用现状调查、检测评价和建模、计算、分析等手段，评估地铁既有结构的使用及其安全状态。

（5）安全评估包括地铁结构的现状评估和外部作业影响预评估、外部作业施工过程评估和工后评估，应贯穿于外部作业的设计、施工多个阶段全过程，安全评估流程如图 8－1 所示。

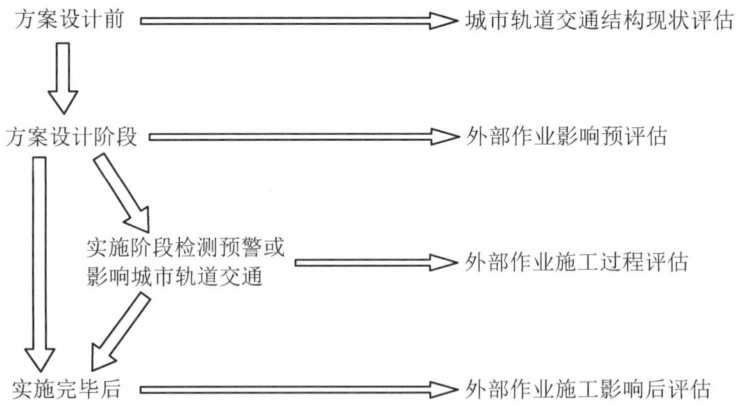

图 8.1　安全评估流程示意图

①预评估应模拟外部作业与地铁结构的三维空间关系，分析外部作业实施全过程及永久使用阶段可能诱发地铁结构的各种风险影响因素，当预测值超过相应的地铁结构安全控制指标值，应调整外部作业方案，循环进行评估，综合评定外部作业方案的可行性；

②重大影响外部项目的地铁保护专项技术审查由广州地铁公司和建设单位共同组织地铁专家评审会议。当外部作业改变工法、加深基坑、减弱支护结构和支撑体系、地质情况变差等调整原评审方案时，应重新组织评审；

③报审的外部作业方案设计图纸须落实安全评估成果的地铁结构保护措施和地铁结构

监测方案，包括设计监测范围、监测断面、监测点布置、特殊监测项目等；

④重大影响外部项目应根据安全评估成果制定专项保护方案及应急预案，并在作业实施前经建设单位确认，送地铁公司备案。

8.2 施工过程

确保地铁结构不受外部作业影响，施工过程管控是关键，特别是对保护专项方案中各项措施的落实。根据《中华人民共和国安全生产法》和《建设工程安全生产管理条例》等国家有关安全的法律法规和制度办法，外部项目业主是项目安全监管的责任主体，须承担保护周边环境、建（构）筑物、地铁结构安全的法律责任，须履行以下职责：

（1）外部作业业主负责管理施工现场，负责对作业施工全过程进行安全管理，监督现场严格落实保护方案，负责制止施工单位威胁地铁安全的违规行为，施工期间接受广州地铁公司的现场检查，必要时建立现场视频监管系统。

（2）在外部作业施工前，广州地铁公司会同外部作业单位（业主、施工、监理等单位）组织召开地铁保护的现场交底会，对复函意见和保护方案进行全面解释和明确，强化参建各方对地铁结构安全保护认识。

（3）外部作业业主宜委托熟悉地铁工程、满足运营工作要求的单位，负责对地铁结构的安全监护，负责监督施工现场落实保护方案的情况，负责控制外部作业施工全过程对地铁的影响。

（4）外部作业应遵循先监测后施工的原则，施工前外部作业业主应委托有资质和地铁监测业绩的第三方监测单位对相邻地铁进行结构变形实时监测，编制专项监测方案报送广州地铁总公司办理作业手续。

（5）外部作业业主负责将地铁结构监测数据、基坑监测数据、施工记录、监控视频等信息接入广州地铁公司应急平台，监测单位应确保监测信息真实、可靠、准确、及时上传系统，并负责组织作业工前、工后检查地铁结构现状；

（6）监理单位须制定地铁保护专项监理细则，发现和纠正违规作业，并及时向业主、质量安全监督机构、建设主管部门报告有关情况。

虽然《广州市城市轨道交通管理条例》中明确“城市轨道交通经营单位可以进入作业单位的施工现场查看”，但并不能取代外部作业单位对地铁结构保护的法律责任，轨道交通经营单位是被保护对象。广州地铁总公司在现场检查过程中，如发现不按地铁保护专项方案实施或有威胁地铁结构安全的违规行为，负责制止并上报广州市城乡建设委员会。

8.3 应急处置

根据地铁保护专项方案，外部作业施工过程中需对地铁结构及周边土体，地下水位进行监测，当监测数据到达预警、报警值，或发生安全险情时，广州地铁公司立即启动总公司的应急预案，开展现场处置，确保运营安全；同时，第一时间制止涉及影响范围的外部施工作业，要求外部作业业主立即组织其施工单位启动应急预案，采取以下措施：

（1）加密结构监测，或增加必要的监测项目，实时分析地铁结构是否安全可控。

（2）开展外部作业施工过程分析，评估地铁结构的当前状态，修正安全控制值，重新制定地铁保护方案，预测分析及综合评定后续外部作业方案的可行性。根据专家评审意见和评估结论，如需对地铁结构内外实施加固的，督促其落实加固方案和现场实施，在其加固过程中，需与运营单位密切沟通，加密监测，避免因为加固对地铁结构造成的二次伤害。如事态扩展，需启动市一级应急预案，或作业单位拒不采纳地铁公司应急处置要求的，地铁经营单位需及时上报市建设行政主管部门。

8.4 相关单位责任

《广州市城市城轨管理条例》和广州市政府下发的各项通知中已明确了有关行政管理部门的职责，包括市建设行政主管部门、各区和县级市人民政府、建设工程质量安全监督机构、各级城管和路政管理部门；规定了城轨经营单位和外部作业参建单位的职责，包括作业单位、施工和监理单位等。

1. 有关行政管理部门

（1）市建设行政主管部门主管本市城市轨道交通的行政管理，负责本条例的组织实施和监督检查；并对城市轨道交通经营单位报告的情况进行核查并依法处理。

（2）城市轨道交通沿线各区、县级市人民政府应当配合城市轨道交通的保护工作。

（3）建设工程质量安全监督机构重点加强相关质量安全监管。

（4）各级城管部门应加强相关工程建设的日常巡查。

（5）路政管理部门应加强对城市轨道交通控制保护区内所管养路段的巡查力度，严查违法擅自钻探的施工活动。发现违法钻探施工的应立即制止，并及时将案件移交交通执法部门予以查处。

在城市轨道交通控制保护区内进行上述活动的，有关行政管理部门依照法规进行行政许可时，应当书面征求城市轨道交通经营单位的意见。

2. 城市轨道交通经营单位

（1）城市轨道交通经营单位应当在有关行政管理部门规定的期限内给予书面答复；

（2）进入作业单位的施工现场查看，发现作业单位的施工活动危及城市轨道交通结构安全的，可以要求作业单位停止作业。作业单位拒不采纳的，城市轨道交通经营单位应当报告市建设行政主管部门；

（3）对损害城市轨道交通结构、影响城市轨道交通运营秩序或者危害城市轨道交通安全的行为，城市轨道交通经营单位有权对行为人进行劝阻和制止，并依法告知有关行政管理部门进行处罚；

（4）抓好地铁安全保护宣传教育。

3. 参建外部作业各单位

（1）作业单位在城市轨道交通控制保护区内进行上述活动的，应当会同城市轨道交通经营单位制定城市轨道交通结构安全保护方案；

（2）在城市轨道交通控制保护区内进行上述活动不需行政管理部门行政许可的，作业单位应当在施工前书面告知城市轨道交通经营单位；

（3）开展工程勘探、基坑工程、地下管线等地下工程之前，应到城市轨道交通经营单位核查勘探范围是否在城市轨道交通控制保护区内；

（4）施工单位需要制定轨道交通结构安全保护方案，并在施工过程中严格实施；同时做好专项施工组织设计和应急预案。对轨道交通结构安全有重大影响的建设项目，应加强监测、做好信息化施工；

（5）监理单位需要编制专项监理细则，应有质量安全预控措施和进度控制计划，在施工过程中开展重点检查及旁站式监理，并做好监理记录。如发现重大危险隐患，必须及时向建设单位、质量安全监督机构报告有关情况；

（6）作业单位违反《广州市城市轨道交通管理条例》的相关规定，在城市轨道交通控制保护区内施工，未制定、实施城市轨道交通结构安全保护方案，或者拒绝城市轨道交通经营单位进入施工现场查看的，由市建设行政主管部门责令改正；拒不改正的，市建设行政主管部门可以对作业单位处以一万元以上三万元以下罚款；因此造成安全事故的，依法承担法律责任。

8.5 结语

城市轨道交通沿线的违规行为多具有即发性、不易发现等特点，给城市轨道交通结构安全保护工作带来困难。根据条例规定，广州地铁管理单位以企业身份进行执法，对于有关损害结构、影响运营秩序或其他危害地铁安全的行为，广州地铁管理单位仅能对行为人进行劝阻和制止，并依法告知有关部门处罚。

为保障城市轨道交通结构安全，社会各界应深刻认识城市轨道交通结构保护的重要性，主动关心，共同参与。相关行政主管部门应建立健全城市轨道交通结构安全保护管理体系，由市政府设立专门的城市轨道交通安全保护主管机构，明确其有关职责，以提高城市轨道交通安全保护执法威慑力、增强执法力度。市规划行政主管部门应当按照城市轨道交通线网规划，做好城市轨道交通沿线及车站周边用地的控制管理。城市轨道交通经营单位应依法依规开展城市轨道交通结构安全保护工作。控制保护区外部作业单位应根据城市轨道交通结构的保护要求，制定城市轨道交通结构安全保护专项方案，并在作业过程中严格实施。建立政府层面的城市轨道交通安全保护管理联动机制，明确各级安全监察、城管等相关各方的职责，齐抓共管，共同做好城市轨道交通安全保护工作，尤其要求控制保护区外部作业单位须切实负起城市轨道交通结构安全保护的责任。

参考文献

[1] 卢恺，韩宝明，鲁放．2013 年中国城市轨道交通运营线路统计与分析［J］．都市快轨交通，2014，25（1）：1－4.

[2] 中华人民共和国建设部令第 140 号．城市轨道交通运营管理办法［S］．北京：中华人民共和国建设部，2005.

[3] CJJ/T 202—2013．城市轨道交通结构安全保护技术规范［S］．北京：中华人民共和国住房和城乡建设部，2013.

[4] 广州市第十三届人民代表大会常务委员会公告第 18 号．广州市城市轨道交通管理条例［S］．广州：广东省广州市人大常委会，2007.

[5] 穗建技［2012］1433 号．关于加强地铁控制保护区内工程勘探及地下工程管理的通知［S］．广州：广州市城乡建设委员会，2012.

[6] 穗建质［2012］1437 号．关于进一步开展城市轨道交通保护区内在监建筑工程安全管理专项检查的通知［S］．广州：广州市城乡建设委员会，2012.

[7] 穗交函［2012］1951 号．关于地质勘察钻探行政许可事项涉及地铁运营安全须征求市地铁总公司意见的通知［S］．广州：广州市交通委员会办公室，2012.

[8] 沪市政法（94）第 854 号．关于上海市地铁沿线建筑施工保护地铁技术管理暂行规定的通知［S］．上海：上海市市政工程管理局，1994.

[9] 沪交法［2006］第 442 号．上海市轨道交通安全保护区暂行管理规定［S］．上海：上海市交通管理局，2006.

[10] 关于加强轨道交通安全保护区管理工作的通知［R］．上海：上海申通地铁集团有限公司办公室，2006.

[11] 上海市人民政府令第 22 号．上海市轨道交通运营安全管理办法［S］．上海：上海市政府，2010.

[12] 上海市人民代表大会常务委员会公告第 5 号．上海市轨道交通管理条例［Z］．上海：上海市人民代表大会常务委员会，2014.

[13] 维基百科．广州海珠城广场工地塌陷事故［DB/OL］．http：//zh. wikipedia. org/wiki，2014－2－21.

[14] 刘庭金．海珠城广场项目深基坑重新开挖施工对紧邻地铁区间隧道结构影响的三维数值分析及安全评估报告［R］．广州：华南理工大学建筑设计研究院勘察工程有限公司．2010.

[15] 胡军．某垮塌回填深基坑力学行为的研究［D］．广州：华南理工大学，2012.

[16] 陈伟，吴裕锦，彭振斌．广州某基坑抢险监测及坍塌事故技术原因分析［J］．地下空间与工程学报，2006，2（6）：1034－1039.

[17] 方引晴．监测是基坑安全不可或缺的环节——“721”基坑垮塌事故剖析［R］．广州：南方建

筑，2008.
[18] 中国建筑安全网．上海市某轨道交通 4 号线工程管涌坍塌事故［EB/OL］. http：//www. jzaq. com，2006－12－19.
[19] 建质［2003］197 号．关于上海轨道交通 4 号线“7·1”重大工程事故的通报［S］. 北京：中华人民共和国住房和城乡建设部，2003.
[20] 地铁三号线北延段嘉禾望岗至龙归区间隧道被违法勘探凿穿影响地铁运营［R］. 广州：广州市应急管理办公室，2012.
[21] 黄爱军，沈国红．桩基击穿的盾构隧道结构修复加固技术［J］. 现代隧道技术，2010（增）：635－639.
[22] 沈国红．上海轨道交通 11 号线盾构隧道损坏调查及修复［J］. 中国市政工程，2010（5）：29－31.
[23] 刘峰．软土地区地铁隧道长期沉降及对地铁安全的影响［D］. 南京：南京大学，2013.